新乡土中国

Rural China in the 21 Century

# 新乡土中国

———— 修订版 ————

贺雪峰 著

## 图书在版编目(CIP)数据

新乡土中国.修订版/贺雪峰著.—北京:北京大学出版社,2013.9
 ISBN 978-7-301-22721-3

Ⅰ.①新… Ⅱ.①贺… Ⅲ.①农村-社会调查-中国 Ⅳ.①D668

中国版本图书馆CIP数据核字(2013)第143175号

| | |
|---|---|
| 书　　　名: | **新乡土中国(修订版)** |
| 著作责任者: | 贺雪峰　著 |
| 策 划 编 辑: | 曾　健 |
| 责 任 编 辑: | 王建君 |
| 标 准 书 号: | ISBN 978-7-301-22721-3/D·3363 |
| 出 版 发 行: | 北京大学出版社 |
| 地　　　址: | 北京市海淀区成府路205号　100871 |
| 网　　　址: | http://www.yandayuanzhao.com |
| 新 浪 微 博: | @北京大学出版社　@北大出版社燕大元照法律图书 |
| 电 子 信 箱: | yandayuanzhao@163.com |
| 电　　　话: | 邮购部 62752015　发行部 62750672　编辑部 62117788 出版部 62754962 |
| 印 刷 者: | 三河市博文印刷有限公司 |
| 经 销 者: | 新华书店 |
| | 880毫米×1230毫米　A5　15.375印张　333千字 |
| | 2013年9月第1版　2022年6月第12次印刷 |
| 定　　　价: | 59.00元 |

未经许可,不得以任何方式复制或抄袭本书之部分或全部内容。
**版权所有,侵权必究**
举报电话:010-62752024　电子信箱:fd@pup.pku.edu.cn

# 目　录

修订版自序　Ⅰ
序　Ⅰ

**第一篇　乡土本色**
　一　半熟人社会　003
　二　村庄社会关联　011
　三　村庄生活的面向　018
　四　派性　025
　五　大社员　030
　六　红白喜事　035
　七　村庄类型　042
　八　村庄的含义　049
　九　村庄共同体　055
　十　人际关系理性化　061
　　附：巨变的图景　066
　十一　农民福利的计算　074
　十二　农民保守的原因　081

**第二篇　村治格局**
　一　村治随想　089
　二　好人治村与恶人治村　094

三　权力网络　102
　　四　村民代表　108
　　五　合作能力　116
　　六　村治的难题　123
　　七　村民小组会议　129
　　八　村民小组的治理　134
　　九　模化的权力结构　144
　　十　民事纠纷的调解　149
　　十一　治理、制度与资源　156

**第三篇　制度下乡**
　　一　抛荒　163
　　二　村务公开　170
　　三　税费改革　177
　　四　唱票评据　183
　　五　四荒拍卖　189
　　六　土地制度　194
　　七　农民收入　202
　　八　计划生育　207
　　九　合村并组　214
　　十　两票制与一肩挑　217
　　十一　积极村务与消极村务　222
　　十二　农村儿童为什么辍学　229

**第四篇　村庄秩序**
　　一　磨洋工　239
　　二　划片承包　247
　　三　乡村水利　253

　　　　　　　　四　老人协会　260
　　　　　　　　五　村民小组长　268
　　　　　　　　六　文化与性格　275
　　　　　　　　七　动员与分配　282
　　　　　　　　八　少数人决定　288
　　　　　　　　九　富裕村的麻烦　296
　　　　　　　　十　村庄精英的谱系　303
　　　　　　　　十一　村民上访的理由　309
　　　　　　　　十二　农民抗争的特点　316

第五篇　乡村治理　　一　两委关系　323
　　　　　　　　二　党政关系　328
　　　　　　　　三　条块关系　334
　　　　　　　　四　干群关系　340
　　　　　　　　五　乡村债务　345
　　　　　　　　六　乡镇财政　351
　　　　　　　　七　招商引资　357
　　　　　　　　八　小城镇建设　362
　　　　　　　　九　村干部的报酬　368
　　　　　　　　十　农民负担的机理　373
　　　　　　　　十一　积极行政功与过　380
　　　　　　　　十二　乡镇体制改革的方式　388

第六篇　乡村研究方法　　一　学术对话的理由　397
　　　　　　　　二　实证研究的层面　402
　　　　　　　　三　学术规范与学术共同体　409

附录：重建中国社会科学
  主体性 413
四 返回常识
  ——以吴毅著《村治变迁中的权威
  与秩序》为例 419
 附录：阅读农村，阅读中国 424
五 大理论与中观理论
  ——评《黄河边的中国》的
  方法 428
 附录：中国社会科学研究
  方法20条 442

结语 从乡村治理到乡村建设 447
代跋 我的农村研究之路 459
后记 467
修订版后记 469

# 修订版自序

贺雪峰

## 一

2003年出版的《新乡土中国》，是我2001—2002年所写农村调查随笔的汇编。1998年至今，我每年都用两个月左右的时间在全国不同地区进行农村调研，写《新乡土中国》时，刚学做农村调研，累计调研时间不足300天，且调研主要集中在我家乡的湖北荆门地区。到现在，我驻村调研的时间早已超过1 000天了，几乎在除边疆地区的全国所有农村地区都进行过调研，且我所主持的华中科技大学中国乡村治理研究中心累计驻村调研时间超过3万个工作日，几乎每个时间段都同时有10人住在全国不同地区农户家中做调研，可以说，现在我和我所在学术团队对农村的认识与写作《新乡土中国》时相比已有了很大的深化。

2003年将所写调查随笔取名《新乡土中国》，显然是想沾费老《乡土中国》的光。而《乡土中国》英文名的含义是"捆绑在土地上的中国"，正如苏力教授所说，进入21世纪的中国显然不再是捆绑在土地上的中国，而已经是一个"市场中国"了。

不过,过了这么多年,我突然明白我将所写调查随笔取名《新乡土中国》,并不只是想沾费老的光,而是有道理的,这个道理就是,正是中国农村为中国现代化提供了稳定器和蓄水池,正是"乡土中国"为"市场中国"提供了健康发展的基本条件。这个道理,我在2003年所写《新乡土中国》后记"从乡村治理到乡村建设"一文中已有表述。现在看来则是,正是在城乡二元结构下面,中国形成的"以代际分工为基础的半工半耕的农村劳动力再生产方式",为全球化背景下出口导向的中国经济提供了充足的高素质廉价劳动力,从而支撑了"中国制造"在全球化中无可匹敌的竞争力。"以代际分工为基础的半工半耕",是指农民家庭中,年轻子女进城务工经商,年老父母在家务农,一个农民家庭可以同时获得务工和务农的两份收入,从而使农民家庭可以轻松过上"温饱有余、小康不足"的生活。老年父母在家务农,不仅可以获得务农收入,而且有房住,有副业收入,有邻里亲朋和熟人社会的人情往来,有社会关怀。在家务农,消费较少,空气清新,人与自然和谐相处。务农收入足以解决全家温饱之需,务工收入就可以储蓄下来,用于购买奢侈品,用于下一代的婚嫁,等等。反过来则是,"以代际分工为基础的半工半耕",为中国制造提供了高素质廉价劳动力,从而可以让"中国制造"在全球化中具有强大竞争力,从而可以让中国成为世界工厂,支撑"市场中国"的快速扩张。

不仅如此,"以代际分工为基础的半工半耕"为进城农民工提供了进城失败后返回家乡的可能。发生经济的或金融的危机,城市就业机会减少,大量人口失业,失业农民工可以返回家乡。正是进城农民可以返回家乡,使城市发展更可持续,中国经济更有能力抵挡各种危机的侵袭,全球化背景下的"市场中国"更具有发展的持续性。返回农村，为农民提供了选择机会。作为一个发展中国家，中国没有出现大规模"城市贫民窟"，这不能不归功于城乡二元结构下农民可以返乡的制度安排。今天中国农民的村庄生活质量，要远好于任何一个发展中国家贫民窟居民的生活质量：温饱有余，有住房，有邻里，有情甚至有义，有根，有归属。

也就是说，正是稳定的农村，为中国全球化背景下持续快速发展提供了最重要的基础，今天的中国，仍然可以称为"捆绑在土地上的中国"，也就是新的"乡土中国"吧！

## 二

2003年出版《新乡土中国》时，我调查的地区比较少，时间也不够长，对所写乡村基本上是一个静态观察。2003年以后，随着调查区域的扩展，尤其是调研时间的拉长，对中国乡村的理解有了很大深化。中国是一个幅员辽阔的国家，因为历史、地理、生态等等原因，不同地区差异很大，我在调研中逐步发现，从村庄社会结构的角度来看，中国大致可以划分为南方、北方和中部三大区域，并由此形成了对中国区域差异的理解。而自2000年以来，中国农村几乎同时在三个层面发生巨大改变：一是2006年国家取消了延续千年的农业税，这是国家与农民关系的巨变；二是乡村社会基础结构之变，之前一直构成农村内生秩序基础的农村社会基础结构（比如宗族和农民家庭），在革命运动和市场经济双重冲击下，快速解体，形成了农村基础结构之变；三是一直构成农民的意义世界和人生价值基础的传宗接代观念开始丧失，出现了农民价值之变。这三变几乎都是千年未有之变局,而这三变恰好发生在 2000 年前后,这样,我就可以在一个更具体的时空下面理解新的"乡土中国"。

反观费老的《乡土中国》,非常有趣,就是《乡土中国》对中国乡村的描述,也是既无时间,又无空间。无时间,是因为费老所观察的 1940 年代的乡村还未发生如 2000 年开始的真正巨变;无空间则是,费老将中国乡村当作了一个整体,是对他自己所想象出来的中国农村理想类型的描述,这个理想类型,一半来自费老对农村的有限调研,一半来自费老对中国传统的有限感悟,一半来自对西方社会的有限理解。三个"半通不通",写出了一个融会贯通的《乡土中国》。从这个意义上讲,《乡土中国》真是天才式的作品。

2003 年以后,我继续在全国农村调研,又恰逢中国农村以上三大历史性巨变,我对中国农村的理解因此有了更加明确清晰的时空概念。2003—2007 年的调研成果集中在我的两部专著《村治模式》和《村治的逻辑》中;期间,我主持了一个大型调查,主编出版了一套 16 册的"中国村治模式实证研究丛书";2007—2009 年的调研则收入到《乡村社会关键词》一书中。

2003 年以来的调研和思考大致有四个方面的进展:第一,为 2003 年出版《新乡土中国》中缺少时空特征的中国农村定位,本次修订,我将努力加入自己最近 10 年对农村新变化的观察。第二,2003 年版《新乡土中国》对农村现象的描述相对朴素,经过 10 年持续不断的思考,之前的观察大都有所深化。本次修订,我希望对每个旧主题的思考都有所进展。自己以为,10 年的努力是形成了明显学术积累的。第三,10 年来,逐步形成了认识和观察中国农村乃至进行中国社会科学研究的一些想法和方法。第四,10 年中,我们还逐步形成了一个越来越默契且人数也不算少的学术团队。

我以为,经过10年的努力,修订的《新乡土中国》可以呈现出比2003年版《新乡土中国》要成熟的关于中国乡村的描述和理解,且这样的描述与理解可以构成与费老《乡土中国》的承继关系。早在2006年,我们学术团队就自称要继承毛泽东、梁漱溟和费孝通的学术遗产,修订《新乡土中国》就是这个学术继承的努力之一。

## 三

为了保持2003年版《新乡土中国》的完整性,与出版社商议,本次修订保留了原版的全部文字、体例和结构。原版分六篇,另加苏力教授所写"序言",一篇结语,一篇代跋,一篇后记,共有68篇文字。本次修订,六篇正文中的64篇文字,每篇都在原文之下加上了修订关键词和修订内容,修订主要包括两个方面的内容:一是增补农村新变化;二是增补我对农村的新理解。每篇修订内容字数,短则几十字,长则数千字。这样,修订后的《新乡土中国》,每篇就由原文 + 修订组成。再过10年,《新乡土中国》也许会出第三版,每篇再加上第三版修订内容,且每篇修订既包括对农村新变化的观察,又包括我对农村新理解的阐释,则第三版的《新乡土中国》也许可以为我们提供一个难得的对中国农村"由盛到衰"的切身观察——再过10年,也许是20年或30年,中国的城市已经比较强大,农村不再可能也不被需要作为中国现代化的稳定器和蓄水池发挥作用,中国因此不再是一个"捆绑在土地上的中国"了!

最近10年对农村的观察,有很多是在2003年前未曾注意的方面。也就是说,《新乡土中国》一书中,缺失了一些对中国农村的重要观察,此次修订也就难以弥补这种缺憾。好在2010年出版的《乡村社会关键词》一书收录了大部分《新乡土中国》未曾关注到的内容。《乡村社会关键词》分为七章,分别是:农民收入与消费,经济分化与社会分层,婚姻与家庭,价值与信仰,公私观念与公共空间,农民行动单位,理性与理性化。从以上所列目录看,《乡村社会关键词》绝大多数讨论都扩展到了《新乡土中国》的范围之外。在《乡村社会关键词》的后记中,我说"本书可以看做是《新乡土中国》的续篇",读者诸君若有兴趣,也许在读过这本修订版《新乡土中国》之后,可以再找《乡村社会关键词》来读一读。

## 四

从刚过30岁时写《新乡土中国》,到现在40多岁修订《新乡土中国》,真是感慨万千。人生短暂。写作《新乡土中国》的记忆历历在目。修订《新乡土中国》,原本是准备作为一件大事来做,没有想到,修订的速度远远超出我的预料。从2013年1月10日开始修订第一篇"半熟人社会",到2013年1月20日修订完最后一篇"大理论与中观理论",也就花了10天的时间,而且这10天时间还处理了各种杂事。之前17万字的小篇幅,变成现在33万字的中篇幅。修订进展远快于我的预料,我想不是我不够严谨,而是这10年我一直都在琢磨着《新乡土中国》所提出问题的原因吧。有时我想,在我们的学术生涯中,只要自己真正提出过问题,这些问题就会挥之不去,这些问题就会在自己头脑中持续地发酵成长,乃至终有一天会成熟。

有时我们为了严谨,而不敢提出问题,怕提错了问题。其实,提错问题并不可怕,可怕的是过早成熟,而让自己的问题得不到成长的机会。费老写《乡土中国》时也才30多岁,如果今天中国40多万社会科学工作者都敢于像费老那样不怕出错地提出问题,持续地思考问题,中国社会科学热烈的夏季也就立马会到,硕果累累的成熟的秋季也就不远了。

2013年4月16日晚
于华中科技大学东七楼副五楼

# 序

苏 力

## 一

这是一本研究当代中国农村的著作。

以费孝通先生为学术楷模,作者追求理解当代中国的农村和农民;甚至在文字风格上也追随费老的《乡土中国》,简洁却细致,深入却不深奥。尽管作者自己称"费老是在更抽象层面上理解……"而他的则"是在具体农村调查中形成的一些随感",但我还是认为这本书可以让人感到生活比理论更丰富,比理论更发人深思。因此可以让有志于中国学术的研究者看到中国社会中蕴藏着的理论资源,可以感到生活对学术敏感、自信和创造力的需求,看到中国学术发展的一种可能。

如今有不少人对研究中国农村或农民问题有误解,以为这只是一个比较土、没有多少也不需要多少社会科学理论的领域而已;认为如今都 WTO 了,同世界接轨了,因此只要研究"学术前沿"问题就行了;研究农村和农民问题已经不前沿了,甚至是思想不开放,学术视野狭窄的表现;当然也有人认为研究中国农村就是要替农民说话。其实这是无知,是不懂得什么是社会科学研究的表现。

本书作者确实非常熟悉中国的农村生活。但是，我敢说，仅仅熟悉农民或农村的人，甚至有文化的人，都不一定能写出这样的书。因为作者是有学术关切的。细心者完全可以从书中看出作者的理论功底；他不仅对当代国内学者的研究成果很熟悉，而且对国外的一些理论也颇为熟悉；他熟悉的不仅仅是某一个学科——这本书融会了多学科的知识。但是作者的优点是不求张扬所谓的理论，不把理论——其实是各种名词——都摆到外面来；他只是在分析问题本身，关注问题本身，而理论只是作为理解、分析和组织材料的工具。学过理论的读者可以从中看到理论，不了解某些理论的读者也会感到很有意思，因为生活是最有意思的。在我看来，这才是真正懂了理论，懂得了理论的用处，在此基础上也才有可能发展理论。

我喜欢这样的著述和文字。这样说，是因为近年来，不少中国学者都有学术的宏图大志，希望能够走向世界。但是在我看来，不少人可能都对理论创新有误解，以为只有外国人的理论才是理论，因此理论就是要进口许多大词、新词，而这些词在中国当下究竟指的是什么他并不清楚，甚至以为高深的理论就是除了自己别人都不懂，或者连自己也不懂，或者理论就是让一套语词以及与之伴随的亢奋情感牵着自己走。在这些人那里生活世界成了理论的装饰，因此他们的理论也就仅仅成了一种装饰。我认为这是一条歧路，尽管最终的判断还要等着学术市场来作出。贺君不是这样的人，是不信邪、有主见的人，是不唯书的人。

这是因为作者的学术关切是出自对中国社会、对人的关切。作者以自己所在的湖北为基地，跑了中国的许多地方；他追求对日常生活的理解和把握,注意那些人们通常不大注意的却具有学术意味的细节。作者虽然以中国农村为研究对象,他的学术视野却是开阔的;他的研究以社会改造为导向,但是他摈弃了道德主义的进路。他的努力是建立在社会科学的基础上的。其实,如果从求知和学术的角度来看,研究的问题本身没有什么高下、土洋和先进落后之分别的,落后的只能是学者的观察力和思考力。观察、理解生活中的问题是回答和解决问题的第一步。理解问题不可能仅仅通过读书、读"先进的"理论书完成的。必须面对生活本身,让生活的问题本身在自己的面前展开。理论仅仅是一套工具,把引发你关注的似乎不相关联的社会现象勾连起来。

也正因为关切的是中国社会和农民,而不是意识形态,作者也就不追求一个政治上正确的立场,一个代表"弱势群体"说话或所谓"说真话"的道德立场。这也是坚持社会科学研究立场的一个重要方面。说实话,研究中国农村和农民仅仅因为这是中国的一个问题,是我们身边的一个真实的问题,是中国现代化无法回避的问题。这个问题从近现代以来一直都是中国社会发展变革的最重要问题,甚至可能无需加修辞词"之一"。即使今天也是如此,中国加入 WTO 了,中国更对外开放了,中国的经济高速发展了,中国的城市人口增加了,所有这些都以某种方式涉及占目前中国人口 60% 多的农民。因此,中国要真正完成市场经济的转型,就必须最终为农民提供足够的自由就业机会,无论他是从事农业或是从事其他行业。中国要法治,也就不只是在城市建立几个法律援助中心,或有多少法官或律师,而是农民的纠纷可以得到农民愿意接受的并且大致是公正而有效率的解决——无论是通过司法、行政、民间调解或是其他什么方式，也不论有没有律师介入。中国要建设民主，很重要的一部分就是中国的农民真正成为公民，并实际享受到国家直接赋予的权利，而不是像现在的许多地区那样，农民实际享受的是地方性的权利，得更多依赖熟人网络或自然社区寻求帮助。甚至，现代化还包括了"教育"——一种现代化的规训——农民，使他们随着中国社会现代化的发展，随着他们的生活环境的改变，逐步自觉摈弃那些与现代化生活不相适应的观念和行为方式——也许他们要有更多一些个体主义，更多一些普遍主义，更少一点地方观念和老乡观念，更多一些协作精神，等等。但是要注意，这种教育不只是宣传，而且是现代化生活给农民带来的激励和制度约束的改变。正是在这个意义上，我感到作者研究中国农民和农村问题完全不是某种道德化因素推动的学术选择，不是一种姿态，而是中国今天的社会生活推动的真正的学术选择。这样的研究可能成为农民利益的代言人，却不是为了成为农民利益的代言人。这就是社会科学的立场。

## 二

这本书的另一个好处是把握了时代背景，也就是书名中的那个"新"字，因此也就需要界定一下。

费孝通先生当年作研究时，中国确实是一个"乡土中国"。那时的农村基本上是一个经济上自给自足的农村；就整个中国来说，也基本上是乡土的。当时是有城市，有的甚至还很繁华——如上海；但是，不仅城市经济（工商业）在国民经济中所占的比例很小，而且城市人口数量在全国人口所占比例也很小,其中的大多数人口可能在一代之前还待在农村或者就是农民流入城市的。因此,就整体来说,当时的中国确实是乡土中国;或者,费老的一本英文版著作的书名中译可能更准确地注释了他的乡土中国的准确含义——"捆绑在土地上的中国"。

今天的中国尽管农民还占了中国人口的大多数,略多于60%,中国最广大的地区仍然是农村,但是中国已经不是"捆绑在土地上的中国"了。不仅在中国国民生产总值或国内生产总值中,农业比例已经非常小了,而且最重要的是,今天的中国农村已经不再是自给自足的经济了。农民的种子、化肥、农业机械都是来自城市或城镇,甚至来自更遥远的地方。例如,种植水稻的种子大多来自遥远的南方种子基地,许多培育养殖的植物物种也都是来自遥远的地方,有的甚至来自国外;在生产许多产品时,农民的目光便盯着城市甚至国外的市场。他们使用了电和各种电器,使用了汽油、煤油或柴油;在许多地方,甚至浇地的水都要购买——今日中国农民的生活在很多方面都已经同城市连接在一起了,他们已经构成了现代工商社会的一部分。他们的孩子已经进入了各种学校;他们当中的许多人都已经进入城市,成为"民工",甚至成了准城市居民。在广东的东莞市,当地人告诉我,本地人口只有100多万人,外地民工则有500万~600万人。当代中国许多农民的最主要收入已经不是费孝通先生所说的从土地中刨食了。从这个意义上看,中国的农民和农村现在其实更多是捆在市场上,而不是捆在土地上。就整个中国而言,已经是"市场中国"了。当代中国农村和农民的生活和命运都更多与市场,与现代民族国家,甚至间接地与全球化相联系了。这是我们考察中国农民和农村的一个基本时代背景。

事实上，如果把握了这个背景，那么就可以看出，这本书中讨论的所有问题几乎都与这一点相联系了。中国农村已经不是"熟人社会"了，而是"半熟人社会"了；甚至村庄的含义也变了，出现了自然村与行政村的区别；人际关系开始理性化了，出现了村治的问题；提出了制度下乡的问题；有了计划生育、"大社员"；有了两委关系、党政关系、干群关系；等等。只要看一看本书的诸多题目就可以看到中国农村的变化了。

中国已经不是"乡土中国"了。这也就是需要深入研究和理解当代中国农村的一个重要原因。可是，难道我真的是在为书名较真吗？其实，我不过是借这个书名指出了今日中国的变化，以及中国问题的变化而已；同时也是进一步强调研究中国农村和农民对于当代中国的意义。只有清醒地意识到这一点，我们的微观研究才会始终保持一种宏观的气象，乡土社会或农村问题研究才具有普遍的意义。费孝通先生的《乡土中国》就紧紧把握了当时中国农村正在开始的这种变化（请想一想"文字下乡"等问题），因此为我们创设了一部难以绕开的经典。今天我们也可以并且应当这样做。

## 三

今年早些时候，作者将这部书稿寄给我，我读得很愉快；之后，作者又来电话，要我替他的这本书写一个序。我一贯对给别人写序有抵触情绪。因为至少到目前为止，大多是有成就者、长者给新人、后辈写序。在我看来，贺君在农村方面的研究是远在我之上的；而且我虽然比贺君年长10余岁，但进入学术研究的时间与他大致相当。我也一直将他作为朋友。现在请我作序,一下子唤起了两者之间的距离。

说来一直可能令人误解,因为我认识作者并不很久。先前他在荆门任教时曾按期给我寄过他们学校的学报,后来也常常在许多杂志上看到他的文章,包括一些重要的学术杂志。由于他当时的就职单位是一个职业技术学院,因此并不在意——其实学者常常是"势利"的(当然不完全是势利,至少是有一个节省信息成本的问题)。偶尔读了他的文章,才觉得,虽然比较毛糙一些,分析有些简略,但可以说是虎虎有生气,给人启发挺多;作者不仅对相关文献比较熟悉,更重要的是材料充分,并且会从中提炼问题,提的问题也比较真和实在,论述分析也都很到位。这是我读他的论文的第一印象,也是读这本书的印象。只要看看此书中一些篇章的写作日期——有时是一天写了两三篇,我们就可以感到作者勤于思考、勤于写作。

2001年夏天,作者邀请我参加了他主办的一个农村研究的会议,我们第一次见面,有过一次比较长的夜谈,感到作者是一个真正的学者:热爱学术,勤奋,认真,有学术追求,坚持学术平等,不盲从,有社会责任感,思考问题有深度。但是最让我感到自己与他有差距的,是他对真实世界的了解和对相关材料的熟悉。

书就在这里,可以印证我的这些印象,同时也证明了作者的学术能力、追求和勤奋。我也就不用多说了。

2002年12月3日<br>于北大法学院

# 第一篇 乡土本色

# 一　半熟人社会

我原以为村委会选举,农民可以选出自己信得过的村干部,到选举现场一看,农民却大都不满意他们所投一票起的作用。有农民抱怨说,"选来选去还是那些人",对选举投票是否有用产生了怀疑。我又以为是农民参加选举的经验不足,投票过于随意,致使选不出满意的村干部。转而一想,可能是村民对自己所投的一票期望过高。选举信奉多数原则,就不可能选出每个村民都满意的村干部来。

然而,我在农村调查愈久,就愈发怀疑起上述解释的可靠性来。第一,"选来选去还是那些人"中的"那些人",大都是一些村中在任或曾任村干部的人;第二,这种现象如此普遍,以至于在村民普遍对村干部不满时,在任村干部的当选仍是十有八九,落选倒成为特殊情况。

1999年我到江西安村观察选举。这个村近4000人,17个自然村,是一个实实在在的大村。在安村,不仅村民之间互不熟悉,而且很多村民对非本自然村所在片的村干部也不熟悉。在这种情况下,没有足够的选举组织和宣传,村民在选举提名和正式投票时,无论形式多么民主,村民也只能选举那些在村中略有知名度的人。这些有知名度的人,在一个农业型村庄,首先是在任和原任的村干部特别是主职村干部，其次是与村民有交往机会的人，如协税员、民办教师、村里的电工以及贩运农产品的专业户等。最终，正式选举的结果是，在任村干部全部高票当选，那些与村民有交往机会的协税员、民办教师、专业户得票次之，各村民小组的组长，这个在自然村中与村民打交道最多的人再次之。换句话说，因为村民之间互不熟悉，他们对村中可以替代现任村干部的能人也不熟悉，而无法将那些他们不满意的村干部选下去。村民之间的不熟悉及村民与村庄能人之间的不熟悉，对选举产生了重要的影响。

从村民之间的熟悉程度来考察村委会选举，就可以发现，在一些特别小的村，因为村民相互熟悉，村庄事实上是一个熟人社会。村民不仅很容易心照不宣地将自己不满意的人选下去，而且可以十分默契地将自己满意的人选上来。在行政村一级，村民之间不很熟悉，但他们与在任和历任村干部熟悉，这就构成了一种半熟人社会的空间，在这种半熟人社会中，因为村民之间不很熟悉，他们缺乏将那些不良干部选下去的默契，也没有公认可以代替在任村干部的村庄能人。在村委会选举中，虽然一些村民不选在任村干部，而选他心目中的村庄能人，但所有村民的投票加起来，在任村干部总是得票最多，散落于不同村庄的能人的得票相对较少。

说村委会是半熟人社会，不仅是因为村委会选举中的以上功能后果，而且有结构理由。现在的村委会大都由人民公社时期的生产大队演化而来，生产大队下面的生产小队则演化为现在的村民小组。在大多数农村，村民小组与自然村重叠，一般有30~50户，200~300口人。也有一些农村的自然村特别大，甚至一个自然村有数千人，下设若干村委会（人民公社时期为生产大队)。还有一些农村地区的自然村特别小,3~5户人家,一个村民小组里有若干个自然村。无论如何,人民公社时期的生产小队是"三级所有、队为基础"的基础所在,是当时农民最基本的生产协作单位和共同劳动单位。这个单位构成具有效率的熟人共同体所允许的最大范围,具有劳动协作的规模要求和监督效果。人民公社时期,生产小队内共同的劳动协作逐步形成了生活互助。经常的共同劳动使村民之间的熟识程度大大提高了,集中分配使生产小队内部的利益联系增加了,男女青年共同生产的接触带来的自由恋爱,生产小队内的姻亲联系增多了,生产互助和生活互助使生产小队内部的人情往来普遍了。总之,生产小队成为一个熟人共同体,而生产小队之间的联系变得较少,且日渐分割开来。

由生产小队演变而成的村民小组因此具有熟人社会的特点。30~50户的范围也使村民具备共同交往和熟识的能力。而由村民小组构成的村委会,则不仅超过了村民亲密交往和熟识的范围,而且因村民缺乏共同的生产和生活经历,从而形成了村民之间面熟但不知对方根底的状况。

进一步说,改革开放以来,一方面,联产承包责任制使共同的生产不再存在,生产小队的功能瓦解,而代之以村民小组,以前生产小队的功能越来越多地被村委会所代替,村民越来越多地从对生产小队的依赖演变成与村委会的联系;另一方面,村民仍然是在村民小组内生产协作和生活互助,人情往来仍然在村民小组内发生,文化娱乐也多在村民小组内进行。这就是说,在功能和活动越来越多地向村委会聚集的时候,由于并未创造出足够使村民跨出村民小组进行交流与沟通的机会,因此,村民的生活空间仍在村民小组内,村民事实上只是在一个半熟人社会的村委会中发生联系。他们因为与村委会越来越多的联系,而熟识每一个村干部,但他们并不熟悉其他村民小组的村民,因此缺乏与其他村民小组共享的村庄能人,也缺乏与其他村民小组在村委会一级事务中的默契与一致行动的能力。这就不仅可以理解村委会选举这类事件中村民一致行动能力的缺乏和村民痛切感到的"选来选去还是那些人"的弊病与无奈,而且可以构成理解当前村委会一级诸多事件的新视角。

2001 年 8 月 15 日

**修订关键词** 熟人社会 信息对称 乡土逻辑 地方性共识

(一)

在 1990 年代观察村委会选举,发现行政村与自然村有很大差异。自然村在人民公社时期所对应的是生产队,30~50 户。生产队是一个共同生产共同分配的基础性结构,是生产、生活和人情共同体。因此,生产队是一个真正的熟人社会。人民公社解体以后,生产队演变成村民小组,村民小组规模不大,在生产、生活和人情方面的互助很普遍,仍然是一个熟人社会。与村民小组不同,村委会一般建在行政村,行政村由人民公社时期的生产大队演变而来,一个行政村,200~300 户,1 000~2 000 人,这样一个人口规模就超出了熟人社会的范围,在村委会选举中就出现了信息的不对称,由此形成了半熟人社会的模样。

但是，熟人社会并非仅仅是信息对称，在费老那里，传统的乡村社会是乡土社会，也是熟人社会，这个熟人社会不仅信息对称，而且有公认一致的规矩，以至于语言沟通都变得不必要了。这种信息全对称以外的公认一致的规矩，可以称之为"地方性共识"。地方性共识包含价值与规范，是农民行为的释义系统和规范系统，由其形塑的农民的行为逻辑，我称为乡土逻辑，这种乡土逻辑的重要特点是中庸、平和、不出头，是一种实用理性的态度，不认死理、不走极端、不钻牛角尖，人云亦云，大家都这样做，自己就这么做了。

丧失地方性共识的熟人社会或许仍然是信息全对称的，但农民的行为逻辑却会演变成荆门农民讲的"怕饿死的会饿死，不怕饿死的不会饿死"。这话的意思是，在村庄公共品供给中，尤其是农田灌溉时，有人想搭便车，不愿出钱出力，因为他了解还有人比他更需要灌溉，且更担心灌溉不上粮食无收的严重后果，这些更需要灌溉的或更胆小怕被饿死的人出钱出力，提供了诸如灌溉一类的公共品，不怕饿死的人就搭便车免费获得了公共品。这样一来，村庄中公益心高的农户或胆小怕被饿死的农户就成为每次公益行动中其他村民期待的对象，这些人在每次公益行动中都被期待出钱出力，其他人则从中受益。这些出钱出力者，要么利益受损，要么受益最少，他们很快就成为村庄的边缘人，因此首先成为"被饿死的人"，他们无力再来供给公共品，那些不怕饿死的人最终也无便车可搭，村庄生产生活的基本公共品无法供给，所有人的利益受损，所有人都因为没有灌溉粮食无收而"饿死"。

也就是说，在缺少公认规范，离开乡土逻辑的情况下，信息全对称的熟人社会，每个人都算计他人，结果是人人利益受损，社会基本秩序无法维系。在当前中国一些农村,村庄信息仍然全对称,但地方性共识却已经瓦解或陷入变动中,新的共识尚未定型,乡土逻辑也在蜕变。熟人社会的含义已有变化。

1990年代以来,随着经济发展和农民流动的增加,社会正在发生巨大变化,农民就业多元化,收入已经发生分化。尤其是进入2000年以后,大量农民进城务工经商,农民收入一半以上来自村庄以外,传统的相对封闭的村庄结构解体,村庄边界日渐模糊,村庄社会出现了多元化和异质性的增加。过去习以为常甚至无须语言沟通的地方规矩解体,村民的就业、收入、交往、兴趣、品味、秉性、需求都出现了差异,过去无拘束的交往减少了,村民越来越难以接受之前熟人社会中缺乏退出机制的串门聊天。不仅在规范上,而且在信息沟通上面,村庄也出现了与之前熟人社会大不相同的逻辑。这样一种行为逻辑,即构成半熟人社会的行动逻辑:既不同于传统乡村社会又不同于现代城市社区的中间状态。

吴重庆将当前农村社会称为"无主体熟人社会",所谓无主体,一是农村中青年大量外出务工经商,不在村里,村庄主体丧失;二是农村社会已经丧失过去的自主性,变成了城市社会的依附者。吴重庆对村庄主体的强调非常具有启发意义。他在较为实体的层面理解农村"主体",他认为,随着中青年农民这个社会主体周期性进城和返乡,相应地,村庄也周期性地呈现出熟人社会的部分特征。熟人社会丧失主体的深层内涵还包括农民对村庄失去主体感。这种主体感就是费老所说的农民与乡土的利益关联、情感眷恋和价值归属,主体感就是"我们感",它触发了人们对村庄的责任与关切,这可能与农民在不在村没有关系:有主体感时,远行千里依然心系故土,飞黄腾达要衣锦还乡回馈父老,最终还要叶落归根;丧失主体感后,即使身在村内心也在村外,村庄如何与己无关,自己得意失意也与村庄无关。这是半熟人社会区别于熟人社会的又一重要内涵。

小结以上讨论,我以为,总体来讲,进入21世纪的中国乡村社区可以称为半熟人社会,这个半熟人社会具有以下三个特征:

第一,村庄社会多元化,异质性增加,村民之间的熟悉程度降低。

第二,随着地方性共识的逐步丧失,村庄传统规范越来越难以约束村民行为,村庄中甚至出现了因为信息对称而来的搭便车,并因此加速了村庄内生秩序能力的丧失。

第三,村民对村庄的主体感逐步丧失,越来越难以仅靠内部力量来维持基本的生产生活秩序,村庄越来越变成外在于村民的存在,二者的社会文化距离越来越远。

半熟人社会将是中国农村一个相当长时期的现象,研究农村半熟人社会现象及其机制,是深化乡村治理研究和理解农村政策实践的重要方面。

(二)

"半熟人社会"的理论意义在于,社会学界乃至整个社会科学界长期以来受"传统—现代"这个二元框架束缚,沿用欧洲现代化产生的进化论视角,将社会形态的演变设定为两种类型的替代,如机械团结—有机团结、共同体—社会等等。费老当年也接受了这个框架,认为乡土社会(礼俗社会)终将演变为城市社会(法理社会)。这个框架既无法准确理解农村社会变迁中的社会形态,或许也无法预判未来的农村社会形态,但研究者却依然沿用这个框架，他们要么认为当下农村依然是"乡土社会"，要么就是以"现代社会"衡量农村变迁经验，呼吁用现代社会的公共规则取代乡土规则、培养农民的公民意识、培育公共伦理，等等。这不能不说是农村研究者的理论惰性和社会科学研究的理论贫困。

"半熟人社会"这个概念为分析农村社会性质提供了一个三维的框架，即"信息对称"、"地方性共识"、"行为逻辑"，前两者是社会性质的层面，后者则是微观行为的层面，信息对称和地方性共识状况塑造着农民的行为逻辑。乡土熟人社会是信息全对称的，又有地方性共识约束，所以农民的行为逻辑表现出来就是乡土逻辑。社会变迁中，信息对称程度在降低，即农民的熟悉程度降低，地方性共识也在剧烈变动中减弱甚至丧失了约束力，农民的行动逻辑就表现得非常理性，这时的社会性质和农民行为逻辑是"礼俗社会"与"法理社会"都无法解释的，是一个将长期存在因此需要研究者对其进行理论概括的社会形态。社会变迁的未来是什么样的呢？我以为，农村社会将来不可能走向那个二元框架的另一端：法理社会（也就是陌生人社会），将来或许仍然是信息全对称的，新的地方性共识也已经形成并稳定下来，农民的行为逻辑也将不同于乡土逻辑和当下的过度理性逻辑。从这个意义上讲，"半熟人社会"既对当下农村社会形态及其变迁过程具有很好的解释力，而且对未来的农村社会形态可能也具有很强的理论预见性。

据此，"半熟人社会"当是理解中国农村的基本概念之一。

2013年1月10日晚

## 二 村庄社会关联

向村是一个山村。我在向村调查时,村民说山上有一个"草上飞",是劳改释放人员,无恶不作。"草上飞"与承包向村山林的周某是朋友,经常到周某处做客。一次,周某放火烧荒,将向村三组一株每年可收获近千元果实的百年银杏烧死。向村三组的组长、村民代表和一些主要村干部上山找周某赔偿,恰好"草上飞"在。他提一把大片刀,将向村女支书抓住,用极其下流的语言进行侮辱和恐吓,上山来的村干部和村民代表无人敢再言语,一帮人灰溜溜下了山。赔款之事不了了之。

"草上飞"是亡命之徒,村民怕他怕得有理。然而,我在问为什么这么多人上山竟被"草上飞"一个人吓下山来时,他们的回答还是让我吃惊。他们说:"'草上飞'血红的双眼,真可以吃得下人的。谁家都有老少,因此谁都怕'草上飞'!"正是因为全村所有村民都如此想,"草上飞"这样一个地痞就可以镇住一个村甚至若干村的村民。过去的村庄,本来是有一种对付地痞的机制的,这种机制就是村民通过相互之间的联系,一致行动起来。地痞因此不敢触犯众怒,村庄因此有序。在面对"地痞"时,向村村民显然缺乏为获得共同安全所需要的一致行动能力。

向村还有一件让我吃惊的事情是村中老年人的非正常死亡。有一位曾当过村支书的老人对我说:"现在老年人的日子想过得好一点,是不可能的事。"我知道,他说的是老人大多不能得到子女的善待。小小向村,不足600人,最近10多年,每年都有一两起老年人非正常死亡的事件发生。善良敦厚、尊敬长者的传统农民消失了,代之以不孝子女和不肖子孙。村庄舆论压力没有了,谁也顾不上他家的子女不孝,谁也没有时间听老人叙说他们的不幸。正是因为村民与村民之间的联系被割断,村庄道德没有了结构上的支撑,村庄秩序因此变得愈加混乱。

并不只是向村的情况如此。我在湖北黛村调查,村民宁愿每家喂一头牛,也不愿三家共养一头本来足以满足农耕需要的耕牛,甚至兄弟之间也很难在养耕牛上进行合作。在杏村,有村民说:"我看这兄弟伙也是平等的。兄弟跟一般人没有两样。"他是说,兄弟关系跟一般人之间的关系并无不同。兄弟关系尚且如此,一般村民与村民之间的关系就更加松散。传统的宗族联系解体了,血缘联系弱化了,地缘联系被破坏了,利益联系尚未建立且缺乏建立起来的社会基础,村民因此在村庄内部变成了马克思所说的"一袋马铃薯",村民已经原子化了。

村庄不是作为一个共同行动者,而是一个具体的村民处于事件中时,他可以动员起来的关系。在生产方面,他可以通过自己的渠道获得合作者;在对付地痞时,他可以动员起自己的铁杆兄弟共同应对;在生活中,他可以获得善意的帮助而度过每一次的艰难;在受到不公正待遇时,他可以获得一些人道义上和行动上的支持。总而言之,一个具体的村民被种种强有力的关系挂在村庄社会这个网上面,这个村民就可以从容面对生产生活中的事件,他具备经济地获得公共物品,从容地通过谈判达成妥协,以及稳定地建立对未来生活预期的能力。当一个村庄中不是一个村民而是相当一部分村民具备这种关系资源时,我们说这个村庄的社会关联度很高。而在前述例子中,村庄的社会关联度很低,村民失去了高度社会关联村庄的村民所可以获得的种种好处,村庄因此处于无序状态。

村庄社会关联是指村庄内村民与村民之间具体关系的总和,它指的是处于事件中的任何一个具体的村民在应对事件时可以调用关系的能力。一个拥有传统关系的人,他也可以轻易地建立起现代联系;而一个现代关系健全的人,他往往也具有众多的传统关系。现代的关系是指建立在利益和契约基础上的关系;传统关系则指那些基于信任、友谊、亲情和习惯的关系,如亲缘关系、朋友关系、邻里关系,等等。无论是现代关系还是传统关系,一个村民在应对事件时,无力调动任何一种有效的关系资源,这个村民就缺乏应对事件的能力,也就缺乏发展的能力。一个村民无力调用与其他村民的关系,其他村民也失去了调用与这个村民关系的能力。而若一个村庄中的所有村民都缺乏调用相互之间关系的能力,我们说这个村庄缺乏社会关联,或社会关联度很低。这样的村庄,无力应对共同的经济协作,无力对付地痞骚扰,无力达成相互之间的道德和舆论监督,也无力与上级讨价还价。这样的村庄秩序也因此难于建立,村道破败,纠纷难调,治安不良,负担沉重且道德败坏。依我个人调查的经验,当前中国中西部大部分农村的情况正是如此。

造成村庄社会关联度低的原因大致有二:一是20世纪的革命运动特别是新中国成立以后的历次政治运动对传统的冲击;二是市场经济本身对农村社会的渗透和村庄共同体意识的被破坏,村民之间传统的社会关系逐步解体,现代的社会关系却没有建立起来,这是当前村庄社会关联度低的根本原因。

从村庄社会关联的角度,即从村民可以具体建立起来的关系及这种关系应对事件能力的角度来观察村庄,会有很多意想不到的收获。由于这个角度是从具体的村民所可以建立起来的关系来看问题,因此具有可计量性及可观察性。村庄社会关联与村庄秩序之间显然存在相互依存的关系。正是村庄社会关联,可以沟通"人际关系理性化"、"派性"、"圈子"以及"村庄社区记忆"和"村庄生活的面向"等具有重要意义的概念之间的联系。

2001年8月16日

**修订关键词** 差序格局 大私与小公 认同与行动单位

(一)

"村庄社会关联是指村民与村民之间具体关系的总和,它指的是处于事件中的任何一个具体的村民在应对事件时可以调用关系的能力",这是笔者过去对村庄社会关联的定义,也是现在的认识。"村庄社会关联"这个概念与社会资本有相似之处,但社会资本侧重社会信任的测量,可以说是村民之间抽象关系的总和。

在具体关系的讨论中,"差序格局"是一个重要概念。费老说:"在差序格局中,社会关系是逐渐从一个一个人推出去的,是私人联系的增加,社会范围是一根根私人联系所构成的网络。"他又说:中国社会结构"好像把一块石头丢在水面上所发生的一圈圈推出去的波纹",以"己"为中心,"一圈圈推出去,愈推愈远,也愈推愈薄"。差序格局强调具体的、特殊的关系,每个人的位置都有不同。不过,在传统社会中,有两层关系尤其紧要:一是家庭,这是一个私的单位,是同居共财不分彼此的"小私";二是宗族,这也是一个私的单位,是有自己人强烈认同的"大私"。在传统社会中,在国家权力难以直达乡村社会的情况下,为解决与农民生产、生活和娱乐密切相关的公共事务,而创造了在家庭以上的功能性组织,从而形成了一个双层的基本认同与行动单位,其中第一层是家庭,第二层是超出家庭的宗族或以宗族为基础的村庄认同。费老讲的传统中国社会差序格局"愈推愈远,也愈推愈薄"的论述,将差序格局看做了均质的实体,而忽视了差序格局各方事实上的非均质分布,其中家庭这个"小私"和"宗族—村庄"这个"大私"是传统乡村社会中尤其凸显的基本认同与行动单位。现代性瓦解了或正在瓦解"大私",留下诸多血缘联系的碎片,从而造成了村庄传统社会关联的区域差异。

　　自上而下、自外而内进入传统乡村社会的国家行政力量,首先是乡村行政组织,尤其是人民公社中的生产队建制。生产队一般以自然村为基础建立起来,但与宗族不同,人民公社"三级所有、队为基础"的建制,既是国家的行政建制,也主要对国家负责。人民公社是相对于之前的"宗族—村庄"结构的公的力量。由生产大队和生产队转化而来的行政村和村民组,就是国家在农村基层的代理人。村组是"小公","小公"与"大私"在村庄层面重叠,但服从完全不同的行动逻辑。赵晓峰的博士论文《公私定律:村庄视域中的国家政权建设》专门研究村庄层面"小公"与"大私"的这种互动关系。

"大私"之所以有力量,是因为"大私"的含义是自己人,是私人的,也就是自己的。自己人的行事原则与外人是不同的,自己人的行事原则是人情和面子,是"人同此心,心同此理",动之以"情",晓之以理,是利他的考虑。在国家行政能力比较弱小,基层传统"大私"又已涣散的情况下,代表基层国家行政权力的村组干部就要"化公为私",通过积极参加村庄的人情交往,扩大人情圈来促成一个自己人的认同,从而提高治理能力。有了自己人的认同,就可以在熟人社会中按照自己人的原则去要求、去期待、去完成上级交办的各种事务,即通过自己人进行治理。这是在2000年前后,中国中部地区我们所谓原子化农村基层治理的普遍现象。甚至现在仍然如此。

(二)

"认同与行动单位"是对"差序格局"的拓展。从本质上看,"差序格局"仍然是个体主义范式的,它看到的是个体的私人关系网络,强调的是个体行动者对这个网络的作用机制。"认同与行动单位"则从社会层面发现了关系网络的结构化,尤其是自己人关系的结构化,进而强调结构化的自己人单位对行动者的约束机制。"自己人"与"外人"是中国人行为逻辑中一个基本的关系分类框架,中国人行为逻辑中的公私转化就是在这个关系分类框架中完成的。

"差序格局"也讨论了公私转化的相对性,但囿于其个体主义范式,费老错误地认为,次一级的小私是主导性的,为了小私的利益可以牺牲高一级的大私(也就是公),他甚至推导出了"为了个人可以牺牲家"这样一种极端情况。显然,这个推导是有问题的。"认同与行动单位"指出了社会关系的结构化,也指出了公私转化的结构化。具有结构性的自己人认同单位便是一个"大私"的单位,在这个单位里面,为了小私牺牲大私是违反地方性共识的,是不会做人的表现;相反,小私为了大私而自我牺牲才是政治正确的。进言之,中国社会文化中的"公"与"私"具有极强的价值评价色彩,其基本导向是"崇公抑私"。"崇公抑私"是在承认"私"存在的前提下,强制性地要求人们超越"私"的局限,通过自我扩大化来实现自我。沟口雄三认为,中国文化中的"公"与"私"不是领域性而是连带性的,所以用西方文化公域/私域的框架来理解中国的公私问题是不恰当的。中国文化解决公私连带性带来的公、私不明困境的方法,就是这里所发现的赋予公、私以价值评价内涵。

也就是说,中国社会中的"公"不是"私"之外一个明确固定的领域和范围,而是"自己人"这种具有本体性的连带关系衍生出来的"化人为己",是一种"你有我有大家有"、"你好我好大家好"的具有共有性质的共生逻辑。当然,这样的"公共意识"必须以自己人结构为载体、以强有力的地方性共识为保障,否则,自己人结构丧失本体意义、地方性共识瓦解,自己人就会蜕变为纯粹工具性的东西,被小私的逻辑主导。讨论中国人的公私观念和公私转化逻辑,都应该在"认同与行动单位"所揭示的自己人单位及其变迁中考察。

公与私始终是100多年来中国国民性大讨论的核心问题,其当代变种就是所谓公民意识、公共伦理,阎云翔的"无公德的个人"也是这个问题。有了"认同与行动单位"这个概念,对这个问题就可以有比较深入的解释。

同"半熟人社会"一样,"认同与行动单位"也当是理解中国农村的基本概念之一。

王德福的博士论文《做人之道:熟人社会中的自我实现》也对中国人做人与行动的这种逻辑有精彩的讨论。

2013年1月11日上午

# 三　村庄生活的面向

中国农村地域广大，情况复杂，没有办法用一种标准对农村进行归类。近年我在江西、湖北和浙江温州调查，发现村民生活的面向相当不同，似可以作为农村分类研究的一个指标。

在江西崇仁和泰和宗族村庄调查时，村民新修了很多两层或三层的住房。问新修住房的房主，他说现在在外面打工，将房子修在村里，并不住人，等到年龄大了再回到村里居住。看来他们还真是为未来生活做了长远打算。在江西贯村，村民出钱演地方戏，已经连演18天，破了邻村保持的演地方戏的时间纪录。出钱演戏的很多村民在外打工或承包工程，村里打电话让他们回来看戏，他们就专程从遥远的上海或深圳赶回来了。

不仅本村的村民，而且由本村出去工作的人，也对村庄生活关爱有加。罗兴佐调查的一个村，外出工作的人不仅关注村庄的公共建设，捐款捐物，而且愿意退休后回村居住。他将这些人称为村庄治理的"第三种力量"。"第三种力量"加强了村民面向村庄的生活。村民也许在村庄以外获得经济收入，但他们一定要在村庄内获得人生价值。村庄认同成为他们生命意义的组成部分。

在江西的宗族村庄，不仅可以看到高大的宗祠，新修的族谱,而且可以看到游神、村庙庆典、开光等传统仪式。王铭铭描写的闽南山区与江西宗族村庄的情况一样。浙江温州的情况有些不同。我曾到瑞安市郊一些农村调查,这些农村现在已经城市化了,诸如宗祠、村庙庆典、开光等传统的器物和仪式基本上不见了。不过,星火村的叶姓正在筹资兴建其先祖、永嘉学派的集大成者叶适的纪念馆,村民十分关注自己现在所作所为留下的影响。星火村副主任对我讲:"名声很重要。将来讲起来,谁的爸爸如何如何。干得好,别人留念说你爸爸好;干得不好,别人说就是你爸爸办坏了事情。地皮被卖了,事情没办好。"我们调查的瑞安市的城郊村包括星火村,都是人口流入村庄,村民在自己村庄创业,也很少有人打算搬到村外居住。当村干部,他们当然要考虑村民今后如何评价他,是否会挨骂,因此,他更努力地做村中工作。这种村庄村民生活的面向也是向内的。村民不仅在村庄内获得经济收入,而且在村庄内实现自己的人生价值。

江西宗族村与温州人口流入村的情况大不相同,但这两类村庄的村民都具有面向村庄生活的特点。与这两类村庄的情况不同,湖北荆门农村村民的生活面向村庄以外,他们都急于摆脱与村庄的联系。很多村庄甚至已经10多年没有建新房了,要建房,村民就建到镇上或市区。在荆门合村,到河南卖早点的宋虎说:"农村太落后了,现在连电灯都不亮,实在黑暗。"已迁到市区的宋家兵对看望他的堂弟说:"以后尿都不朝农村撒。"这些,典型地反映了荆门农村村民的生活面向村庄以外。

面向村庄以外生活的村民和村干部,谁也不愿意对村庄未来作出承诺,村庄也没有稳定的未来预期。既然村民是在村庄以外获取收入且在村庄以外实现自己的人生价值,村民就很容易割断与村庄的联系。这种村庄的村民不关心村庄建设,从村里通过考学、参军、外出工作的人,没有特别大的事情,一般不会回到村里来。这种村庄的村干部,不能看到村庄的未来,也无法从村干部一职上获得诸如荣誉、名声等文化价值的满足。在荆门访问一个村支书时,问他为什么愿当村干部,他说,当干部是学错了手艺,现在年龄大了,学新手艺来不及了。他将当村干部看做是一件手艺,一件赚钱以糊口的工作。前些年,当村干部还有很多经济上的好处,近年因为农村经济形势不好,村干部的收入越来越少,愿当村干部的人也就越来越少了。既然将当村干部看做一件手艺,在村民无法给村干部经济上的满足时,乡镇通过报酬与任务挂钩,轻易就让这些生活面向外倾村庄的村干部变成自己的代理人,村干部赢利型经纪的特点很快就呈现出来。这时候,不关心村庄生活的村民虽然一再受到村干部的侵害,他们并不起来抗议,而是更加急切地期望永远走出村庄,摆脱村庄,以获得自己的空间。

村庄生活的面向,是指村民建立自己生活意义和生存价值时的面向。有人长期在外工作和生活,但他梦中萦绕的都是家乡的山水,所谓乡土情结,这就是他的生活面向。生活面向不仅具有个人特征,而且具有集体倾向。构成江西宗族村庄内倾生活面向的,不只是一个单独的村民乐意在村庄实现自己的人生价值,而是整个村庄乃至一个地区的人们都认为,人就是应当如此活着,这样活着才有价值,这是一种文化的表达。文化当然不完全是一种精神和意识形态,文化也是与物质性的结构密切联系在一起的。在江西宗族村庄,宗祠、族谱、祭祖、团拜、开光仪式、地方戏曲以及龙舟比赛等,连成了一个文化上的整体。而温州瑞安市的城郊村,因为村庄本身城市化了,外来的人口正在迁入,村庄的土地迅速增值,对于一个有能力的村庄精英,村庄为他提供了大显身手的空间。尤其重要的是,既然村庄在不断繁荣,村民就没有理由迁出村庄到外面居住,也没有理由将自己的生活世界建立在村庄以外。由于对村庄未来稳定的预期,村民自然而然地形成了一种历史感,村庄共同体意识也因此容易产生。这个时候,诸如修建名人纪念馆、编写村志、恢复民间仪式以及举办文体活动,都会有很多热心人的支持与参与。

在荆门农村,不仅宗族解体了,而且因人口流出使村庄未来预期难以建立,共同体意识无从产生,历史感不能形成。这是一种正在解体的村庄。

问题在于,在中国现代化的长时段中,一方面,农村人口流出和市场经济对传统文化的侵蚀,不断造成村庄共同体意识的解体和村庄生活面向的外倾,村庄越来越多地解体了;另一方面,庞大农村人口的流出是一个漫长的过程,这个过程没有农村稳定是不可想象的。中央制定诸如土地延包30年不变的政策和颁布实施《村民委员会组织法》,可以看做是一种建构村庄的策略。将村庄建设为相对稳定和独立的社区,可以为现代化提供农村基础。村庄共同体和村庄生活面向是这种社区建设的基本内核。

考察村庄生活的面向,不仅有助于理解当前农村复杂的具体状况,有助于理解村庄治理本身的特征,而且有助于寻找村庄建设的办法。

2002 年 8 月 17 日

**修订关键词**　村庄价值生产能力

进入21世纪后,越来越多农民家庭的收入来自进城务工经商,一方面是农民家庭中年龄比较大的父母仍然在家务农,一方面是年轻子女外出务工,从而普遍出现了"以代际分工为基础的半工半耕结构"。

这种老年人留守、年轻人进城的农民半工半耕家庭结构,使得村庄生活面向尤其有趣。农民收入多元化和收入结构分化,村庄社会多元化和社会结构复杂化。一方面,过去相对封闭的村庄边界解体,村庄社会越来越开放,农村人、财、物外流,村庄自主生产价值的能力越来越弱;另一方面,因为有越来越多从城市获得的务工经商收入源源不断地输入农村,农村社会也就有了之前仅靠农业收入所不具备的丰厚资源。

由此,当前中国农村出现了两种颇为不同的景象:一种是农村人、财、物的流出,及由此而来的农村衰败;另一种是农民将外出务工经商获得资源用于村庄内的竞争,首先是建房竞争,其次是举办仪式的人情竞争,村庄看起来变得异常热闹——尤其是春节期间外出务工经商年轻人回村的时候。

总体来讲,进城农民春节期间要返乡,因为进城农民很少已在城市安居,家里不仅有父母在,而且也是他们的归属,是精神上、灵魂上的寄托,是意义生产的场所。但随着村庄日益衰败,春节返乡越来越难以获得这种意义的寄托和灵魂的归属,春节没有味道,回乡没有意思,村庄竞争变得虚无。在农民进城无法安居,村庄预期又已解体的情况下,可能发生严重问题。

中国人的"故土情结"就属于面向村庄的价值取向。费老说农民的半截身子是插在土地中的,主要描述了传统农村社会较少流动的物质基础,我提出生活面向,主要是讲农民在村庄生活中可能获得的价值感受。与村庄生活面向紧密相关的是村庄价值生产能力。对于村民而言,生活于其中的村庄不仅是一个物质世界,而且为一个意义的世界。在这样的世界中,村民的行为目的就不仅在于获取物质性利益,而且希望得到价值性收益。具有价值生产能力的村庄,才能够造成农民向内的生活面向。更进一步,随着中国农村的半熟人社会化,农村价值生产能力弱化,从农村进城务工经商的人们很难从城市获得归属感,问题是家乡已经变得陌生,精神上和感情上好像都不再回得去,那么,他们的精神寄托在哪里?甚至那些从农村考上大学并在城市获得稳定工作的农家子弟,随着他们年老,"乡愁"越来越浓,失去价值生产能力的家乡是他们的归属吗?这显然也是没有解决的问题。

杨华在其博士论文《隐藏的世界》中,将村庄价值生产机制操作为"历史感"和"当地感"两个维度。所谓"历史感",是指村庄生活能够为农民提供"生从何来、死向何处"的想象,所谓"当地感",是指农民之于村庄形成的主体意识。二者叠加起来,就将农民的个体生存状态与村庄时空之间建立了有机联系,既塑造了农民个体生命意识,也赋予了生活价值,还能够制造出社会道德规范。我们常说的"根"或者"宗",都是与此有关的。

总体而言,市场经济和现代传媒向农村的渗透,农民大规模流动,会损害村庄自主价值的生产能力。村庄价值生产能力的降低,就使外出村民与村庄之间联系变得薄弱,外出村民就不关心村庄的承认与否,也无法从村庄获得存在意义。不过这个总体变迁趋势,在全国不同地区农村具有变迁程度的差异。在宗族组织发达的南方农村,村庄提供"历史感"和"当地感"能力强,村庄价值生产能力强,农民的生活面向普遍向内。中部原子化地区村庄往往不能为农民提供"历史感"和"当地感",村庄自主价值生产能力比较弱,农民容易接受城市传入的生活方式和价值观念,农民具有很强的脱离村庄的冲动。北方村庄的价值生产能力介于以上二者之间,农民既不如中部农民开放,也不如南方农民保守。

从生活面向的角度看,村庄不仅象征着一种与城市相隔离的生活空间,也象征着一种与之相异的生活方式和价值选择。经济物质条件的改善,带来了乡土社会器物层面的变迁,真正的变化则发生在价值系统层面。村庄具备的生产价值和意义的能力,事关农民的福利和尊严,事关基层社会秩序,事关精神文明发展。费孝通先生的"乡土重建"、梁漱溟先生的"乡村建设",都将文化重建当做重点。我所期待的"新乡土中国"理想,也包含着现代化过程的中国农村能够为农民提供一种"低消费、高福利"的生活方式,其中,最关键的一点是让农民获得主体感、价值感和尊严感,让他们对未来具有预期。

过去,我们将农村看做是中国现代化的稳定器和蓄水池,是从政治社会结构上讲的,是站在城市立场上的,是站在现代化的立场上讲的。如今,提农村价值生产能力,是站在农村的立场上讲的。真正"低碳"生活的价值在于,抵制社会性价值异化造成的"商品拜物教",抵制由于本体性价值缺失所造成的农民精神空虚。在当前基础性价值即温饱已经解决的情况下,重建农村价值生产能力,让村庄可以成为农民精神上的归属与寄托,属于中华文明可否复兴和绵延的大问题。

2013 年 1 月 11 日上午

# 四　派性

最近几年农村选举成为国民关注的热点,与此相关的是,媒体报道说,宗族和派性如何影响了农村选举及选举如何激活了宗族和派性等。说归说,宗族与选举的关系也已有人研究过了,却还没有人研究过派性与选举的关系。

我对派性的关心也与选举有关。在派性斗争延续近30年的湖北望月村调查时,村民和村干部一再向我提起"派性"这个词,却没有引起我的注意。我将派性转化为村支书与村委会主任的关系来展开自己的调查。的确奇怪,自1970年代开始,望月村的村支书与村委会主任(人民公社时期为生产大队长)的关系从来没有好过。换过数任村支书,换过更多的村委会主任,村支书与村委会主任的关系总是紧张。不仅支书与主任关系紧张,而且以他们为首,在村干部,在村民小组长,乃至在村民中,都分成以支书或主任为首的两派。这当然是十分典型的派性,且望月村的派性形成了传统:派性斗争的双方在变,派性斗争的习惯却延续下来。

我真正注意到派性是在劲村的调查。在进村调查之前,劲村所在镇领导就向我介绍说,劲村是派性极严重的地方,派性严重影响了村里的发展。劲村的派性的确严重,而且影响了劲村的发展,劲村的派性还使上级布置下来的任务无法完成。然而,1995年以前,劲村并无什么派性,村班子团结稳定,上级布置下来的任务一直完成得很好,连续7年被上级评为先进村或先进村支部。1995年,镇里在理由不充分的情况下,将在村中有一定威望的熊支书撤换下来,让熊支书一手提拔起来的赵主任当了村支书。被撤换的熊支书对上级不满,却没有办法发泄,他便拆赵的台。每三年一度的村支部和村委会选举为他拆台提供了机会,而他过去的威望,村民对他无缘无故被撤职的同情,他的朋友,他的亲戚以及那些从来就喜欢村中大乱的投机分子,都成为他把握机会的理由。结果,他把握住了选举的机会,将赵支书和与他一派的村委会干部一并选了下去。被选下去的赵支书对自己的落选不满,他组织自己的亲友和各种支持力量为下次选举战胜对方做准备,在村务中也不买村干部的账。村中的税费收不上去,村里的公共工程也修建不起来。如此反复几次。2000年,镇里只好下派国家干部担任村支书,熊、赵二人彻底退出村政舞台,村里的派性斗争偃旗息鼓。

派性不是中国农村的常规景象,有派性的村庄只是少数。但我在浙江缙云县城关镇调查时,镇长介绍说,全镇18个村中,城关5个村的派性都十分严重,非城关村的情况则好得多。城关村的派性严重,是因为城关村的土地值钱,村集体掌握着大量的经济资源,经济资源引起村民对利益的争夺,派性由此而生。如此说来,派性不仅与选举有关系,而且与村集体掌握的经济资源有关系。

说起派性尤其是它与选举的关系,让人不能不想起台湾地区地方选举中的黑金政治和派系斗争。据赵永茂对1980年代台湾地区309个乡镇(市)的统计,在地方选举中派系严重的乡镇(市)有45个,选举中形成了两方或两方以上派系,彼此发生过对立、冲突事件；选举后有严重冲突对抗事件的乡镇（市）有109个。两者相加，占全部乡镇（市）的49.9%。可见派系之争乃台湾地区地方选举中的普遍现象。

台湾地区乡镇选举中的派系之争与派性斗争不同。派系谓之"系"，是形成了相当稳定和组织化的结构，这种结构谓之红派、蓝派或南派、北派。每一派中都形成了领导核心及领导核心的更替机制，一些派系延续长达数十年之久。派性与派系的不同，首先在于派性往往是一种临时的斗争形式，大多数时候，因选举起，也随选举终。与此相关，派性斗争是十分个人化的斗争，它往往是以两个村庄中的核心人物（一般是在任或下台的村干部）为中心的不同圈子之间的斗争。每个核心人物都是以自己为中心，以其亲戚圈子、朋友圈子、兄弟圈子以及合作者或其他特别关系建立起来的圈子来获得自己的影响力和号召力。这些圈子相互之间并没有固定联系，它们是围绕核心人物建立起来的，因而是十分个人化而不可转让的。也因此，在派性斗争中，一方核心人物的退出，往往意味着以这个核心人物为中心的圈子之间的联系解体，派性斗争便终止了。

派性也不同于宗族。宗族是这样一个群体，在这个群体中，每一个人与这个群体的其他人发生关系。派性斗争的一方中，所有人只与派性斗争一方的核心人物发生关系，在这些关系中，有人是这个核心人物的兄弟，是他的朋友，是他的亲戚，是他的邻居，是他的生意伙伴，是他的雇工，是他收买的投机者，是与他有共同利益的人，或是他的对手的对手，等等。因此，宗族之间的斗争，不会因为一个人的退出而瓦解，而如果派性斗争双方核心人物之一退出竞争，派性斗争便会因此解体。至于因为形成了派性斗争传统的村庄，继起的派性斗争是围绕两个新的核心人物组成的若干特殊圈子之间的新的派性斗争。

可以这样说,在宗族势力很强的地方,就不会有派性斗争,派性斗争是宗族势力解体之后的产物。

派性斗争不是无缘无故的,斗争双方要有收益空间。围绕村庄选举产生的派性,同样需要收益空间。在宗族解体的情况下,荣誉和面子的收益越来越受到市场经济的冲击和农村普遍贫困化的困扰,因此,村集体资源成为村庄派性斗争最为主要的收益空间。抽象地说,村集体掌握的资源越多,再分配村集体资源的机会就越多,数额也越大,形成派性的可能性就越大。村集体不掌握资源,就失去了再分配村集体资源的机会,也就没有关心个人收益的村庄精英来掺和村里的事情,村庄的派性斗争也就无从谈起。

派性之所以与村庄选举有较多联系,是在当前的村庄选举中,缺乏结构性的组织选举的力量,派性成为一种特殊的组织村民参加选举的方式。在那些村集体掌握着较多资源(尤其是意外地、轻而易举得到的经济资源,如城郊村卖土地所得的钱)的村庄,派性斗争较容易产生。村委会选举及村支部选举为派性斗争找到了表达途径。

2001 年 8 月 19 日

**修订关键词**　派系　宗族　资源密集型村庄

上面讲到了派性与宗族不同,与派系也不同,而往往是宗族解体后的情况。依据我们对当前中国农村区域的研究,中国村庄结构大致可以分成三种类型,即华南团结型村庄、华北分裂型村庄和中部分散型村庄。华南团结型村庄,宗族与村庄一体,可以有派系,很难有派性。华北分裂村庄,一个村庄由很多个血缘小集团组成,这种血缘小集团合纵连横,形成村庄中的相对有序的竞争,这种竞争介于派性和派系之间。中部原子化地区,村庄中缺少稳定的超家庭的结构性力量,因为利益关系,村庄选举中出现了村民一定程度但并不稳定的聚集,从而形成派性。

取消农业税后,以选举为基础的村庄派性又有新的发展。不再收取农业税,村干部与村民之间的联系进一步松散,在缺少资源的地区,村民不关心村里的事情,也很难关心得上。村委会选举就成了少数想当村干部村民的表演舞台。在沿海发达地区、大中城市郊区或有煤矿等资源的村庄,村干部的含金量很高,村庄精英都愿参选村干部,以至于贿选成为普遍现象。

贿选的结果是只有富人才能当村干部,一般村民几乎被彻底排斥在村庄政治之外。

资源为派性斗争提供滋养的土壤和源源不断的动力,个体利益诉求通过合纵连横等形式的派性斗争表达出来。在资源密集型村庄中,因为派性斗争更为激烈,村干部更换就可能更加频繁,村庄政治成为以富人为代表的村庄精英的斗争舞台。

资源密集型村庄的选举,很容易出现"干部斗干部、干部斗群众(被村庄精英发动和利用的村民)、群众斗群众",充斥其中的利益收买和利益争夺,撕裂了村庄社会温情脉脉的人际关联,消解了熟人社会的底色。

相对资源密集型地区,中部农业型农村地区,经济不发展,村内无资源,之前村委会选举中还曾热烈的派性斗争这几年却销声匿迹了。

2013年1月11日下午

## 五　大社员

我有一个好朋友当选为村干部。有一次与他聊天,他说他们村支书如何如何不好,品质坏,好贪污,村民对他很不满,等等。我问他,既然他这么坏且村民都对他不满,他为什么还能够当10多年村支书呢?他告诉我说,虽然村支书人品很坏,村民对村支书也很不满,但他和村里大社员的关系好,因此,他仍然可以通过大社员将村里的工作做下去。

我的朋友提到的大社员,我在荆门农村调查时多次听人提到,但未注意。这次说大社员竟可以帮村支书将令村民不满的工作完成,引起了我的兴趣。

所谓大社员,按荆门农民自己的说法,是指那些不是村干部却胜似村干部的村民。他们比一般村民有影响力,谓之大;不是在任村干部,谓之社员。大社员一词有褒有贬,贬多褒少。村民不喜欢别人称自己是大社员,但在日常生活中,村民半开玩笑说某人是大社员,多半又不会引起被称为大社员者的不快,因为大社员象征着能力和村民对他比一般人高明的公认。有能力的大社员在村庄事务中敢于发言,村民因此希望他们代表自己向上级反映情况,给村干部提意见与建议。也因为大社员敢于发言,在村中有影响力,他们在村庄利益分配中,往往

"别人得半斤,他却要六两",做什么事情他都要靠自己的影响多得好处。

当前农村成为有影响力的大社员的大致有以下几类人:一是当过村组干部,或是村中的党员。这些人对村中事务熟悉,与上级有些关系,能说会道,敢于直言,且往往可以通过村民代表会议或党员会议等正式的渠道发表对村务的评论,因此成为在任村组干部不得不尊重的村民。二是或有亲友在外做官,或自己与上级关系亲密,或外出见过大世面,或有一技之长,或在村民中拥有影响,或喜欢告状上访,或就是爱好参与村中事务的村民。他们凭借自己的优势,说得起话,做得起人,在与村组干部打交道时,可以掌握主动权,村组干部不敢随便得罪他们。三是那些兄弟多、力气大、不怕死,近于泼皮无赖的村民。他们好不了事,却可以坏事。他们不与村干部讲理,村干部要让他们三分。

开始时,大社员或许是出于公心,而在公开场合对村组干部进行批评,这种批评可以得到村民的支持。不久,村组干部就发展起与这些敢于批评自己的大社员的私人关系,并且往往在村庄事务的决策中,特别照顾大社员,有时是公开给大社员一些好处。最终,大社员也乐得以自己的影响力谋取私利,不愿站在公道的立场上讲话。特别是在荆门这种既不存在宗族,又没有发达农村经济的地方,有些大社员便有了恶霸的倾向,而在任村组干部一下台,往往就成了大礼员,其表现"比老百姓都不如"。

村干部特别是主职村干部在主持村政时,他面对的不是全体村民,而首先是大社员。一般村民对他不满不要紧,只要那些喜欢告状上访且在村民中拥有影响力的大社员不反对他,他就有办法将村政维持下去。要让大社员不反对自己,就必须收买大社员;建立与大社员良好的私人关系,在批宅基地时有意照顾大社员,减免大社员的提留,将村庄公共工程承包给大社员做,为大社员报销条据,给大社员拜年,等等。他当村干部的时间越久,越是敢于收买大社员,他就越可以在村中建立起一个所有村民都清楚的他与大社员们的关系网。这是一张具有既得利益色彩的强劲有力的关系网,一般村民谁也不敢或不愿去碰它,因此,他可以在村民普遍对他不满的情况下,依然将村政维持下去。

有意思的是,大社员这个词并不是人民公社时期形成的,而是在 1980 年代人民公社解体之后形成的。人民公社时期,农村没有大社员发挥作用的空间,除了大队和小队干部,就是普通社员。那时大、小队干部几乎掌握着农村所有的资源,谁敢与大队和小队干部对着干呢?人民公社解体以后,联产承包责任制使农户成为经营主体,村干部掌握的经济资源乃至政治资源越来越少,村民中的一些人则凭借各自的能力获取了诸如政治、经济、文化上的资源,他们因此成为村中说得起话,也敢于说话的精英。在有些地区的农村,随着宗族的复兴,具有广泛号召力和影响性的"宗族领袖"出现了。在另一些地区的农村,个体私营经济的发展,出现了占有大量个人资产的经营大户。这些"宗族领袖"和经营大户当然是不屑于从村庄中获得点滴好处,他们也不愿意在小小村务中与村组干部过不去。这些人构成了高大威猛的村庄精英。但在荆门农村,具有广泛号召力的宗族"宗教领袖"没有,占有大量资产的经营大户很少。在农村所有的,是一些诸如大社员之类的细小琐碎的村庄精英,正是这些细小琐碎的村庄精英,影响并决定着村级治理的面貌。

可以将村庄诸如大社员一类的非村组干部称为村庄的非体制精英,大社员就是一些细小琐碎的非体制精英。深入讨论非体制精英本身的构成,其与普通村民的关系,以及他们与村组干部的关系,将大大有助于理解当前农村社会的状况。

2001 年 8 月 17 日

**修订关键词** 钉子户

取消农业税前,国家向农民收取税费,有求于村庄中细小琐碎的精英,因此使村庄中的大社员现象变得普遍而严重。取消农业税后,国家不再向农村收取税费,村干部的主要工作是向上级争取资源和项目,这就改变了村庄中的利益博弈形势。之前在村庄治理中占据关键位置的大社员开始退出历史舞台?

与大社员相似的是村庄中的钉子户。收取农业税时,有农民因为经济比较困难,或想占便宜,而拖欠税费。钉子户与贫困户不好区分,贫困户拖欠税费是真的交不起,钉子户则是交得起却找借口不交。若由县、乡采取强制措施来征收税费,县、乡很难区分出贫困户和钉子户,搞不好将贫困户当钉子户来"拔钉子",将交不起税费农户的粮扒走,牛牵走,引起贫困户的极大不满,甚至被逼自杀。这种贫困户被逼自杀的案例影响极恶劣。在 2000 年前后,因为农民负担频频导致农民自杀,而不得不在 2001 年进行农村税费改革试点,并在 2006 年彻底取消了农业税。

取消农业税后,国家禁止清欠,钉子户拖欠的农业税费一风吹。但是,钉子户并没有因此消失,反而呈现出愈演愈烈的趋势,其突出表现是,借各种理由要求超出一般村民的补贴,从而在自上而下转移资源中获取更多的好处。非常有趣的是,这些向国家、集体要利益的钉子户,却如大社员一样显得义正词严,社会舆论也似乎愿意为其"伸张权利",一旦出问题,似乎都是地方政府的错。

当前的基层治理问题已不是农民负担以及由此造成的贫困户问题。然而,税费改革前的"三农"政治却被延续下来,为部分人索取利益创造了条件,基层政权疲于应付,基层治理失去了正当性。

农民从来都是分化的,抽象地谈保护农民利益是没有意义的,媒体和国家政策应该具体问题具体分析:应当警惕少部分人打着贫困户(弱势群体)的道义优势,为自己的利益最大化铺平道路;应当防止他们成为农民利益的代言人。

取消农业税后,大社员逐步消失,但因为有越来越多自上而下的转移资源,上面这部分人在村庄中出现了。如何应对这个新兴群体对基层治理的挑战,是当前乡村治理中的重要难题。

2013 年 1 月 11 日下午

## 六　红白喜事

　　我在苏北沭阳县调查的一个晚上,隐隐听到外面电声乐起,以为是草台班子要在镇上表演"狂歌劲舞",或是当地人要用电声乐演地方戏的前奏,便与一同调查的韩德强、董磊明前往观看。去的路上,见有不少人搬着小板凳也在陆陆续续地前往。这不仅印证了即将有表演的推测,而且让我想起小时候农村放电影时人们前往的情景。怀旧感油然而生,好奇心促使我们加快了脚步。

　　到了现场便感到不对,因为在农户门前禾场上有晃动的幡,在禾场的一个角落摆着10多个花圈,在院子里搭着高大的凉棚:明显是有人去世,正在办丧事,但从禾场中正在搭台表演电声乐的场面以及音乐声中一点也看不出来。禾场中的电吉他手是一个年轻的小伙子,戴一副很小的墨镜,一身摩登打扮,正在摇头晃脑地从电吉他中拨出震耳欲聋的声响,其他乐器配合吉他手拨出的声响,化成一曲很有力的欢快音乐(我不懂音乐,据韩德强讲,所奏声乐为电影《青松岭》的主题曲,当然是欢快的主题曲)。在电吉他手旁边,两个年轻姑娘正对着镜子涂口红化妆,一副悠闲的模样。在禾场上观看表演的观众已有100多人,他们将凳子整齐地排列着,正如我小时候看电影的情景一样。整个现场,除了一些人脸上木然的表情,就是一些人嬉笑和期待的表情,没有人脸上写有悲伤。一曲终了一曲再起,依然是激烈而欢快的,而且是流行的曲调。来看表演的人越来越多,那两个化了妆的年轻姑娘应该开口了吧。以前听说有卖哭的,她们是要开口哭呢还是要开口唱?

带着不可思议我们回到住的地方。办丧事如何办得像喜事?如何看不出一点悲伤?中国传统中的确是有人年龄大了去世是好事,所谓"白喜事"的说法,但死人终究是一件不好的事情,是伤心伤感的一个家庭甚至一个亲友体系的重大转折点,如何可以用这么欢快的音乐,还是电声乐队?我们问所在镇镇委书记,他不是沭阳人。他说这种办丧事的方式在沭阳已有十来年了,那化妆的年轻姑娘当然不是哭的,她们要唱。唱什么?唱"妹妹你大胆地往前走"。在丧事上唱这样的歌,书记也认为实在荒唐,又不可理解。这种荒唐的事情因为一直如此,当地人倒是很习惯了。村民因此如看戏一样去看办丧事时请来的电声乐队的表演。

为什么竟会出现这个样子?镇委书记解释说,也许是攀比吧?对,是攀比,只有攀比,才一家比一家地请更多人的乐队,奏更高昂欢快的音乐,从而吸引更多人去观看,这就是所谓"哀荣"?其实不是"哀荣"而是生者的竞赛,他们要将丧事比其他人办得更隆重。

办丧事也许是天然适合于竞争的。办丧事是一件大事,对于一个家庭来说,是一个转折点。在过去,丧事意味着丧者已经离开地上人间,而进入地下鬼魂世界或天上世界,这个时候是人与天、地的激烈互动,是神是鬼都要出来的时候。办丧事因此要有很多人来办,要依阴阳两界的规矩来办,要按过去一直遵守的程序来办。总之,办丧事是一个充满禁忌、敬畏和神秘感的事情,是一件悲伤却又让人毛骨悚然的事情。这样的事情,大操大办可以告慰死者的亡灵,让他们安魂,可以安抚死者,让他们保佑子孙将来的好运气。大操大办的仪式,是在悲伤与敬畏中,是在禁忌与期待中进行的阴阳对话。

由于当前人们经过革命运动和无神论教育,成为彻底的唯物论者,知道人之生死是一种自然现象,并不存在阴阳对话,因此,这种本来是阴阳对话的仪式,也就没有了禁忌和恐惧。没有禁忌和恐惧的丧事仪式就变得不可理解。以前一直如此办丧事的特殊程序和仪式本身不重要了,因为那些特殊程序和仪式只是迷信。没有禁忌和恐惧的人们办丧事的仪式,就不关心阴阳两界的交流,也就是不相信与神和鬼的世界的交流,但这种一直是办大事的仪式却保留了下来。这个时候,若村庄村民之间还有竞争的话,就自然而然地在办丧事的仪式上表现出来,办丧事成为生者与生者之间的竞争。这种竞争可以向两个方面发展。一是恢复传统的仪式,比如竞相请道士念经,但这时请道士念经的生者并不是关心道士念经会给死者与生者带来什么交流,而是别人在丧事上做的事情我也做了。别人请了一个道士,我请两个;别人请两个我请3个。有人一次请10多个道士来念经,念给旁人看。二是借用现代手段,比如沭阳的电声乐队。既然只是生者之间的竞争,办丧事就要办出声势。现代手段的声势更大,与电声乐队震天的音响比,唢呐声音太尖细、太普通。你可以请电声乐,我就再加上唱流行歌曲;你唱流行歌曲,我就表演现代歌舞。总之,作为生者竞争的办丧事,因为失去了人们对死亡的敬畏,失去了对鬼神世界的禁忌和恐惧,而变成了大操大办、不伦不类的"喜事",变成了外人无法理解的一出闹剧。既然只是生者的竞争,追求的是声势上的浩大,丧事中的悲伤内容消失了,丧事就变成了不可理解的仪式,一个丧失了意义的将来不知会向何处演变的仪式。

婚礼是另一件容易大操大办的仪式。过去通过婚礼仪式,新婚夫妇向众人宣誓,新的家庭组成了,这是一个可以对众人负责任的家庭,也是一个可以稳定预期的家庭。现在,婚礼在城市越来越不重要,在农村也越来越丧失其本来的意义。婚姻成为现代人的私事。因为是私事,目前可以随便地、自由地谈婚论嫁,可以随便地离婚再婚。不是说这样一定就不好,而是说,传统婚礼仪式所表达的社会宣誓组成"白头到老"的对社会负责任的家庭的意义消失了或正在消失。婚礼越来越变成什么呢?变成了收钱和送钱的游戏。今天网上有一文《强迫的悲欢》,是说当前办的红白喜事,请柬满天飞,"八竿子也打不着的灰溜溜的他和她",也愣要"悲伤着他的悲伤,快乐着他的快乐",就是要收钱呗!而一个镇委书记3年办9次红白喜事,一个副县长的父亲去世竟大操大办到当地物价上涨的例子,不一而足。

红白喜事并非只是一家一户的私事,其社会意义对于理解当前农村存在的很多问题具有重要作用。而构成当前红白喜事变迁的诸多政策和理念,又大都未经由政策制定者和理念传播者的仔细思索。如何理解红白喜事的变迁及其现状,不仅对于乡村治理,而且对于农民本体价值的获得,都具有重要的意义。这些年正在全国推行的殡葬制度改革,即推行"火化"的政策,让一些农村老人很伤感,也很害怕。他们担心"烧得痛"。他们愚蠢吗?我们的政策制定者充分考虑过他们的理念吗?

2002 年 8 月 31 日

**修订关键词　终极关怀**

类似于红白喜事一类的仪式活动,看似仅为一种民俗活动,实则具有重要的精神价值意义。中国是"礼仪之邦",不能被理解为中国人擅长搞繁文缛节,而在于中国人是通过礼仪、仪式来获得精神价值体验的,就像西方人是通过宗教信仰来获得精神价值体验一般。农村的仪式活动也要从这个角度理解。

前不久发生在河南周口的平坟事件引起社会广泛关注。周口是粮食主产区,坟墓要占用耕地,死人要与活人争地,平坟可以节约出耕地,多产粮食,平坟似是好事。但是,坟墓中毕竟埋有入土为安的去世亲人,平坟就会伤害活着的人的感情。正是埋有去世亲人的坟,让每个活着的人都有一个对去世亲人的念想,有一个祭奠祖先的地方。

我正好于2011年7月到周口农村进行了为期20天的调研。周口市自2002年推行火葬,农民不愿火葬,而采取偷埋的办法,往往是在人去世当晚召集自己最亲密的人来偷偷进行土葬,不留坟头,当然也不办葬礼。

农民偷葬政府当然知道,主管殡葬的民政部门要管这事,便来查办,借探测器来探,探出后扒尸火化。扒尸火化是相当不人道的,是让丧户极为愤怒的,是很容易起冲突的。民政部门扒过几次坟,起过几次冲突,尤其有一次民政部门扒错坟,因此起了大冲突。多一事不如少一事,民政部门也就不再管这事了。一方面是政府强制火葬政策,一方面农民偷埋土葬,相安无事已多年。

但这并不是说火葬政策是无效果的,其效果不是在农民是否按火葬政策去办,而是农民绝不敢于大张旗鼓地土葬。一直以来,丧葬都是农村社会(也许应是任何社会)中最为重大的仪式,是阴阳相交,是生离死别,是人生结算,是联系亲友的大事,甚至是人生的竞赛。"生养死葬",这个死葬实在太重要了。

强制火葬政策使农民只能偷埋,而不敢办丧事。因为不敢办丧事,没有葬礼,有人去世几个月,本村人竟然也不知道。三年后当然可以补办葬礼,但人已去世三年,时过境迁,感受大不一样,这样补办的丧事只是形式上补了,情感上和价值上与真正的葬礼完全不是一回事,因此,三年补办葬礼也越来越少了。丧葬本来要表达的意义没有了,仪式自然而然地也就消失了。

葬礼的消失是一个重大事件。农村关于丧葬的口头禅是:"活人做给活人看",意思是说,现在很多农民都不再相信死者真的能够在丧葬上获益。不过,这并不是说仪式就没有价值了。共产党员是不信鬼神的,但党员死了还是要搞个追悼会。丧葬仪式也好,追悼会也好,都是给死亡一个交代。对死者的尊重,为生者提供了预期。西方人认为死后灵魂要到上帝那里,后代与死者间只具有情感联系,情感记忆消失了,灵魂还在天堂中;而中国人死后是要存留在子孙记忆中,记忆很重要,只要世世代代的记忆流传下去,人就在记忆中永生。农民的"终极关怀"不是从超自然事物中获得的,他们是在凡俗性的日常生活中获得超越性的体验,桂华在他的博士论文《圣凡一体:礼与生命价值》中将此称为"农民宗教"。

农民的慎终追远意识需要依托于具体的对象才能够传递下去,因为具体的情感记忆总是容易消失的。因此,坟墓、祖先牌位,以及与之相关的四时八节的仪式活动就很重要。取消与死生有关的仪式活动连同其象征物,就是破坏传递慎终追远意识的载体,也破坏了农民的"终极关怀"。当农民越来越不将死当回事时,便不会获得生的价值,因为死是生的延长,死的虚无就是生的虚无。葬礼取消了,甚至有农民为此欢呼说不办葬礼减轻了负担,是好事。但葬礼的取消,对农村文化实践,对农民价值的影响,极大极大。

葬礼等民间仪式是农民文化实践的载体。农民在文化实践中习得并传承着这个古老民族的人生理念、生存智慧和做人之道。文化实践的具体形式可以随着时代变迁而有所损益,但如何损益应该慎之又慎,尤其不应以实用主义的态度等闲视之。孔子与子贡关于告朔之礼的对话中所说的那句"尔爱其羊,我爱其礼",表达了一种对待文化实践的态度,对我们仍然具有很强的启发和警示意义。

葬礼、婚礼等仪式中所包含的象征价值,与参与者投入仪式活动所获得主体感受有关,这构成仪式的本质。正如前文所描述,当仪式活动丧失了精神价值意义,徒具形式,变成农民进行社会性竞争的手段时,比如,丧葬仪式上攀比行为,或者丧失其严肃性而变成十分恶俗的活动时,比如我们在湖北京山农村看到的"灰公醋婆"现象(指婚礼上,十分恶俗地在新娘与其公公间开玩笑的活动),都属于仪式活动的异化。异化的仪式丧失了仪式的精神价值,庸俗而浪费。这样的仪式活动,有不如没有。

要辩证地对待农村婚丧嫁娶仪式。要反对仪式的迷信化和商品化,引导它们朝着文明化和精神化的方向发展。

2013年1月11日晚

## 七　村庄类型

我和董磊明在他家乡江苏如皋农村调查，发现了与我家乡荆门的诸多共同之处。例如，农民的生育观念已经彻底转变，"只生一个好"不是上面的政策宣传而成了农民的自觉行动；农民人与人之间的联系及其行动能力比较弱，很少发生农民群体上访的事情；农民负担比较重，明显不合中央政策的负担也较多；宗族意识、宗族组织都已淡出；村庄公共工程和公益事业少有人问津，也很难组织起来；村干部与村民的关系不冷不热；等等。与此相应的是，村民普遍怀疑村干部经济上有问题，但很少有人公开反对；村级债务多；合村并组这样重大的事情，村民也不怎么关心；等等。还可以找出很多相同之处来。

也有很多不同之处。比如，荆门农村近10多年来，农民已很少在村庄内建新房，而如皋农民建新房的热情仍然很高，且建房消费一直是如皋农民的主要消费，在住宅上的攀比很是激烈；荆门农村民事纠纷很多，而如皋农民似乎相处得更为和谐；荆门农村老年人的赡养一直是很严重的问题，子女不孝、老年人自杀以及家庭不和的情况都很普遍，而如皋农村在这些方面好得多；荆门农村年轻妇女的自杀率特别高，而如皋农村非正常死亡的情况很少。自杀不仅与农民的生活水平有关，更反映了农民对未来生活的预期和现实生活的价值感。荆门农村社会治安状况至今不好,而如皋农村社会治安似乎一直不错;荆门农村村庄舆论基本解体,而如皋农村的社会舆论依然有力,村民似乎仍然很在乎面子,特别不愿被别人小视等。还可以列出很多不同之处来。

荆门农村与如皋农村的以上相同与不同之处,绝大多数与自上而下的国家政策没有关系,而只与或主要与村庄社会性质有关系,这些同与不同反映了荆门农村和如皋农村村庄性质的同与不同,以这种村庄性质的同与不同,可以区分出两种不同类型的村庄。

具体地说,我将荆门农村归结为"缺乏分层与缺失记忆"的村庄,因为缺乏分层与缺失记忆,村庄中就缺少有全村性影响力的村庄精英,也缺少这种村庄精英在村庄建功立业的动力。同时,因为缺乏分层与缺失记忆,村民之间的联系较弱,一致行动能力差,即村庄社会关联较低,村民也缺乏获得村庄社会认同的动力。这样的村庄,因为宗族淡出,传统意识形态解体,使生育观念容易转变,集体行动不能达成,公共工程和公益事业无法组织,村民缺少约束乡村干部不良行为的能力,农民负担因此沉重,村级债务也会较高。这些表现是当前荆门农村的基本特征,也是如皋农村的基本特征。在这个意义上,我们也可以将如皋农村称为"缺乏分层与缺失记忆"的村庄,也就是村庄社会关联比较弱的村庄。

但是,如皋农村与荆门农村的不同之处同样重要。需要在村庄社会关联比较弱的村庄类型中作出进一步的划分。比较如皋农村与荆门农村的不同,其核心是村民对村庄未来生活的预期不同。如皋农民建房热潮之所以一直持续下来,建房投资一直是农民的主要投资,农民有了钱后,第一件事就是建房子,且存在明显的建房攀比,是因为如皋农民对村庄生活有着明确的预期,他们认为自己过去世世代代生活在这个村庄,将来子子孙孙还会生活在这个村庄,就必须建一所将来永远住下去的房子;正是这种建房的长期投资,可以表现出农民对未来村庄生活的预期。如皋农民即使现在在外面打工,他也时刻想着在年老时回归村庄,村庄不仅是他的根和梦,而且是他离不开的生活所在。荆门农村的情况则截然相反,荆门农民即使现在仍在村庄生活,他们也时刻准备着离开村庄,永远地脱离与村庄的联系。外出打工的人大都不准备当然也不希望再回到村庄,虽然他们中的大多数将来不得不回到村庄。荆门农村更注重的是即时消费,在吃、穿、行方面的投资很多。住宅这种长期投资,除非不得已,谁也不愿投资。1990年代中期,粮食大幅度涨价,荆门农民收入提高后,主要不是用于建房,而是买了摩托车。换句话说,荆门农民比如皋农民更在乎即时消费,即更图享受,而对村庄未来的预期十分糟糕。

因为对村庄未来预期不好,且时刻准备着永远离开村庄,荆门农民就会更不在乎村民对自己的评价,更不关心面子,更加无视村庄舆论。荆门农民因此就更敢于子女不孝,婆媳不和,更敢于为一点小事与邻里闹纠纷,更敢于不把乡村干部放在眼里,更敢于拖欠税费,甚至更不在乎高额的村级债务,更不参加建设公共工程和公益事业。其后果就是荆门农村社会秩序更混乱,公共物品供给更少,传统道德被破坏得更严重,自杀率更高,等等。

构成荆门和如皋这类村庄社会关联度低的农村差异的原因,主要是农民对村庄未来生活的不同预期。之所以会出现这种对村庄未来生活的不同预期,又与当前荆门、如皋农村所处区位、所有文化等有些关系。如皋处江苏中部,当属沿海发达地区,起码是靠近发达地区。如皋农民主要收入的相当部分也来自外出打工,但与荆门不同。如皋农民外出打工的距离都不是很远,很少出省,甚至出县的也不多。这样的打工,基本上属于"离土不离乡"的打工,村庄生活总是没有离开自己的视野,或者说,住在村庄中可以看到外面的精彩世界,从外面的世界中获得好处。而荆门处于湖北中部,农业以外的第二、三产业很不发达,农民的非农收入主要来自外出打工,外出的地方很遥远,这些遥远的地方与村庄生活已经没有了关系,荆门农民因此比如皋农民容易割断与村庄的联系,对村庄的未来预期也因此被割断。

对村庄生活的预期并不只是与所处区位有关,也与所有文化有关。荆门和如皋都是缺失记忆型的村庄,构成荆门、如皋村庄类型差别的原因与文化的关系不是很大。但与荆门同处中部的江西农村,农民现在建房子的热情和生小孩的热情都十分高。我们在江西调查,那些在外面赚了钱的建筑包工头要做的第一件事情是在村里建一栋漂亮的住宅。他们现在不住,留着等老了回来再住。这种行为会被荆门农民讥讽为傻子行为。江西农民显然对村庄未来生活有着明确预期,但这种预期主要来自的不是区位,而是传统文化特别是宗族文化,这些传统的宗族文化为江西农民在这个变动太快的世界中提供了本体性的安全感,因此,江西"傻子"一样的农民比荆门农民会感到更加幸福一些。

不仅对村庄未来生活的预期,而且村民的性格也会影响村治面貌从而形成一种颇有特点的村庄类型。我在吉林农村调查时发现,虽然吉林农村乡村债务比较重,但农民负担比较轻,村庄秩序比较好,村民之间的关系也比较好,与荆门农村相比,其原因大部分恐怕都在于东北人的性格较中部地区人的性格豪爽仗义。中国农村相当庞大,发展又十分不均衡。当人们讲到村庄时,往往要么是在说一种类型的村庄甚至是某一个村庄,要么是在抽象地说所有中国村庄,而很少有差异、分类型地说到中国的村庄,研究中国的村庄。如果不能对数量庞大又发展不均衡的中国村庄进行适当的分类研究,农村研究就很难进入到比较精细的层次。

2002 年 8 月 19 日

**修订关键词** 团结型村庄 分裂型村庄 分散型村庄 区域差异

有两类不同的划分村庄类型的方法:第一种方法是依据现代化程度,划分出所谓现代的村庄和传统的村庄。现代村庄,社会明显分化,社区缺乏记忆。传统村庄,缺乏分层却有历史传承。湖北荆门则是一种介于现代与传统之间的村庄类型,其特点是"缺乏分层与缺失记忆",这种划分村庄类型的方法,尤其关注经济发展状况。第二种方法是结构划分,即根据村庄结构的差异进行村庄类型的划分。这种划分村庄类型的方法尤其关注村庄形成的历史及由生态、结构和规范三者叠加固化的结构状况。

中国是一个巨型国家,不同地区差异很大。构成中国区域差异的原因很多,除经济发展水平以外,历史文化条件、自然地理环境、种植结构、开发早晚、距权力中心远近,等等,都是形成中国区域差异的重要原因。从现象上看,中国农村区域差异尤其表现为东、中、西部经济发展水平的差距,和南、中、北方村庄社会结构的差异。当前国内学界和政策部门对中国经济发展水平的东、中、西部差距比较熟悉,且国家统计局的相关数据即是按东、中、西部分别统计的。虽然国内学界对中国农村南、中、北方的差异也有一定的研究,但总体来讲,学界对基于村庄社会结构的南、中、北方差异研究颇少,也不够深入,政策部门则基本上没有关注到这种差异,并因此对自上而下的各种政策、法律和制度在不同结构村庄实践中表现出来的机制及结果的差异颇不敏感,相关研究甚至还未起步。

笔者及所在学术团队最近10年一直在全国农村开展广泛的驻村调研,累计驻村调研时间数万个工作日,调研地点遍及中国绝大多数省、市、自治区。长期驻村调查使我们关注到了之前没有意识到的若干重要学术和政策问题,这些问题大多属于调查的意外。其中,以村庄结构差异为核心的南、中、北方农村差异的发现即属这样的意外。

从结构上看,我发现有三种不同类型的村庄:一是湖北荆门原子化程度很高的分散型村庄;二是宗族性的团结型村庄;三是以"小亲族"为基础的分裂型村庄。这三种村庄类型与自然生态、种植结构、村庄历史、地方规范的区域差异有关。在传统中国社会,农民行动逻辑具有我所谓的"双层认同与行动"的特点,就是说,农民的行动深受家庭认同与在家庭之上的宗族及村庄认同的影响乃至决定。农民家庭之上的认同与行动单位主要有三种:一是以华南为代表的宗族性村庄,聚族而居,宗族与村庄合二为一,村庄因此是团结的;二是以华北为代表的小亲族村庄,一个村庄有众多互不统摄的超家庭认同与行动单位,村庄因此是分裂的;三是以长江流域为典型的中部地区,因为村庄历史不长,农民多散居,村庄结构与村庄规范未能形成相互强化,导致村庄内部缺少强有力的超出农民家庭的认同与行动单位,村庄原子化程度很高,从而形成了我所谓的分散型村庄。

村庄是一个熟人社会,是农民生产、生活和娱乐的基本单位,村庄社会结构不同,生活在村庄的村民就会有相当不同的应对生产、生活和娱乐的方式,也就会有相当不同的行为逻辑。村庄社会结构的差异还会导致村民个性和交往方式的差异。

从区域来看,中国农村村庄社会结构具有明显的区域差异,可以分为南方、中部和北方三大区域,其中南方地区多团结型村庄,北方地区多分裂型村庄,中部地区多分散的原子化村庄。区域村庄结构的差异与不同区域生态环境和村庄历史有关。通过村庄社会结构(团结、分裂和分散型)的研究,可以比较好地揭示出中国农村区域的社会和文化特质,从而可以为中国农村社会学研究提供一个中层理论模型。从村庄结构角度来讨论中国农村区域差异,不仅是理解中国农村的重要步骤,而且是理解中国的重要一环。

需要注意的是,我所说中部地区主要指长江流域,这与长江本身有关,具体不在这里展开。东北三省的村庄结构与长江流域非常相似,因此,我及所在华中村治学者往往将东北农村作为中部农村来看待。

中国目前仍然存在的南方团结型村庄、北方分裂型村庄和中部分散型村庄,因为生态、结构和规范三者的互强,不同区域村庄类型具有相当强的自主性。可以说,不理解中国农村村庄结构的这种南、中、北的区域差异,就没有办法理解真实的中国农村。

2013年1月11日晚

# 八　村庄的含义

村庄又叫村落、村屯、湾子,是指农民的自然聚居群落。既然是自然聚居群落,规模就有大有小。在湖北荆门,到处是一两户人家住在一起的湾子,不能再小了。在江西,具有数百年历史,数百户人家的村庄比比皆是。听说江西和河北等省有的村庄竟有1万多人,好几千户的,分为几个村委会。

以上又叫村落、村屯、湾子的村庄,也就是自然村。自然村,自然形成的大家聚居在一起的社区。费孝通先生生动描述了聚居一处的自然村熟人社会的特征。因为自然村内,村民之间相互熟悉,就由熟悉到信任,由信任到可靠。可靠的村民之间的关系,提供了自然村共同应对外部世界,也共同约束内部人的基础。对内部人的约束大多数时候是舆论和道德约束,有时候来一点村规族法的约束。

从全国总体情况看,自然村的规模一般在10多户到数十户之间。人民公社时期,试图打破自然村的界限,建立"一大二公"的人民公社,以提高对自然的开发能力;不久就发现,越出自然村边界的监督太难,管理成本太高,很快便"三级所有,队为基础"。这个队,就是大致相当于自然村一级的生产队。在一个相互熟悉的自然村中共同生产、共享财富,有效利用了自然村这个传统遗留下来的结构。老田(一个自由思想者)针对有人认为农业劳动的监督非常困难,监督的准确程度很低,并由此得出人民公社必然低效率的说法,他一针见血地反问,可以证明在自然村内农业监督需要成本从而必然带来人民公社低效率的人还有什么不可以证明出来？的确,在生产队这样一个村民相互熟悉的范围内,村庄舆论必然是有效的,劳动监督的成本也是相对较低的。这也是为什么人民公社这样一种看起来很不合理的制度可以延续20多年,并为中国现代化做出巨大贡献的原因。

自然村规模相差太大,虽然我们在很多时候将自然村等同于人民公社的生产队,实际上二者还是相当不同的:生产队比自然村更关注人户规模。因为规模太大,集体生产的管理太难;规模太小,又难以发挥出集体生产的优势。在人民公社时期,生产队一般稳定在700万个左右,相当于每个生产队有近百人,二三十户。大的生产队可能会超过200人,50户,小的生产队一般也有50来人,10来户人家。这是一个适中的规模。施坚雅在考察中国1950年代实行农村供销系统的改革时,用他的"市场网络"来评论供销社建立代销店的做法。"市场网络"是一个规模较自然村大,功能与自然村有差别的互补的传统结构。

当生产队的规模相对固定下来后,那些"三家村"就不能独立建制,而是若干个"三家村"联合起来建立一个生产队。这样的生产队往往要打破宗族界限,国家有时候有意识地用生产队建制切割宗族网络,用新生力量去制约传统力量。这种包含了若干小村落的生产队当然不同于自然村。这里的生产队大于自然村,而那些特别大的自然村只能划分为若干个生产队。在江西调查时我们也发现,国家有意识打破这些大自然村固有的宗族房派结构来建立生产队的例子。在这种一个自然村分为若干个生产队,甚至若干个生产大队的情况下,自然村的范围大于生产队。

有趣的是,虽然我们有一套对自然村的可以连贯下来的称呼,却没有一套对生产队和生产大队这类建制的连贯称呼。人民公社解体以后,生产队和生产大队都不存在了,恰好广西宜山农民组织了村民委员会这样一个自治性的组织,当时这个组织多建在自然村一级,与自然村重叠。1982年国家吸收了宜山农民的创造,将村民委员会写进了宪法。人民公社解体后,全国大多数地方将生产大队一级改称村民委员会,生产队一级改称村民小组。生产队叫村民小组比较合理,不太合理的是改称生产大队为村委会。村委会是一个委员会,是一个组织的名字,而不是一个社区概念。因此,有人回到新中国成立前后行政村的概念,将由生产大队而来的村委会叫做行政村。行政村,就是行政区划的村。

行政村的概念容易让人联想到"行政"这个政治性很强的词,行政意味着自上而下的权力,与实行村民自治的村委会有着巨大的概念上的差异。因此有人将村委会所在社区称为自治村。自治村的概念也颇含糊,便有人写文章说村委会一级是一个法定社区,叫法定村比较恰当。

生产大队一级的历史继承者没有明确规定,在全国大多数地区将村委会建立在生产大队一级的时候,有些地区将村委会建在生产队的基础上,而将生产大队改建为村公所或管理区等。1987年全国人大常委会通过试行的《村民委员会组织法》规定,村委会一般设在自然村。从全国情况来看,自然村就是生产队,也就是说,《村民委员会组织法》要求将村委会建在生产队一级,生产大队一级建什么没有明确规定。

生产队一级建立村委会之所以没有真正得到实施,有两个原因:一是分田到户以后,生产队一级的事务大大减少,生产队一级的功能基本丧失,所剩不多的功能越来越多地转移到生产大队一级,选举并成立生产队一级的村委会,意义不大;二是在《村民委员会组织法》颁布试行之前,全国大多数地区都依照1982年《宪法》,将村委会建在了原生产大队一级,无论是农民还是地方各级干部,已经习惯将生产大队改叫村委会了,习惯是有力量的。

现在我们习惯认为,建立在原生产队一级的村民小组也就是一个自然村,这个说法在相当多地区的农村是不合乎实际的,因为很多地方村民小组大于自然村,又有很多地方村民小组小于自然村。不过,特别是在那些村民小组大于自然村的地方,原来那些散落在农村的"三家村"经过人民公社20多年共同生产与分配的实践,以及生产小队作为基础所拥有的土地占有权力,造成了目前村民小组内部特殊的人情圈和交往圈。这些散落各处但属于同一村民小组的村民还在一起打麻将,生产生活互助也多发生在村民小组之内。换句话说,村民小组现在还真有些自然村熟人社会的味道了。而在那些原本就由一个自然村分为几个村民小组的大自然村中,村民小组失去了发挥作用的空间,逐步解体以致消失了。

后来有人批评云南、广西等地将村委会建在生产队一级是落后行为,多少有些强词夺理。因为1987年试行的《村民委员会组织法》就是这样规定的。1998年修订后的《村民委员会组织法》取消了试行法中"村民委员会一般设在自然村"的条款,这是因为实践中,在原生产队一级设立村委会,范围太小,难以真正起到村民自治的作用。村民委员会设在什么基础上,是实践而不是法律来回答的。

不过,村委会所在社区应该如何称呼的问题仍然存在。有时候我们笼统地将村委会一级所在社区称为村庄,这个村庄当然不是聚居形态上的自然村,也不是社会意义上的自然村(也就是村民小组),而是兼有含混与无奈两方面意味的称谓。

2001 年 11 月 16 日

**修订关键词** 超越村庄

中国的社会学和人类学以村庄研究起步,却始终怀着超越村庄的现实关怀与学术抱负,农村研究同样如此。

费老希望通过类型比较的方式逐步丰富对中国农村的认识。有趣的是,作为社会学和人类学家,费老并没有选择以社会性质为类型划分依据,而是选择了经济学的维度,我猜测这可能有两个原因:一是费老以《乡土中国》完成了对中国农村的社会学解释,他似乎认为中国农村的社会性质并无实质差异;二是费老关心的是农村现代化问题,现代化主要是城镇化和工业化,他因此尤其关注乡村工业和小城镇问题。

现在的学者主要通过两种方式超越村庄:一种是物理意义上的超越,即提升研究层次,将研究对象从村庄提高到乡镇、县域,有些研究甚至以"中国"为表述对象;另一种是理论意义上的超越,他们关心的是在中国村庄中同西方社会科学经典理论对话,中国农村的社会性质并不重要,重要的是为推动世界社会科学理论发展提供中国的经验材料。

与费老和当前国内学界超越村庄的研究方式不同,我们一直高度关注村庄类型的差异,尤其是发现村庄类型与人文(历史文化)地理区域的高度重合,这就是前篇修订关键词所提出村庄社会结构的"区域差异"。如果说费老的《乡土中国》提供了一个对中国传统农村社会的理想类型解释的话,那么,"区域差异"则是这本《新乡土中国》试图呈现的当下中国农村社会的理想类型图式。"区域差异"对中国农村问题的解释力在本书后面的修订部分中得到了初步体现。

这就是我们超越村庄的方式。

2013 年 1 月 28 日

## 九　村庄共同体

人民公社"三级所有、队为基础",其中的队是指生产小队,一般30~50户,100~200人,在大多数农村就是一个自然村的规模。"队为基础"一般包括两个方面的内容:第一,生产小队是一个共同生产单位;第二,生产小队还是一个基本的经济核算单位,因此也是一个收益分配单位。共同生产和集中分配,使得生产小队真正成为一个生产生活的共同体。生产小队不仅具有明确的自然边界,而且具有明确的社会边界。在这个共同体内,家长里短,谁好谁坏,一目了然。那时在农村生活过的人都知道,生产小队里最有意思的是频繁的吵架和强有力的舆论压力。

十一届三中全会以后,农村实行联产承包责任制,人民公社很快就解体了。生产小队这个以共同生产为基础建立起来的共同生产、集中分配的共同体也就解体了,变成了村民小组。"队为基础"时的生产小队,有生产队长、副队长、妇女队长、会计、记工员、保管员、贫协组长等大大小小近10名干部,现在也就保留了一个村民小组组长。一些农村的村民小组长由村干部兼任。如此一来,构成农村管理基础的层次,就从生产小队上升至由生产大队演化而来的村委会一级。村委会还设有党的基层组织党支部,而且《村民委员会组织法》规定:村委会一级实行村民自治,由村民选举产生村委会主任、副主任、委员。有些村在村委会以下还设有治安保卫委员会、人民调解委员会、公共卫生委员会等机构。村委会一级也是基本的会计单位。村民结婚办手续,需要由村委会开介绍信;修新的住宅,需要由村委会批一块宅基地;村委会一般有专门的办公场所。过去一直由生产小队占有的土地所有权,在相当部分农村也已转移到村委会手中。村委会可以通过村民会议讨论制定具有地方特点的村规民约。村委会正逐步替代生产小队,成为一个建构中的共同体。

村委会有更多成为村庄共同体的理由。当前国家基层政权设在乡镇,乡镇政权往往是以村委会为单位,下达行政指示,分解税费指标,分配工程任务的。村委会通过办理公共事务和公益事业,调解民间纠纷,维护社会治安,可以降低国家在现代化建设过程中管理农村的成本。《村民委员会组织法》试图通过民主选举、民主决策、民主管理和民主监督的办法,达到村民自我管理、自我教育、自我服务,实现村民自治。中国农村人口众多,地区情况复杂,国家没有能力面对一个一个的具体村民,村民自治则使村委会一级的内部事务在村庄中解决了,只有村庄不能解决的事情才进入到国家视野。这些进入国家视野的事务肯定是大大减少了,国家对农村的管理成本就大大减少了。

以上所述,只是提供了建构村庄共同体的要求,村庄共同体是否存在,能否形成,则有待更多的讨论。

抽象地讲,村庄共同体由三种边界构成:一是自然边界;二是社会边界;三是文化边界。自然边界构成人们交往的空间与基础,当前村委会一级的自然边界一般都很清晰。社会边界是对村民身份的社会确认或法律确认,具有村籍就具有村民的公共待遇,就可以承包村集体的土地,就可以从村集体收益中享受再分配的好处。村庄有保护村民的义务;反过来,村民也存有对村庄的义务。文化边界即村民是否在心理上认可自己的村民身份,是否看重村庄生活的价值,是否面向村庄而生活。

一个村庄同时具有自然、社会和文化的边界,我们说这个村庄是一个共同体。三种边界不很健全的村庄,不一定不会构成共同体,但这种共同体不会太完整。三种边界以社会边界最为重要,因为村庄的社会边界决定着村民的村籍和他们在村庄的法律地位。当前中国农村土地双层经营的制度和稳定的土地承包政策,使所有村民都有权耕种自己承包的土地,也有权要求村集体再分配经济资源时,给自己分应得的一份。不过,当前中国大多数农村,因为村集体经济薄弱,很少可以为村民提供再分配的福利了。而近些年来粮价低迷,农民负担沉重,承包土地这种权利的含金量大大降低,一些农村的农田大片抛荒,村集体能给村民的已经很少了。反过来,村庄公共事务和公益事业的开支,上级不断加重的税费提留,村组干部的报酬和村务管理等费用,需要摊到村民身上。有些村民不耕种村集体的土地,不享受村庄的福利,仅仅是有村籍这一项,就得承担这些分摊下来的费用。1999年我在湖北一个有名的豆腐村调查,全村近1/3的村民举家在全国各大中城市做豆腐。村干部到年底,有一项任务便是到全国各地找豆腐郎和豆腐娘们收分摊到他们头上的费用,一年竟可以收10多万元,虽然收这10多万元要花费数万元路费。这就难怪农民会托关系迁走他在本村的户口,这样他就不再具有本村的社会身份,享受不到村民的好处,也不再承担繁重的义务。

对于村集体占有大量经济资源,村民可以从村集体的再分配中获益的村庄,村民有更多关心村庄的理由。村庄占有经济资源,可以拉近村民对村庄的感情,村民以是这个村庄的村民为荣。这时候,村庄的自然边界模糊(比如城市化引致的),并不影响村庄的共同体性质。反过来,一个村庄虽然有明确的自然边界,但村民不能从村民身份中获得好处,他就乐意放弃村民的身份,村庄的社会边界因此模糊起来;假若这种社会边界模糊的村庄,恰好又是生活面向外倾的村庄,村民就很容易割断与村庄的社会联系和心理联系。他可能还在村庄居住,但对村庄生活毫不关心,村庄共同体也不再存在。

一旦村庄共同体不再存在,村民自治就缺乏基础。你让村民选村干部,他不愿浪费这个时间;你让他参与村庄事务,他却将大部分精力花费在村庄之外。总之,村庄与他无关,他没有理由来关心村庄。

就全国农村的情况来讲,真正能够做到村庄与自己生活无关的村民,或能在村庄以外的地区实行稳定就业的村民,并不是多数。农村人口转移出来是一个漫长的过程,大部分试图摆脱村庄的村民,最后还是要回到村庄。这就是中央为什么制定土地延包30年不变,一再强调土地承包制不可动摇的原因。而村庄的公共工程和公益事业与每个在村庄生活的人都有密切关系,村庄的"善治"当然是每个在村庄生活的人的期待。

也就是说,村庄共同体是当前农村治理的重要基础,是国家现代化建设进程所期待的目标,它在一些地方仍然存在,在更多地方却在解体。造成村庄共同体解体的力量有人口流动、市场经济冲击、现代传媒渗透等。

实行村民自治以村庄共同体为社会基础,建构村庄共同体以村民自治为制度基础。在当前村民自治的制度运作中,如何减少诸如农民负担沉重造成的村庄社会边界模糊,及由此引起的村庄共同体解体的问题,的确是刻不容缓的任务。

2001 年 8 月 19 日

**修订关键词**　村社自主性

关心中国"三农"问题的学者都绕不开这样一个问题:分散的小农如何解决生产生活中的公共事务?

许多人似乎无视村社集体这样一个既存事实,在他们的研究视野中,一端是作为理性行动者的个体小农,另一端是公共事务,将二者链合起来的神奇药方是协商合作——其核心精神是平等、自愿和民主。

现实却总让一厢情愿的研究者无法满意。他们痛斥中国农民自私愚昧不善合作的时候,脑海里或许闪现着美国农民的光辉形象,于是便更加坚定了这样的信念:走美国农民的路,这就是真理。

他们显然混淆了作为农场主的美国农民和作为村庄共同体一员的中国农民。美国农民面临的公共事务要么因为经营规模庞大而内部化了,要么就是若干农场主之间的交易或合作,其合作的机会成本和交易成本与中国农民完全不是一个数量级:一个美国农场主只需要同另一个或少数几个农场主谈判协商,一个中国农民却往往需要面对几十上百个谈判对手。在当下农业收益占农民收入比重大为减小的情况下,外出务工机会成本下降反倒推高了交易成本。二者如何能够相提并论?

中国农民如何解决公共事务的治理难题呢?关键在村社集体。作为村庄共同体的一员,农民关心的是在村庄中的总体性收益,是作为一个社会意义上的人的肯定性评价。对于那些"自愿"不参与公共事务的人,村庄会将他边缘化,使他变成一个没脸见人、做不起人的人。村庄的边缘化机制是村社自主性的重要表现,是村庄共同体整合度高的表现。村社自主性是中国农民的公共事务治理之道的核心。

2013年1月11日晚

# 十　人际关系理性化

梁漱溟先生称中国传统社会是伦理本位的社会,费孝通先生说中国传统社会是"差序格局"的社会,都是一个意思,即在中国传统社会中,人与人之间的关系不如西方那么个人化,每个传统的中国人都被一层一层的人伦关系所笼罩,成为关系中的人。而这些关系在某种意义上是不由人们选择的,是由血缘关系强加于每个人的。费孝通先生说差序格局是"以'己'为中心,像石子一般投入水中,和别人所联系成的社会关系,不像团体中的分子,一般大家不在一个平面上的,而是像水的波纹一样,一圈圈推出去,愈推愈远,也愈推愈薄"。他认为这种差序格局是中国社会结构的基本特性。

杨善华、侯红蕊则将差序格局中的关系区分为两个方面:一是"关系的远近";二是"关系的亲疏"。关系远近是指血缘的远近,关系亲疏是指来往的频率和感情上的亲密程度,通过这种区分,他们认为农村实行经济体制改革以后,姻亲和拟似家族进入差序格局,利益正在成为决定关系亲疏的最大砝码,原本紧紧地以血缘关系(宗族关系)为核心的差序格局正在变得多元化、理性化。其原因就是"走上了工业化道路的农村,社会已经发生了深刻的变迁,亲属之间关系的亲疏越来越取决于他们在生产经营中相互之间合作的有效和互惠的维持"。这种在生产经营中产生的亲疏关系的改变,极可能向农民日常生活渗透,其最终结果是:"理性全面进入农民生活,从而让正式关系带上更多的人情味,同时又使非正式关系具有更多理性,并且,如果需要并存在可能,则尽量将正式关系转化为非正式关系。"他们将农村社会中发生的这种变化,称作"差序格局的理性化"。

在我看来,"差序格局的理性化"只是当前农村普遍存在的人际关系理性化的特殊形式,并且这种差序格局的理性化也不限于那些走上了工业化道路的农村。在相当封闭的山村和十分农业化的粮食主产区,同样存在关系亲疏替代关系远近的差序格局理性化的情况。其表现诸如:家族的解体、姻亲关系日渐重要、有选择地走动亲戚、朋友关系的广泛存在及其亲戚化、兄弟关系的疏远、日益严重的农村养老问题、生育子女时的理性考虑、父母与子女分家、传统习俗和仪式迅速衰落,等等。

差序格局是以血缘关系为基础,以家族制度为手段存在下来的。在任何社会,血缘关系都是存在的,但并不是任何社会的血缘关系都被强加有同样的义务。中国人的血缘关系深受儒家孝悌思想的影响,每个人都被儒家思想在血缘关系的网络中安排了具体的道德义务,而家族制度进一步在组织和制度上强化了这种义务。西方的宗教信仰和国家观念则大大削弱了血缘关系中的这些义务。因此,中国传统社会血缘关系的义务与西方社会血缘关系的义务有所不同,这就是费老讲中国传统社会是"差序格局",而西方社会是"团体格局"的理由。

但在今天的中国农村,家族的力量已基本上消失了,特别是以族规家法为代表的宗族制度早已不再存在。而儒家孝悌思想在现代传媒和市场经济的冲击下,也不大有道德约束力了。在这种情况下,构成附着在传统中国血缘关系上的道德义务越来越弱,以至于与西方社会相差不多了。这时候,我们不应再说中国农村社会结构是差序格局。

与差序格局解体相一致的是农民人际联系的日渐广泛,姻亲关系的重要性在许多农村已远远超过宗亲,朋友、同学关系越来越多,类似的人生经历、共同的业余爱好、一致的经济利益、相近的年龄等,都正在构成农村人际关系的主流。以前农村人情往来大都是宗亲与姻亲,现在人情中朋友的比重则越来越大。农民越来越成为社会各个朋友圈子的一部分,而不再只是宗族圈子的一员。朋友圈子是团体格局的,如徐勇所说"圈子内的人具有一定的平等和互利性"。

重要的是,在差序格局解体的时候,人们自己选择关系,这种选择的关系,依他们的理性算计。市场经济和现代传媒则为农民提供了进行理性算计地交往朋友的理由。人际关系与经济利益越来越紧密地挂上了钩,人际关系变得越来越理性化了。

当前农村普遍的人口流动和农民的贫困化进一步强化了农村人际关系理性化的趋势。人口流动使农民可以摆脱村庄舆论对自己的压力,从而更容易摆脱道德义务和选择交往空间。贫困化则使他们将较少的资源更多地用于投资那些可以带来经济回报的人际关系而不是由血缘决定的人际关系之中。

农村人际关系理性化将对农村社会格局产生重大影响。虽然费老讲差序格局是一个"一根根私人联系所构成的网络",在由差序格局构建而成的宗族之内,人们是不同的。但是,强大的宗族力量和有力的宗族意识将这些各不相同的人团聚成一个有着很大相同点(即同宗族)的群体,所有宗族成员都与外族人有着明确的界限。而在宗族解体之后,每一个农民理性地发展起自己多种多样的关系,这些关系有宗亲、姻亲、邻里、朋友、同学、生意上的伙伴,这些关系才真正是特殊的,每个人都与其他人不同。这种关系构成了每个人的生活都必须挂在上面的网。这是较差序格局更为特殊也更为具体的网。

人际关系理性化在农村形成了一个一个较宗族小得多的圈子,尤其是朋友圈子和亲戚圈子。当农村的经济环境较为恶劣、农民占有的经济资源较少时,这些圈子可能会缺乏经济滋润而变得更小。而农村传统文化的解体,使农民越来越看重实际的有时是即时的好处,越来越忽视交往中的感情,这个时候,理性算计的农民终于会因为没有在日常生活中建立起足够的人际联系,而在出现突发性生产生活事件时,没有应对能力。当村庄中很多村民都缺乏应对生产生活突发事件所需要动用的人际关系时,我们说这个村庄是一个社会关联度低的村庄。这类村庄很难形成合作,也难以保持秩序。

在人际关系还未理性化到足以应对生产生活中的突发事件时,这种理性化的也是特殊的人际关系,可以动员起来做许多事情,包括发展经济,进行协作,抗御地痞,防止上级的过度提取。当然,这种还算有力的理性化的人际关系也可以用来制造村庄的派性冲突。派性冲突不同于宗族冲突,因为派性冲突双方主要的当事者所动员起来的关系都是具体的、别人无法替代的。派性斗争双方主要当事者的一方退出派性斗争,派性斗争便会偃旗息鼓。这就是为什么派性一般不太稳定的原因。

2001年8月19日

**修订关键词　人情的异化**

（一）

洞庭湖平原一带出现了严重的人情异化。比如湖北洪湖和湖南桃源都出现了村民借人情谋利的现象。本来人情是一种互惠，在村庄熟人社会中，遇到婚丧嫁娶等人生大事，举办仪式，人情往来既是公共告知，又可以筹到急需资金，类似零存整取。但现在，大事小事，有事无事，村民都办酒席以收取人情敛财，以至于几乎所有人都卷入到了这种无节制的人情往来中，辛辛苦苦赚的钱全都送了人情。因为人情太重，村民不得不逃离村庄。这种情况不只是发生在洞庭湖平原，而且是在全国是相当普遍的现象。

人情为什么会发生如此的异化？过去人情是相对稳定的，是婚丧嫁娶，大事才办的，是按传统规矩办的。人情往来，讲究的是长期的平衡。后来，因为传统已破，人与人之间的往来难以形成长久预期，送出去人情必须在短期收回，因此出现了越来越多过去不会办也不能办、为收回人情而办的酒席。传统礼尚往来的形式还在，办事必须送人情，不送人情就要得罪人，就会冒犯人。但礼尚往来的规则没有了，原因也不大清楚了。之前以稳定的长期预期为基础的互惠变成了丧失预期的即时交换。缺少内容徒有形式的人情往来造成了当前农村诸多令人啼笑皆非的现象。村民因此视村庄为畏途，要赶紧逃离村庄。

（二）

中国是一个巨型国家，不同地区情况差异很大。表现在人情异化上，不同区域差异颇大。上面所讲洞庭湖平原属于典型的中部原子化的分散型村庄,其人情异化的主要表现是将人情蜕变为敛财工具;华北的小亲族村庄,人情异化的表现则主要是仪式上的铺张浪费与面子竞争;华南宗族型村庄人情异化则主要表现为仪式的简化。宋丽娜的博士论文《人情的社会基础研究》专门研究了中国南、中、北方农村人情的这种差异。

当前中国农村,一方面村庄存在巨大的区域差异,另一方面现代化的快速推进,尤其是大量农村人口流出农村进城,使得村庄边界大开,过去规范村民行为的诸多地方性共识都受到了市场经济的剧烈冲击,不同区域农村的农民正以不同的速率、方式,共同向人际关系理性化迈进……

2013年1月11日上午

## 附:巨变的图景[*]

2000年前后,中国农村悄悄地发生了一场巨变,这是千年未有之大变局。

### 治理之变

2000年前后,农民负担沉重,村级债务剧增,干群关系紧张,农村治理陷入困境。李昌平用"农民真苦、农村真穷、农业真危险"来描述当时的状况。

---

[*] 本文为贺雪峰主编《中国村治模式实证研究丛书》(16册,山东人民出版社2010年版)总序的第一节。

在农民负担持续加重，农村治理逐步陷入危机的同时，农村民主化进程不断推进，《村民委员会组织法》1988年试行，1998年正式实施，它强调"民主选举、民主决策、民主管理、民主监督"。从日渐严重的农村治理形势来看，村级民主对于解决三农困境作用甚微。

2003年，中央开始大规模推进以减轻和规范农民负担为目标的农村税费改革，2006年全面取消农业税，取消了针对农民的各种收费。取消农业税，意味着持续两千年的农业税历史的终结，意味着以农养工、以农养政时代的终结。不仅如此，2005年中央十六届五中全会通过了"建设社会主义新农村"的决定，开始大规模向农村转移支付财政资金，从而实现了从向农村提取资源到向农村输入资源的战略转变。

取消农业税减轻了农民负担，缓解了干群关系。之前因收取税费而造成的治理困境不复存在，农村基层治理制度开始发生变化。

取消农业税及附着在农业税上的各种农民负担，使得乡村组织收入大为减少。乡村组织仅仅依靠自上而下的财政转移支付，难以维持运转。也因此，作为农村税费改革配套措施的乡村体制改革同时进行，具体包括撤乡并镇、合村并组、精简机构、减少乡村干部、取消村民小组长、将乡镇事业单位推向市场，等等。乡村体制改革的动力来自"养不活"的压力。乡村体制改革的方向是将国家行政性力量撤出农村基层，其中取消村民小组长是重要的标志，因为村民小组是熟人社会，取消村民小组长，标志着国家在新中国成立后第一次将行政性力量从熟人社会撤出。

国家行政性力量撤出农村基层，农村却仍有9亿农民生活于其中,包括那些虽然外出务工,却不得不依托村庄来完成劳动力再生产的农民工。在现代化的背景下,农村有能力依托村庄而可以真正转移进入城市生活的人,恰恰是村庄中掌握较多资源的精英。农村人口的城市化,首先是农村精英的城市化,这就决定了城市化同时也是农村人、财、物流出农村的过程。在人、财、物流出农村,农村人口基数仍然庞大的背景下,国家将行政性力量撤出农村基层,其后果令人忧虑。

**现代性进村**

2000 年前后乡村治理之变的基础条件,恰恰也是构成农村人口城市化和农民大规模流动前提的宏观背景。

经过新中国数十年的努力,到 20 世纪末,中国完成了工业化,国家不再需要从农村提取用于工业化的原始资本积累。相反,国家财政收入中,农业税所占比重很低,农业产值占国民生产总值的比重降低到了 15% 以下,国家已经具备了"以工哺农、以城带乡"的经济基础。

20 世纪 80 年代以来,中国农村发生了两波脱离农业的高潮:一是改革初期乡村工业的发展,使得农民从农业的过密化生产中脱身出来。他们"离土不离乡",就业和收入来源实现了多元化。二是 90 年代以来,市场经济的持续深入和沿海加工业的发展,带来新一波农民脱离农业的高潮,数以亿计的农民"离土又离乡",进入沿海或者大中城市务工经商。今天,中国农民脱离农业进入工商业的速度及数量都是惊人的。

与以上宏观背景变化同时发生的,是现代性因素向农村社会的全方位渗透,如以广告和时尚为工具,带有强烈消费主义特征的现代传媒进入农村(电视进村),现代的个人主义观念进村,以个人权利为基础的法律进村,等等。相对封闭的村庄开始解体,传统文化和地方信仰被严重挤压而再难有生存空间,农村和农民在社会和文化上越来越被边缘化,农民主体性逐步丧失,并由此带来农民普遍的无力感、无根感和焦虑感。

到了世纪之交,乡村治理的宏观背景和微观基础都发生了巨变。

**基础结构之变**

世纪之交的农村巨变,当然不只是治理格局的变化,甚至主要不是治理格局的变化。真正的巨变在于农村社会基础结构的变化。农村社会基础结构的变化,影响乃至于决定了乡村治理的状况,并会最终决定乡村治理的制度安排。

农村社会的基础结构,是指构成乡村治理和社会秩序基础的农村内生结构,或者我们所说村庄社会关联的状况。举例来说,最近20多年,农村的家庭结构和妇女地位就发生了巨变。

家庭结构的变化。最近20多年,农村家庭结构和代际关系发生了巨变,典型的是父子分家。尽管在大多数调查村中,父母仍然有为子女婚配"操心"的义务,要为儿子建房子、娶媳妇,希望抱孙子,但因为农村子女赡养父母的状况越来越糟,在代际关系中,"养儿防老"越来越靠不住,父母不得不更加现实和理性地考虑自己的养老问题。父子分家,常常是父母在子女刚结婚即主动提出,为的是在未丧失劳动能力之前积攒养老费用。农村家庭结构日益核心化。这些变化进一步导致生育行为的理性化。传统的深度交换基础上的代际关系,正在向理性化程度颇高、代际交换较少的关系转变。

妇女地位的提高。新中国成立后,尤其是改革开放以来,妇女地位有极大的提高,大部分地区的大部分家庭都是妇女管钱管物。妇女当家成为全国农村的普遍现象。有农民说,现在妇女不是顶了半边天,而是占据了整个天空。农村婚姻市场上男多女少的现实,进一步提高了妇女的谈判能力。20世纪80年代仍然普遍的家庭暴力,到了90年代,在全国农村已大为减少。80年代颇为常见的因父母干涉婚姻而导致的未婚青年自杀,到了90年代也很少存在。90年代年轻妇女的高自杀率,到2000年前后即被高离婚率所取代。

再举例来说,传统社会中,构成村庄内生秩序基础的是各种超家庭的结构性力量,包括我们尤其关注的农民认同与行动单位,如传统的宗族、村社组织。虽然改革开放以来,中国某些农村地区出现了宗族的复兴,但绝大多数地区的宗族组织都已解体,宗族力量大为削弱,甚至宗族意识也不复存在。不仅如此,到了2000年前后,以兄弟、堂兄弟关系为基础的近亲血缘群体也开始瓦解。村庄原子化不再是少数地区的现实,而是几乎所有中国农村的现实。

以上基础结构的变化,又与农民收入和就业的多元化有关。几乎所有被调查的村,农民家庭收入越来越多地依赖非农收入,这些非农收入尤其以"离土又离乡"的外出务工收入为多。正是农民的外出务工,使得传统的通婚圈被彻底打破,传统家庭结构更加难以维持。农民收入和就业的多元化,进一步导致农村社会的陌生化和疏离化,依托于熟人社会的乡土逻辑解体,市场伦理和市场逻辑正在替代传统的乡土伦理和乡土逻辑。农村社区越来越丧失内生获得秩序的能力。

农村基础结构的变化是较乡村治理变化更为根本的变化,又是影响乃至决定乡村治理状况及乡村治理制度安排的变化。

农村社会基础结构的变化,是当前乡村中国巨变图景中最为重要和最为显著的方面,但不是最为根本的方面。

**价值之变**

当前中国农村巨变最为根本的方面,是社会基础结构得以维系的价值的巨变。就是说,在世纪之交,中国农村发生了一场以农民关于人生意义定义的变化为基础的价值之变。不理解农民价值的变化,就不能理解当前农村巨变的实质。

在传统时代,强烈的传宗接代、延续香火理念,构成了中国农民的终极价值关怀,构成了他们的人生目标和最为深沉的生活动力,构成了农民的生命意义,最终构成了他们安身立命的基础。1980年代以来全国农村实行计划生育,政府刚性的计划生育政策和农民强烈的生育儿子愿望之间,演绎了太多的"悲情故事"。到了世纪之交,即使政策允许(首胎是女孩,可以生二胎),很多地方甚至大多数地方的农民都开始选择不再生育二胎。"传宗接代"的"落后"观念被抛弃了,"现在人们只关心自己活得好不好"(农民语)。与"落后"观念一同被抛弃的是农民一直以来得以安身立命的价值基础。构成生命意义和终极关怀的价值被取消,人们就难以完成有限生命与无限意义之间的转换。

我们将农民价值分为三个层面,即本体性价值、社会性价值和基础性价值。本体性价值是关于人的生命意义的思考,是关于如何面对死亡,如何将有限生命转换为无限意义的人生根本问题的应对,是超越性价值或终极的价值关怀。本体性价值关心的是人与自己内心世界的对话,是一个人给自己生命意义的答案,是要处理个人与灵魂的关系问题。社会性价值是关于个人在群体中的位置及所获评价,关于个人如何从社会中获取意义的价值。社会性价值要处理的是人与人和人与社会的关系问题。基础性价值则是人作为生命体延续所必需的生物学条件,包括衣食温饱、口腹之欲、食色之性,这方面要解决的是人的生物本能和人与自然的关系问题。

数千年来,中国农民本体性价值的核心是传宗接代,"不孝有三、无后为大",祖祖辈辈而来,子子孙孙而去,上对得起祖宗,下对得起子孙。随着农村经济的发展,强调个人权利的政策、制度和法律进村,包括个人主义和消费主义在内的现代观念的冲击,农民流动和农民收入与就业的多元化,传统的传宗接代观念和地方信仰逐步与迷信、愚昧、落后、不理性等负面价值画上等号,人生有意义的事情只是"个人奋斗"、"及时行乐",为个人而活替代了为祖先和子孙而活,农民传统的安身立命基础瓦解。但是,"个人奋斗"、"及时行乐"解决不了有限生命与无限意义的关系问题,终极价值出现缺位。更重要的是,当前农民被消费主义所裹胁,他们有限的收入与无限的消费欲望之间的差距越拉越大,终极价值缺位所带来的问题被进一步放大。

当本体性价值目标稳定时,人们追求社会性价值和基础性价值就会较理性、节制,就会具有底线。而一旦本体性价值或终极价值缺位,社会性价值和基础性价值的追求就会失去方向和底线。终极价值缺位,致使当前农村出现了各种前所未有、不可理喻的事情,比如丧事上表演脱衣舞、丧心病狂地虐待父母、地下六合彩的泛滥、地下邪教的快速传播,等等。

中国农村的巨变,可以看做包括经济发展、自上而下的制度安排、现代观念在内的各种现代性因素持续作用于农村,首先改变村庄的基础性结构,并最终改变了村庄中人们的内在行为目标的过程。这一巨变,是国家与农民关系的巨变,是乡村治理方式及其背景的巨变,是农村人口虽会逐步减少但仍将长期保持高位数量基础上的巨变,是9亿农民从外在生活方式到内在生命意义的巨变。这种巨变,是人际关系的巨变,是生存意义的巨变,是传统道德的巨变,是生活预期的巨变,是关于生命价值定义的巨变。中国农村正在发生的这种巨变对于农民生活,对于中国正在进行的现代化事业,对于中国未来发展走向,究竟是喜是忧,现在还难以判定。

而首先,我们有责任将这一巨变过程记录下来。我们要住到农户家中,在不同地区,用同样的框架,来记录中国农村正在发生的这一巨变,来描绘巨变中的乡村中国的图景。这就是这套丛书得以写作和出版的初衷。

2008年6月25日

# 十一　农民福利的计算

在一次会议中,孙立平教授谈及人民大学洪大用对每次回家乡的一个直觉,认为当前农村不仅越来越穷,而且农民面部表情越来越麻木,出现了面部表情呆痴化的倾向。孙立平教授问我对此的评论,我仔细一想,以为洪大用的直觉很有几分道理。

洪大用的家乡是皖南农村,皖南农村属于典型中部地区的农村,有时我们说到农村问题,首当其冲就是中部地区的农村问题。《我向总理说实话》写的是湖北江汉平原农村的情况,《黄河边的中国》写的是中原大地的河南。我自己的调查也集中在中部地区,对安徽、湖北、河南等中部地区农村的情况还是比较熟悉的。中部地区地少人多,资源贫乏,以农业特别是粮食生产为主要收入来源。1990年代中后期开始,粮食价格持续下降,农民来自农业的收入大幅度降低,外出打工成为中部地区农民迫不得已的选择。然而,外出打工的农民太多,打工条件持续恶化,打工报酬持续走低,虽然在中部农村因为有更多人外出打工而得到更多打工收入,但平均到每个外出打工农民其收入是下降的。李昌平说,"农村真苦,农民真穷和农业真危险",实为至理。洪大用"农村越来越穷"的直觉当然没有问题。

问题是农民的面部表情。面部表情的第一个要素是眼神。俗话说"眼睛是心灵的窗户",面部表情的麻木必然与眼睛无神相联系,而无神的眼睛所反映出来的,主要不是物质生活的状况或农村是否穷困,而是精神层面是否感到有希望。对生活和未来充满期待的人与对生活和未来满怀失望的人是相当不同的。对生活和未来充满期待,就会乐观对待困苦生活,就会提高对困苦生活的耐受力,就会调动自己潜力为现在和未来做出准备。充满期待的人的眼光,是满怀希望的、炯炯有神的,他们的面色可能尽显沧桑却饱含活力,他们的心灵可能屡受挫折却仍然坚毅。他们是一群有信念的人,因此永远不会麻木。

或者说,洪大用直觉到的农民面部表情的麻木,是一件与农村越来越穷并不完全相关的事实。我们说今天农民真苦,农村真穷,并不是说今天的农民比历史上其他时期农民的生活更苦或更穷,今天农民的苦和穷的绝大多数都是温饱已经解决的苦和穷,是"有饭吃缺钱花"的苦和穷,是比人民公社时期劳动强度低得多、生活水平高得多的苦和穷。总之,是相对的苦和穷。所以,洪大用所直觉到的农民面部表情的麻木是反映农民对自己未来缺少信心与希望的苦和穷。

这样一个看问题的角度很有意思。今天的农民也许是中国历史上生活得最好的农民。在农村调查时,一些老人说,过去地主家的生活也就今天这个样了了吧?还达不到!地主有时也是"两干一稀",而今天的农民还有几家不可以放开肚皮吃饭?但你能说今天的农民都比过去地主的福利更多,生活更好,幸福感更强吗?农民和我们可能都不会这样认为。

地主的幸福感不仅来自他可以每天"两干一稀",而且来自他对周边"一天三稀"或"两稀一干"农民的优势,来自他对这些优势所产生的个人社会定位和心理定位,来自他对自己可以保持对周边农民地位优势的信心,以及来自他对自己未来生活的稳定预期。

不仅有地主这种来自对周边农民地位优势所产生的幸福感,而且有陶渊明"采菊东篱下,悠然见南山"的意境所产生的幸福感。这是一种与大自然相处并获得心灵平衡的幸福感,是一种不与人争、体会自然的幸福感。有了这种幸福感,物质生活是否奢华有何关系?

由此反观当前农民的生活和他们的福利与幸福感。虽然农民现在的绝对生活水平并不一定比新中国成立前地主的生活水平差,甚至不比陶渊明差,但他们目前被越来越具有侵略性的广告所刺激起来的物质欲望所控制,有了强大的需求,但并没有实现这些需求的物质条件。他们被五彩世界的可能性与对现实世界的无力感所折磨,这种折磨尤其因为农村社会的迅速分化与外在想象世界的真实化(因为农民流动以及传媒的强有力传播),而使不能实现被刺激起来的消费欲望的农民处于痛苦不堪之中。

长期的痛苦不堪的不能实现的物欲,以及强有力的社会交往,使农民越来越感受到自己身处社会的最底层,他们已经没有了未来和希望。农民反观自己,意识到自己的存在,以及意识到自己是社会中最弱势的群体,他们就发现不了希望,没有了希望,就会麻木,这种麻木很快就会写在脸上。

人民公社时期,农民的物质生活比今天要艰辛,劳动强度也要大得多,因为那时候农民为国家大型水利工程和自己生活中的各种工程做了很多"改天换地"的劳动。但那时候的农民感到生活中仍有希望,他们说劳动也就劳动了,自己的劳动是为子孙后代造福,为中华民族崛起而劳动。有了这样一种"战天斗地"的劳动和这种劳动的理念,就不会脸部表情麻木。何况那时候农村吹拉弹唱的能人到处都是,农民自己表演自己看的戏剧在艺术上的价值可能不高,但与农民生活相关,农民兴致盎然地参与和观看。现在电视每天的确放映很多电影或戏曲,但电视上放映的这些电影和戏曲与农民有什么关系?农民如傻子一样看着电视上小资们的调情,他们不可理解,正如焦大不喜欢林妹妹,因为林妹妹不能做事情。长此以往,只能看别人表演与自己无关的调情,农民不麻木实在是奇怪的事情。

中国传统社会的农民都有顽固的传宗接代的理念,都有光宗耀祖的思想。为了传宗接代和光宗耀祖,农民可能过上自己更为艰辛但为未来投资的生活,他们具有足够的耐心和勤劳来应对艰辛世事。他们艰难的生活不是无意义的,因为在艰难生活的背后,他做了自己认为做一个人应该做也必须做的工作,他接续了祖宗与子孙的联系。今天,来自西方的个体主义价值观正在汹涌进入农村,农民的理念没有了,接续子孙传宗接代的理念被宣布为一种错误,留下来的,只有农民为现世生活的努力,只有享乐主义和消费主义可以平息心中涌动的无根感。但是,农民有消费得起的能力吗?他们消费的欲望是有了,但消费消费品的能力或者购买消费品的货币还没有。他们失去了生活的信念和艰难生活的理由。而那些年龄较大劳动能力开始丧失的农民,又因为子女出于消费动机的考虑而不孝敬自己,他们难道还会感到有希望吗?调查农村老年人对生活的期待与他们的幸福感,实在是一件让人心酸而又令人深省的工作。

有人嘲笑说,在推行火葬前一天晚上,一个镇有7位老人自杀,只图可以土葬。这 7 位自杀的老人是幸福的,因为他们满怀对未来的期待离开了这个不考虑他们理念的现实世界;这 7 位自杀的老人是痛苦的,因为他们多少接受了无神的理念,而惴惴不安地准备到另一个不知是否真有的世界去碰运气。

站在农民当前的处境来计算农民的福利,而不是用冰冷的经济统计数据来证明农民应该幸福,本来应是常识,却因为我们的自以为是而被忽视了。

2002 年 11 月 9 日

**修订关键词**　农民文化主体性　闲暇生活质量　诗化生活

从消费主义的角度看,锦衣玉食才是值得追求的,而且还要"开发"出人的各种潜在物质需要。而从人的自然需要看,粗茶淡饭可能更加有利于健康。我当然不是说农民不应该有口腹之欲和感官享受,而是说农民不能只是满足于这些方面。除了物质欲望以外,还要有精神需求和审美需要。当前农村,真正糟糕的恰恰不是物质生活条件的不足,而是精神生活方面存在问题。在城市消费主义文化的"殖民"下,农民生活条件在改善,他们的主体性也在消失,生活中原有的意义也在丧失,他们不知道人为什么活着,不知道应该如何看待和追求人生的价值。

"采菊东篱下,悠然见南山",陶渊明诗化自己的生活,是对生活中美的发现,是一种深沉的幸福体验。在农民一日三餐都成问题,温饱没有保障的情况下,诗化生活当然不属于农民。今天,中国农民真正解决了温饱问题,真正获得了大量的闲暇时间(当前农业生产方面,农忙时间一般只需要2~3个月,还有近10个月为农闲),如何让闲暇时间变得有意义成为巨大问题。我在农村调查,深刻感受到,因为缺少健康的消费闲暇的方式,农村出现了严重病态。几千年的传统社会,闲暇都是少数人的事情,是与农民无关的社会上层阶级的事情,是贵族的事情。有闲的贵族发展出各种消费闲暇的方式,这些方式的核心不是依靠感官刺激,而是依靠品味与体验;不是诉诸身体,而是开发心灵。这就是文化和艺术,就是琴棋书画、诗歌、戏曲,等等。有闲阶级靠精神而不是靠物质来获得闲暇的意义。第一次获得大量闲暇时间的农民没有形成良好的消费闲暇的方式,因此出现暴饮暴食、"带彩"娱乐,出现生活无规律、过度诉诸感官刺激,由此带来的身心严重受损,可谓触目惊心。广泛深入农村的电视,节目繁多,内容丰富,但电视是快餐文化,是物欲的表述。相对来讲,传统戏曲,包括样板戏,不是要有耸人听闻的故事和跌宕起伏的情节,而是要有对每一招每一式的品味,是对"功夫"的欣赏和体会。这才是艺术,是高雅的文化。

在中国农民第一次有了大量闲暇时间的情况下,如何发展出健康的、具有农民主体性的消费闲暇的方式,是意义极为重大的现实问题,要让农民体验到美,诗化自己的生活,让农民获得心灵体验而不只是诉诸感官刺激。要做到这些,就一定要在九年义务教育中强化"体音美"等艺术素质教育;组织有闲的农村老年人开展各种文化活动(合唱、写诗、打腰鼓、打门球、表演,等等)。总之,我们要建立适应新时期形势的农民文化主体性。

宗教研究中有个"宗教市场"理论,假设人的"宗教需求"是固定的,不同教会组织竞争向社会提供"宗教供给"。中国自古以来制度性宗教组织不发达,农民的超越性价值体验是融入到日常生活方式中去的。当前农民生活方式的改变,最根本的地方是,曾经能够满足农民"宗教需求"的文化成分正在丧失,也就是我所说的本体性价值缺失问题,这就为宗教传播留下了巨大的空间。改革开放以来,农村宗教迅速传播大概与此有关。为农民塑造有价值的生活方式,就具有了占领文化阵地的重大战略意义。

——摘自贺雪峰:《中国农村的"低消费高福利"实践》,载《绿叶》2009年第12期。

# 十二　农民保守的原因

我原以为荆门农民负担如此之重,村级债务如此之多,农民会越来越不愿上缴税费,乡村收取税费的难度会越来越大,到了2001年,乡村治理会到恶性发展的临界点上;没想到这一年不少地方在农民负担并未减轻的情况下,收款还算顺利,实在让我既惭愧又高兴。惭愧的是自己到底还是不了解农村,高兴的是农民似乎还愿意给上面一些改正错误的时间。

之所以这一年乡村收款还比较顺利,农民还愿意拿出钱来上缴,是因为这一年荆门农业虽然遭受干旱,但除少数因旱成灾的地方以外,干旱带来充足的阳光使粮食普遍增产。稻谷还在田地时农民并不清楚到底会增产多少,等到将稻谷一肩一肩挑回家的路上,才感到今年稻谷的实沉。增了产,粮价没有跌,且农民负担基本上没有涨,农民就交得起税费,因此也就将税费交了。

这实在出乎我的意料,因为从我的调查看,农民对负担之沉重是十分不满的,且村均超过百万元的负债让村民看不到村庄发展的希望,他们为什么还会在多收入一点钱后就将钱交上去呢? 要知道,农民很清楚这些交上去的钱相当部分是不合乎中央政策的。有一个村,往年收取税费一直是令乡村干部极头疼的事,今年增产后,村里在农民往年负担的基础上再加码,达到每亩平均280元,村干部却意外顺利地将农民税费收了上来,因为农民这一年的收入增加了。镇委书记对这事也很感动,说农民都是好的,就是我们有些干部工作不细。镇委书记的意思是,只要工作做细了,没有向农民收不来税费的。

的确,乡村向农民收税费时,也对一些实在负担不起的农户"网开一面"。乡村干部最不能容忍的是那些有钱不交的农户。几乎每次调查都有乡村干部说,有些农民比较刁,有钱也不愿交。我想农民为什么有钱就一定要交,而不能留出一些余钱?他们要让小孩上学,要添衣添袜,要赶人情,以及要防病、防患、防变故。何况向农民收取的税费大都是不合理负担,是超出农民实际承受能力的,并且是不符合中央政策的那种负担。倒是农民与乡村干部一个思路,对自己有钱不交税费哪怕是不合理的不应该承担的税费,也于心不安,做贼一般。他们为自己留有余钱不交税费时的辩解十分苍白,最常说的是没有钱。乡村干部不信,举证说前一天还看你卖了猪,钱哪里去了。农户编理由说将钱还给了谁谁,不信你去问。村干部说,我刚才与他在一起,他还说你没有还钱给他哩!农户"抵赖"不过,将钱交了出来。

为什么农民不抗争?为什么农民只是多收入一些之后,就会将不合理的税费交上去?农民是不是太愚昧,不懂得维护自己的合法权益?

事情当然不是缘于农民不懂得维护自己的合法权益,更不是农民的愚昧,而是他们在自己目前的生存处境下形成了应对生存压力的智慧。

具体来说,农民目前的处境是温饱过一点,稍有天灾人祸,便可能落于温饱线以下,斯科特在解释农民社会的技术、社会和道德安排时,引用托尼的比喻认为:有些农村人口的境况,就像一个人长久站在齐脖深的河水中,只要涌来一阵细浪,就会陷入灭顶之灾。老田则认为,中国农民的生存处境受"低成本营运方式"的决定性制约,在这种方式下,所有的风险都要避免,所有开支都要节约,尽力争取可能多的收获,否则有可能产生连简单再生产都无法维持的风险,这种风险实际上是一种生存风险——最高风险。在组织中强行出头与外界抗衡,有可能招致外界报复,其风险大而且无法精确评估,又有个人无法控制的特点,属于典型的"不可管理风险",农民当然会极力避免。

在这种情况下,农民不是不懂得自己的合法权益,而是知道争取这些合法权益需要付出过大的机会成本。在荆门农村调查,乡镇有足够对付农民欠交税费的办法,比如规定欠交税费的农民,一律不准迁户口,不准办结婚登记、外出打工甚至计划生育的证明。其所欠税费要计高息,今年不还,明年利滚利,最终农民还非得找乡镇办事不可,比如子女考上大学或参军、外出打工需要证明等,就不得不连本带息一起交清税费。真是太不划算了。

这种拖欠后因为需要找乡镇办事而不得不一次性连本带息交清税费的结果并不是最坏的结果。有一些带头拒交税费的村民,乡、村两级没有办法对付,过不了多久,乡、村两级就找出了这个带头拒交税费村民的问题,比如曾是"两劳"释放人员、曾经赌博、与其他人闹过矛盾甚至打过架,等等,乡镇便不是以不交税费而是以其他原因为由,给带头拒交税费的村民以"颜色",这个村民最终吃了大亏。而那些敢于领头拒交税费的人,当然是那些在外面交游较广、事情也多的人,乡镇要找这种人的麻烦不会太难。一旦领头的人吃了亏,在荆门这种原子化的农村,不会有人声援你,更不可能得到经济上的补偿,他也就不会在下一次出头了。

农民可以维持得下去,在他们多收入一些之后,乡村多收农民的钱不会很难。而若农民收入少一些,乡村两级断不可能减少向农民的收费。这种相对农民实际收入太高的收费,农民承担不起,因为交了税费就不能维持基本生活,就不能维持基本人情和下年的基本生产,因此拖欠拒交。一般情况下,没有人愿意带头拖欠拒交,但当所有农民拿不出钱来时,乡村两级就特别劳神费力,不得不强化征收力度。过大的力度将农民生存资料也收去了,呼天不应,呼地不灵,一死了之,关于农民负担的恶性案件就出来了。

不是农民不抗争,而是农民缺乏抗争所需要的基本资源,这种资源就是让他们获得生理需要之上的安全需要的满足。只有当农民感到安全而且事实上是安全的时候,农民才会响应中央对自己权益保护的号召,如秋菊一样"打官司去"。

荆门是那种温饱已经解决、小康还未到来的农村,农民因此成为最为保守和消极的农民,他们大都不会为自己的权利进行抗争。

2001 年 11 月 19 日

**修订关键词**　农民的机会主义

农业税费时期农民表现出保守、隐忍,甚至不主动维护自己的合法权益,与之形成强烈反差的是,近年来,随着税费改革以后国家与农民关系的重新调整,以及国家资源的输入和地方资源的资本化,乡村社会的利益格局重组,引起了各方利益主体的激烈争夺。农村出现了越来越多激进的谋利型的钉子户、上访户,边缘群体大量崛起。

与正常的维权型抗争不同,他们只是善于选择性地假借各种道德话语、法律话语、政治话语来建构其抗争的正当性与合法性,来谋取一些原本不属于他们的利益或者提出大大超过他们应得利益的要求。应该说,无论是充当钉子户还是上访户,农民的这些行为的实质主要是一种利益表达和利益博弈。利益博弈本是社会的一种常态,不能回避也不能取消,但问题在于,当下官民的这种利益博弈不仅缺少规则,而且缺少原则,这些农民通过"赖"、"缠"、"闹"等策略性的行动进行抗争,而基层政府在"维稳"体制下和基于自利性的考虑,遵循的是"不出事"的逻辑,故而在治理这些机会主义抗争中,往往也习惯以"人民内部矛盾人民币解决",或者在特定情况下动用灰色势力进行策略性的摆平,不仅浪费了大量的治理资源,而且鼓励了激进的机会主义农民,却对一些农民的合理诉求缺乏足够的关注,使得其他原本老实本分的保守农民也跟着效仿,产生了极大的负面扩散效应。如此一来,乡村治理不仅陷入官民之间无法协商合作的困境,而且陷入农民抗争的机会主义与基层治理的策略主义两种行为逻辑相互塑造的恶性循环,构成了当下乡村社会机会主义政治的一体两面。

当下大量涌现谋利型的钉子户、上访户,有些被媒体塑造成"维权英雄"或者"弱势群体",殊不知,他们已经不是保守且弱势的农民,而是典型的机会主义者。当然,我们指出农民的机会主义,并不是要用另一种道德化的描述进行替代,而是要从国家与农民关系的调整,从当下的政治体制环境,从治理者与被治理者的互动中进一步理解它的产生机制。田先红所著的《治理基层中国——桥镇信访博弈的叙事(1995—2009)》和陈锋博士的论文《机会主义政治》均专门探讨了农民机会主义抗争的逻辑及其与乡村治理之间的隐蔽关系。

2013年1月11日晚

# 第二篇　村治格局

# 一　村治随想

村治是指村庄的治理,也就是村委会一级的治理。张厚安教授依据村民自治实施状况,将村治划分为三大类型,即自治型、行政型与混合型。欧博文从村民参与和完成国家任务两个向度,分出四种村治类型,即示范村、瘫痪村、专制村和失控村。徐勇则根据村民自身状况与村民自治客观效果相统一的标准,将村民自治运作模式分为规范型和非规范型两类。非规范型村民自治又有两种主要模式,即行政化的村和失控村。

以上分类仅仅是对村治分类的少数几个例子。徐勇还依据对村治走向的分析,对村治类型作了由能人到法治的分类。他将当前一些能人治理的村庄看做合理却暂时的现象,认为随着农村的发展和村民自治的深入,这些能人治理的村庄终将会变成法治村,法治村依照《村民委员会组织法》规定的村民自治原则治理,充分体现出村民在村庄治理中的决定作用,这不仅可以发挥村民的创造性,而且有利于为自下而上的中国民主化提供动力与基础。除了法治村和能人治理村庄以外,还有那种传统治理的村庄,也就是电影《被告山杠爷》里的那种治村方式,依据山杠爷这种传统人物凭借传统方式来治理的村庄。苏力评论说,当法治的成本太高时,山杠爷式的村治是一种可行的选择。任何一个社会哪怕是一个偏远的山村也是需要秩序的,但法治的秩序不仅需要实施成本,而且需要与社会本身的惯例相合,这就是说,法治需要本土资源。换句话说,苏力认为,传统型村治并不一定就不好,关键看这个村庄能不能获得有效而适宜的法制支撑。吴重庆直接讨论了"村治的本土资源",认为村庄治理需要有村庄传统的支撑,没有村庄传统或与村庄传统倒着来的外来制度安排,很难有生长的空间。吴重庆似乎是过于悲观了,因为一些村庄的传统已经解体,而国家有可能为这些村庄提供足够的制度与法律支撑。但在那些传统仍在、而且国家事实上难以提供制度与法律支撑的村庄,情况又会如何呢?

不只是那些传统仍在的村庄需要讨论本土资源,在那些传统已经解体的地方,当国家不能提供足够制度支撑的时候,对这样村庄的治理就比较麻烦。而且制度真的需要全部是外来的吗?没有与本土资源的结合,制度会有生长起来的基点吗?纯粹外来的制度不仅仅是一种保守的力量(法律本质上是一种保守的力量),这种外来制度没有传统支撑时其供给成本必然高昂。这样的制度在村庄治理中是可以发挥作用的,但其发挥的作用往往不是制度设计者所希望发挥的作用,而是被制度使用者刻意歪曲后发挥的作用。

村民自治制度当然是一种外来的制度,是自上而下安排于村庄的治理制度。以村民自治原则运作的村庄治理就是法治型村级治理,也是民主型村级治理。然而,法治型村级治理能否离开传统和能人实在大有疑问,因为村民自治制度需要在村庄寻找自己生长的基础。当前随着农村社会的转型,农村精英大多离开村庄,村级治理缺乏能人出来支撑局面,而没有能人出来竞争,也没有能人出来组织村民,村民自治何以会运作起来?当村庄传统已经解体,村庄舆论不复存在的情况下,村民自治这一社会民主范畴的制度如何具有让村民一致行动起来的能力?不能一致行动起来,村民自治又如何可以建设村庄共同面对的公共事业,如何可以获得当前农村社会亟须的稳定与秩序?

的确,不同类型村治之间的相似多于不同,特别在那些外来制度的安排上,看起来的差别远小于实际差别。在其根基上,表面上是外来制度实现状况的不同,实际上只是村庄本土资源的不同。人民公社时期,华南农村普遍存在村庄秘密共守的情况,那时农村干部依然是村庄庇护人。而在北方农村,不用说人民公社时期难以共守村庄秘密,即使今天的北方农村,在那些选举出来的村干部中,也很少有真正的村庄利益的庇护者。很多时候,不是因为外来的制度,而是因为制度的村庄基础,决定了村治的状况。

当前的中国理论界,制度崇拜者众。从经济学到政治学到社会学到法学,无一例外。就是在近代史和现代史的研究中,唯制度论也大行其道。这些制度论者看到了某种制度的优势和另一种制度的不足,忽视了每一种制度事实上都既有优势也有不足的辩证法。科斯曾说,任何一种制度在实践中都有自我完善的能力,因为可以产生一些对主体制度进行修补的补丁制(大意如此)。科斯的话还只说了一半,另一半是,任何制度都是在特定社会背景下产生,并具有特定合理性的。黑格尔说"存在的就是合理的",也许过于强词夺理,然而,想一想制度背后的社会基础是有益无害的。那些唯制度论者对失败的唯一解释是制度不好,他们拯救未来的唯一办法就是找到好的制度,并将这一好制度安排下去。问题不在于这种想法抽象地讲起来有什么不对,假若这些唯制度论者说的好制度是合乎实际、适宜国情的制度的话。问题在于,唯制度论者心目中的制度,是那些与中国国情和农村实际没有关系的、虽然经过别国实践却未与中国实际联系的制度。

2001年11月7日

**修订关键词** 村民自治 基层民主实践

村民自治制度引入到农村,被期待发挥治理和政治两重功能。治理功能主要是指,通过村民自治实现良好社会秩序;政治功能是指,期待村民自治能够训练农民的政治素质,培育中国政治民主土壤,推动中国政治民主化改革。

从1988年《村民委员会组织法》开始试行算起,村民自治制度在农村已经普遍推行了20多年,在这20多年中,基层治理的政治社会背景经历了巨大的变化。重新评估这项制度可以发现,村民自治制度最初被设想的两重功能并没有完全实现。在取消农业税费之前,农村基层组织自主性比较小,村民自治制度空间较小。农村税费取消之后,在资源密集型农村,选举被利益所激活而变得异常激烈,与之相伴随的贿选,造成村民自治付诸阙如;而在中西部资源匮乏地区,农民缺乏参与基层治理的积极性,村民自治也多停留在走过场的层面上。至于政治功能层面上,中国政治民主化更应该属于"顶层设计"的问题,指望村民自治推动中国政治民主化,太过理想。

尽管如此,还是不能忽视村民自治赋予农民平等参与基层治理的政治权利的意义。如果将村民自治当做一种基本理念,一种依靠由政治权利所保障的农民主体性来完成基层治理的基本理念,将村民自治当做一种制度框架,而非狭义上村民投票选举制度,则这一基本理念就具有了与政策的社会基础结合起来的可能性,就有可能产生出能够因地制宜的机制和办法。

当前在推行典型经验时,推广的往往不是基本理念,而是具体制度和具体做法,往往将特殊性的东西当做一般强制推广,这就很难取得预想的效果。

制度崇拜者认为任何问题只要按照某种理想进行制度调整,就可以被解决。

转型期的中国问题很复杂,针对此,首先应该确定基本方向、基本理念,而在具体机制和工作方法层面上,应该持开放、实用的态度,允许有益的探索。农村治理也是如此,应该在村民自治基本理念下,因地、因时地探索基层民主机制。

2013年1月27日

## 二　好人治村与恶人治村

中国人特别关心由谁来治理村庄,因此有"好人治村"和"恶人治村"之说。依我的想象,谁会喜欢一个恶人来治理村庄呢?然而,1999年我到湖北余村观察村委会选举时发现,理性的村民在选择恶人还是好人治村上,倒是颇费思量的。

余村是一个镇郊村,1999年选举前在任的鲍主任是一个性格强悍、私心很重、能力不错的"恶人",在任的李副主任是村民公认的"好人"。"海选"提名的结果是,鲍、李两人成为村委会主任正式候选人,村民需要在鲍、李两人中做出选择。从感情上,村民几乎无不偏向李,但一些理性的村民分析说,余村是镇郊村,李若当选村主任,他的好人性格让他不敢得罪村民,也不愿得罪上级,最终把握不住村庄的发展机会。鲍人品是坏了一点,也肯定会有经济上的问题,但他当选主任,凭借他的强悍和能力,不至于为村里赚不回他贪去的那点钱。这种理性分析成为余村选举前村民议论的主要话题。最终,李在县驻村选举指导小组的帮助下,调整策略,强调自己以前所以显得没有魄力,是副职使然。当选为村主任,当然会敢作敢为,才险胜当选。

浙江瑞安星火村的情况更为有趣。星火村也是一个镇郊村,长期以来,上级规划在星火村建一个菜市场,这是一件于镇里、于村集体、于村民都有益处的好事,因为星火村处于现在镇区建成区的中心,建菜市场方便镇上的居民,村集体每年可以从菜市场收取100万元以上摊位出租费,村民则会因建菜市场带来的土地升值,提高每家每户都有的出租房屋的租金。这个于各方面都有益的好事,在村领导班子中和村民代表会议上议论了许多年,都因为建菜市场需要拆迁一部分村民住房的补偿问题难以平衡而卡了壳。按市里的统一规定,拆迁住房的补偿标准是统一的,分五个等级,在同一个等级中,补偿标准一样。在同一个等级中,因为被拆住房的新旧、地理位置好坏有所不同,有些村民认为自己的补偿标准低了些,要求提高标准。但一户的标准被提高,就引发更多户要求提高标准,这是一个鸡生蛋、蛋生鸡的扯不清的问题。

扯不清的问题,村干部没有办法解决,就往后面拖。时间拖得越久,镇里、村里和村民就越急。急不能解决问题,村民就责怪村干部无能,责怪他们摆不平这么一点小事。事情拖了五六年,到1999年村委会换届选举,村里一个吸毒好赌、性格强悍并且与黑恶势力有些联系的"恶人"周某出来竞选村主任,说只要他当上村主任,他就可以将菜市场建好。村民也相信周这样的"恶人"出来,可以摆平那些扯不清的经济补偿问题,因为村民怕他。镇里不同意这种有劣迹的人作为村主任正式候选人。周竟可以让村民在"另选他人"栏上写票,使自己的选票超过村民公认既有文化和能力又为人正直的原村委会主任,当选为新一届的村委会主任。

有意思的是,我们在星火村所在镇调查过8个村,大多数村都出现过村民选"恶人"当村干部的现象。"恶人"治村不讲招式，他不仅敢于贪污，而且敢于用超出法律界限的办法整治村民，最终引致民怨沸腾，村民便会在下一次选举中将他选掉。这样一来，就构成了村级治理中好人治村与恶人治村的循环。

讨论什么样的人来治理村庄是一件于村级治理研究具有基础意义的工作。好人治村或恶人治村，是从村干部个人的品性与治村能力来评论村级治理的形态，在这个意义上，我们可以区分出四种相当不同的村级治理形态，即好人型、强人型、恶人型和能人型村治。好人是从治村干部的品性上讲的，一般具有良好人品和人缘，不愿用粗暴的手段去惩治村中任何一个村民，也缺乏让一般村民畏惧的个人力量。正因为好人不愿惩治村民，对于村中一些不良倾向与行为不闻不问，害怕得罪村民，被一些村民称为"老好人"。好人治村的优点在于他一般不会谋求私利，也不会为非作歹。他因为缺乏足够的个人魄力，所以不会给村庄造成个人决断失误所带来的损失。好人治村的不足是往往迁就村中恶行，缺乏与坏人坏事作斗争的勇气和决心，也没有抵制村中不良势力的个人魄力。总体来讲，好人治村，难以为村民创造额外的公共收益，一般也不会损害村民已有的公益。

与好人相对应的是强人。强人也是从品性上讲的，性格强悍之人，这样的人敢于承担责任，敢于与村中不良倾向作斗争，他往往具有令一般村民畏惧的健壮身体、社会关系或暴烈个性。强人治村的好处是他敢于碰硬，在大多数村民的支持下，他敢于惩罚那些有损全村公益的行为和村民，他通过减少村中少数人的收益，而创造于全体村民更多的收益。

在不能受到足够约束的情况下，强人很容易向恶人转化。恶人一定是强人，但与强人不同，恶人的私欲更重。恶人治村可以通过抑制村中一些有损公共收益的行为，为村庄创造收益。只是恶人往往乐于将自己为村庄创造的公共收益据为己有，有时候，他不仅不创造新的公共收益，而且为了个人私利，捞取本来不多的村中公益或损害公益。

恶人不会受到村民的欢迎，村民会怀念起好人和能人来。所谓能人，是指那些有特殊经营头脑和一技之长的人，尤其指那些已经发家致富的村民。为了不辜负村民对自己的热望，这些能人也有参与村务的热情。能人治村的好处很多：第一，在个人已经富裕起来的情况下，他一般不会打村中公益的主意；第二，他有带领村民致富的能力，也有为村集体增加公共收益的办法。能人治村并非百好，其中的一大弱点就是能人治村时，他期望在已有经济成就的基础上，通过当村干部来获得声誉，他期待经济现实变为社会声望。或者说能人当村干部，具有强烈的声望取向。他不愿得罪村民，他的治村与好人治村有相似之处，不同的是他不愿如好人治村一样碌碌无为。因此，能人治村，倾向于在不得罪任何一个村民，即不减少任何一个村民收益的情况下，额外地为村集体创造公共收益空间。他试图通过这个额外的收益空间，来获得他当村干部所期待的政绩、面子与声望。

现实中的村治形态往往是以上四种类型的混合。不过，现实中也很容易区分出一种主导的治村形态。以上依据村干部个人能力和品性划分为好人、强人、恶人和能人四种可能的村治形态，对于把握当前中国农村村级治理的现状，特别是其间的变迁，大有益处。

2001 年 8 月 18 日

**修订关键词**　乡村利益共同体　机制研究

　　取消农业税之前,村庄治理中要解决两大问题:一是协助县乡收税;二是解决村庄公共事务。从协税角度看,村民希望村干部很软弱,是老好人,既无协税积极性,又无协税能力。村民拖欠税费,能拖为什么不拖呢?何况到了2000年前后,农民负担很重,已远超出农民合理负担能力的范围了。

　　乡镇不喜欢软弱无能的老好人当村干部,原因很简单,这些人没有能力协助乡镇向农民收取税费。取消农业税前,县乡财政收入主要来自农业税费,不能按时完成税费任务,教师工资就发不出来,行政机关就无财力正常运转,必要的公共事业也不能建设。按时足额完成税费任务,是农业型地区市、县对乡镇考评的首要指标,不能完成税费任务的乡镇一把手就可能掉乌纱帽。乡镇因此强烈希望强势村干部上台,老好人村干部"不交票子就交帽子",一些强势的甚至道德品质有问题的强人、恶人当上村干部。

　　强人、恶人当上村干部,必须协助县乡完成税费收取任务。向农民收取他们不愿交的税费,农民肯定不高兴,这些强人、恶人村干部就要对村民讲狠,说重话,甚至威胁动手,将收税费这样的"公家"事务变成私人恩怨。强人、恶人如果不得好处,他们当然不愿为收税费得罪村民。县乡因此允许村干部向农民多收税费,或在村干部完成税费任务后给予一定比例的奖励,且对村干部搭车收费自肥视而不见。村干部向农民收税费得到县乡奖赏,甚至搭车收费自肥,村民不会看不见,村民因此对村干部不满,认为村干部都不是好人,甚至有村民向上级写信举报村干部贪污,等等。上级比如省、市各级将村民所写举报信转到乡镇,乡镇一般都会包庇村干部,因为正是这些有问题的村干部才协助乡镇将税费收起来了,才及时足额完成了税费任务。

这样一来,在取消农业税前,农民负担重,农民没有交纳税费积极性的背景下,乡镇为调动村干部协税的积极性,有意让那些强人、恶人、敢于得罪人的人来当村干部,且一定要让这些敢于以私人恩怨去完成收税任务的人得到好处。这样就形成了一个乡村利益共同体,村民很清楚有这样一个"官官相护"的利益共同体。

村民越是认为官官相护,就越是对村干部和乡干部不满,干群关系就越紧张,就越是不愿交纳税费。县乡就越是要依赖那些强人、狠人来当村干部,且越是要让这些人得到好处。这样形成的利益共同体显然难以持续。其结果是,到2000年前后,"三农"问题极其严重,干群关系极其紧张,终于在2001年开始农村税费改革,并在2006年取消了农业税。

村干部除了协助县乡向农民收取税费以外,还有一个重要工作是为单家独户农民提供"一家一户不好办和办不好"的公共事务,其中向农民收取税费中,包括农业税、"五统"、"三提"和共同生产费,其中农业税交给国家,"五统"交给乡镇,"三提"留在村集体,共同生产费用于村社集体共同生产事务。一个村庄,收不起来农业税,缴不上"五统",当然也不可能有"三提"收入和获得共同生产费。而离开村社集体,"人均一亩三分,户均不过十亩"的农民不可能独力解决共同生产事务,因此出现了农业生产环节的各种困难,甚至村民之间的正常关系都难以维系。一个强人村干部不仅可以协助乡镇向农民收取农业税,而且可以收上共同生产费从而为村民办成他们"办不好和不好办"的生产和生活中的各种公共事务。

以上两端,就在村庄中形成了十分独特有趣的好人治村与恶人治村的循环。

取消农业税后,国家不再向农民收税,且取消了面向农民的各种收费。甚至用于共同生产事务的共同生产费也不再允许收取,而代之以"一事一议"筹集共同生产费用。"一事一议"要求就每一件村集体要办的公共事务,由村民代表讨论由村民按受益程度分摊费用。实践的结果是,全国绝大多数农村"一事一议"都搞不起来,农村公共事务就不再有资金来源。

取消农业税后,国家不仅不再向农民收取税费,而且向农村转移大量资源。转移资源的办法有两种:一是粮食补贴、种子补贴、综合补贴等资金直补到户,一卡通;二是通过条条自上而下转移,以项目制的形式建设农村公共品。

项目制是由乡村申报,由部门审批。村干部必须要有关系,要善于跑项目,才可以获得上级转移资源进村。村干部跑来项目和资源是村干部的本事,与村民无关。不过,村民可以从项目中获得好处,因为这些项目都是惠农工程。因为农民并无付出,又可以得到好处,村干部跑来资源是他有本事,跑不来资源也没让村民受损失。这样一来,村干部向上级跑资源就逐渐与村民没有关系,在自上而下通过条条转移资源的过程中,就自然而然地形成了一个新的县乡村利益共同体,这个新的利益共同体与过去的不同,就是这个新利益共同体没有自我爆炸的机制,是可以持续的:只要上面有资源转移下来,这个利益共同体就可以越结越厚,越养越肥。经过这个利益共同体,无论中央转移下来多少资源,农民都很难获益了。

如何打破目前通过条条向下转移资源,通过项目申报来进行惠农工程建设的以上体制性问题,是一个重大难题。这个难题的核心是,在自上而下的转移过程中,农民没有机会和能力有效表达出公共品需求的偏好,亦即,他们丧失了真正的主体性。

笔者2002年在湖北荆门五村进行的"民主化供给农村公共品实验",和目前成都市给每个村20~30万元的公共服务费的办法,都是不错的向农民转移资源的尝试,其中要害在于,将自上而下的资源转移到村庄一级,在这一级,让村民通过民主的办法来表达自己的利益诉求,让村民来分配资源使用资源,从而让自上而下转移资源与农民利益建立起切切实实的看得见的关系,从而激发起农民的主体性和主动性。

从以上讨论中可见制度建设的重要性。不过,如果我们没有对农村社会运作机制的理解,缺少对乡村治理机制的理解,只是坐在书斋设计"完美"制度,这类设计出来或者直接从国外简单照搬过来的制度,即使有善良的愿望,也大都会在实践中走向反面。

从这个意义上讲,首先我们必须对制度的实践进行研究,必须研究机制。

2013年1月12日晚

## 三　权力网络

权力显然不只是指那些赤裸裸的暴力。稳定的权力需要有一整套制度加以维护和支撑。制度可以分为几种，包括成文规定的正式制度，也包括不成文的非正式制度乃至习惯、信念等。费孝通教授讲长老权力，这些长老的权力不仅来自于他们积累的人生经验，而且来自于社会对年长的人可以积累更多人生经验的信念。一个选举出来的村干部的权力，不仅来自《村民委员会组织法》等有关法律的规定，而且来自具有民主精神的村民对应该服从自己选举出来的人的默认。这种权力由一整套成文或不成文制度所维护和支撑的结构，构成了权力的网络。

权力网络因其制度基础的差异，而有不同的表现形式。杜赞奇在考察20世纪上半叶华北农村的权力基础时，使用了"权力的文化网络"这个概念，认为在传统文化网络中，出任乡村领袖的乡村精英是出于社会地位、威望、荣誉并向大众负责的考虑。因此，诸如宗教信仰、相互关系、亲戚纽带以及参加组织的众人所承认并受其约束的是非标准等象征与规范，在塑造组织权力合法性方面具有决定性意义。举例来说，在宗族意识较强的村庄，村民会选本族的人当村干部，本族的村干部也比较容易做本族人的工作。因为强烈的宗族意识使同族的人成为自己的人,这种意识构成了权力运作的基础。我有很多亲戚在农村,我相信,只要我参加村干部的选举,他们一定会选我,即使我的人品才干不行。因为他们认为我是他们自己的人。有些村干部为了做好村里的工作,往往将最艰苦的任务交给自己最亲的人做。与他最亲的人不是因为品质好,而是没有办法抹开与村干部的亲近关系。我调查的一个村,村民小组长一再辞职未获允后,他便不理村民小组事务。村支书、主任和会计三人都与这位村民小组长有良好的个人关系,他们三人便到组长家做工作,说如果不答应至少再当一年组长,他们就住在他家,吃在他家。住、吃了一天一夜,组长顶不住这种强烈的个人关系,不得不答应再当一年。孙立平与郭于华在华北 B 镇调查中发现乡镇干部用"情境逼迫"来收粮的例子,说一个镇干部找一个老人收花生,反复说理后,老人仍然不交。镇干部说了一段出人意料的话:"这样吧,您也别把我们当成收定购粮的,您干脆就当我们是要饭的,就当我们现在是向您要 15 斤花生,您说您能不给吗?"老人终于交了花生。这种正式权力的非正式运作,生动说明了农村权力本身的运作特征与文化及当地共通的地方性知识的关系。

  正因为权力建立在情理法的基础上,权力才可以稳定地运作下去。不过,当前农村权力运作的情理基础或文化基础正在消解。孙立平他们调查的华北 B 镇收粮中"情境逼迫"的办法,到湖北杏村就不再行得通。镇干部让老人将自己当做要饭的,是该交粮了吧。杏村村民则会说,我为什么非要给要饭的人粮食?你是要饭的,那你就走开。至于村干部动用个人关系让村民小组长继续当下去,或让与自己关系最亲的人在村务中吃亏,必须有村干部与他们的亲密关系,在市场经济条件下,这种亲密关系的如此运用,只会让人说他们的行为太傻。现在经常可以听到这样的说法:我可以为你私人帮忙,但若你是为公家做事,那对不起,这个忙我帮不了。试图动用良好私人关系来完成权力公共运作的文化基础越来越没有了。

人民公社时期实行政社合一的体制,当时农村权力的运作网络,大致可用强世功在描述抗战时期陕甘宁边区权力特征时的"组织网络"来予以表达。人民公社时期,通过对传统文化所依赖的乡村士绅的打击,通过以阶级划分建构起来的阶级话语和阶级斗争,组织起广泛的诸如贫农协会、党支部、妇女协会、民兵连、团支部等多种多样的组织,这些"组织网络"与革命意识形态,与特定条件下的个人崇拜,与政社合一的人民公社组织体制等结合起来,就具有了巨大的力量。这时权力运作的效率当然很高。"权力的组织网络"的特点是强有力的意识形态与复杂但运作高效的组织制度的结合。

问题是当前农村权力网络的依托是什么。构成传统中国农村权力运作基础的文化网络,经过新中国成立后持续不断的政治运动的冲击和市场经济的冲击,大多已经解体。联产承包责任制的实施和人民公社的解体,瓦解了农村权力运作基础的组织网络。尤其重要的是,中国是没有宗教传统的国家,在市场经济的冲击下,农村旧的价值体系和道德观念正在解体,新的价值体系和道德观念还没有建立起来。农民之间的关系很快便暴露在赤裸裸的经济利益的理性算计之中。

理性算计成为农村中唯一重要的现实之后,不成文制度因不具有社会强制性,而丧失了让只讲利益的人去算计的理由。成文制度所决定的游戏规则就应成为权力运作的基础。问题在于，中国农村过于庞大，且十分复杂，缺乏文化支撑的成文制度如法律制度，既无法一一规范所有人与人的关系，也处理不了如此众多的农村关系。

假若我们将理性算计作为当前农村的普遍现实，则这种现实下的农村权力基础就是所谓的"权力的利益网络"。在农村场域中，一些精心算计经济利益的人，在一些成文制度的约束下，争取自己最大的经济好处。他们能够得到这些好处吗？以村级权力为例，理性算计的村干部不是为面子、荣誉、正义或者信念，而是为个人的经济收入去当村干部。理性算计的村民仅仅期待村干部做对自己有益的事情。这种理性算计的后果是所有人因为缺乏对他人公益心的信心，从而不敢或不愿相信他人。这时候实行村民自治，其后果可能就是村庄合作不能达成，村庄秩序难以维持，村里公益无人过问。理性算计的村民在民主的逻辑下选择了一个非理性的结果。

权力基础的利益网络显然不可靠，因为这种利益网络缺乏文化和意识形态的支撑。与权力利益网络密切相关的，是当前农村人际关系的理性化趋势。所有人与人之间的关系现在都面临着经济利益的拷问。这种拷问会瓦解传统的宗族、亲情、面子、声誉、道德、信仰以及共同的是非标准。在没有文化的基础上，怎样为权力网络提供制度基础，从而为权力运作提供合法性，实在是一件具有挑战性的工作。

2001 年 8 月 20 日

**修订关键词**　组织起来　农民主体性

（一）

靠利益来维持的权力网络不牢靠。取消农业税前，在一些农业型地区，为了完成农业税任务，县乡政府通过默许村干部搭车收费来调动他们的协税积极性，村干部也通过给大社员额外好处来获得大社员的支持，至少是不公开反对。这种由利益联结起来的权力网络很难维系，因此，仅仅大约10年时间，乡村利益共同体即随着农业税的取消而解体。

当前乡村权力的文化网络比较薄弱，组织网络也很薄弱，那么，乡村权力可以依靠什么来有效运作呢？

有一个办法就是，取消农业税后，国家有越来越多自上而下的转移资源，资源进村，就可能滋养起一些关系出来，这个滋养的办法首先是让村民参与资源的分配和使用，让他们在分配和使用资源的过程中形成主体性和主动性，从而不仅可以有效分享资源，而且可以在分享资源的过程中组织起来，解决村庄其他公共事务。

还有一个办法是按李昌平讲的建设农村内置金融。具体就是通过国家的一定注资及村民集资，在村庄中成立面向本村村民的内置金融机构。李昌平尤其主张由村庄老年人组织成立老年人金融互助社，向村民贷款，用利息养老。他在云南、湖北、河南等地进行的老年人金融互助社都很成功，其中一个副产品是提高了农民的组织化程度。

在金融互助以外，组织老年人的另外一个办法是成立老年人协会，笔者自2002年开始在湖北荆门和湖北洪湖4个村倡导成立老年人协会，效果极好。

此外,还可以将农村留守妇女组织起来,娱乐娱乐,运动运动,跳跳街舞,学点烹饪技术,这样就会给农村社会增添活力。

通过自上而下的转移资源,在为农民提供具体服务的同时,将农民的主动性和主体性调动起来,从而为基层治理提供了强有力的组织基础和动员能力,为基层权力提供了新的组织网络。这样一个网络的形成和扩张就可以为农村善治提供基础。

取消农业税后,向农村转移资源的关键其实不在于办成几件具体实事,而是调动农民主动性和培育农民主体性。

(二)

以国家资源下乡为依托的公共品供给,不仅是为农民提供公共服务,建设公共设施的政策问题,而且应该置于新农村建设的大局中统筹考量。通过资源输入激发农民主动性,形成农村自主性,重塑村庄共同体,应该成为一个具有普遍意义、可操作可推广的新农村建设方式。

汲取资源曾极大地削弱甚至瓦解了村庄共同体的整合。现在则有可能利用自上而下、自外而内的资源输入重塑共同体。否则,不仅资源输入本身的效率会成为问题,而且新农村建设的基础性、战略性意义也将大打折扣。

以自上而下的资源输入为契机,通过重建农民主体性实现村庄共同体重塑,需要从两方面着手:一方面,要改变输入方式,将部分资源直接投放到村一级;另一方面,充分发挥村民自治的作用,让村民自己决定资源的分配和使用。如此,国家资源就可以与农民的切身利益建立高度联系,农民主体性和主动性就能够充分调动起来,农民就能够真正以"主人翁"的姿态组织起来,建设自己的家园。

2013 年 1 月 12 日晚

## 四　村民代表

1998年修订的《村民委员会组织法》第21条规定,人数较多或者居住分散的村,可以推选产生村民代表,由村民委员会召集村民代表开会,讨论决定村民会议授权的事项。事实上,此前全国大多数地区的村委会都建立了村民代表会议或村民议事会制度。实践证明,村民代表会议或村民议事会制度,是一种良好的制度,它构成了村民自治中民主决策、民主管理和民主监督的核心,村民代表会议制度实施的好坏,在很多地方成为实行村民自治制度好坏的决定性因素。

既然村民代表会议制度如此重要,就需要考虑作为这一制度基础的人的因素,即村民代表本身。按《村民委员会组织法》的规定,村民代表由村民按每5户至15户推选一人,或者由各村民小组推选若干人。现实中村民代表产生的方式更为多样,也不一定非得那么制度化,有时候村民不相信村组干部,而推选出代表清理村组账目,或者有些村民受到其他村民情绪的鼓动,而以村民代表的身份上访告状。总的来讲,所谓村民代表,就是指那些与村民有一定的权力授受关系,能够代表或声称代表村民的人。

村民代表会议制度很重要,村民代表也自然重要。重要的村民代表在以下方面尤其重要:一是代表的素质;二是代表与村民之间的关系;三是代表与村干部的关系。以下从农村调查的感受来作些讨论。

有一次到孙村观察选举。此前村里刚选举产生了村民代表,村委会选举的很多决定都是在村民代表会议上讨论通过的。后来在确定村委会正式候选人时,有一些村民怀疑选举作弊,产生了强烈的对抗情绪。其中一个村民小组的情绪特别激烈,兼做选委会成员的本组村民代表就找上面来的选举指导小组反映情况。我们问他为什么不向村民讲出真相。他倍感委屈地说:"你哪里讲得清!虽然我是他们刚选出来的村民代表,他们却不相信我。前几天我参加村民代表会议后买了一个西瓜,有村民硬说这个西瓜是村里分的,一当代表就占集体的好处。我一再解释,没有人相信。以前关系很好,一当代表,关系就变得怪怪的了。"

这件事给我的印象很深。以前以为,村民既然选了自己的代表,当然就应该相信代表。那为什么村民会不相信自己刚选出来的代表呢?也许,在村民缺乏民主精神,村庄缺乏有影响的权威人物的情况下,村民不相信自己选的代表是再正常不过的事情。他为什么选了代表就一定要相信代表呢?在村庄的日常生活中,若村民不看重荣誉、面子,村民就会成为利益投机者。当村庄日常生活中没有值得村民真正信任的人时,仅仅通过选举,不可能变出一个让村民可以信任代表的魔术来。村民与村民代表之间的信任关系是在村庄日常生活中建构起来的。因此,考察村民代表与村民的关系,需要回到对村庄性质的讨论,而不能局限在选举的权力授受关系上。

村民不信任村民代表,村民代表也不大有理由为村民的利益讲话。我有一次到向村调查,正好向村三组和四组为山界发生纠纷。村干部决定调解这场纠纷,因此让三组组长和四组组长召集各自村民小组的代表到现场调解。四组组长去找由本组村民选举出来的代表,但没有一个村民代表愿意为组里的事情耗费时间,四组组长只好找了几个原来当过村干部的老党员参加与三组的山权谈判。山权谈判不成,年轻的四组组长因为全组竟没有一个代表愿意为组里的事情花费时间而气得不行,他要求村支书当天晚上到四组召开小组会议,现场改选村民代表。支书说,村民代表也是一选三年的,你怎么可以说改选就改选?

以上是关于村民代表与村民关系的例子。还有村民代表与村组干部关系的例子。2000年夏粮征收时,童村八组村民要求清理本村民小组的账目,否则就不交夏粮。镇政府因此下决心彻底清理童村八组的财务。镇里一方面抽调会计人员进驻童村八组,一方面让童村八组村民选若干村民代表,会同清理人员一并清账。在清理过程中,逐张核实开支条据,结果,参与清账的村民代表因为或多或少得到过原村民小组长或请客或免提留或减积累的好处,睁一只眼闭一只眼。

迪村也有一个村民选代表清理财务的故事。因为迪村复杂的权力斗争和村民普遍对村财务的怀疑,而在1995年形成了每年由村民代表清理村财务一次,每次清理一个星期的制度。这个故事颇"有趣"。清理财务的村民代表是由村民在各自村民小组选的,他们既具备清理财务所必需的基本财会知识,又是在本村民小组有一定影响的人。但这些代表在清理财务期间,很快便关心起自己花费一周时间清理村级财务的合理性来。村干部是敏锐的,他们与村民代表商议买一头猪来杀掉做生活招待,每个清账代表每天另外补贴25元现金。这样,每年一次的村财务清理便形成了一次清账一周,杀猪一头,每顿饭都喝酒,且每个清账代表可以有100多元补贴的惯例。当清账代表是很合算了,他们当然也不可能清理出村干部的经济问题来。

构成以上村民代表与村民和村组干部关系的例子,似乎可以归结为村民代表的素质,即他们品质与能力问题。然而,村民代表的素质并不是抽象的。当村庄传统文化已经解体,面子和声誉对于村民并不重要的时候,村民代表为什么要做一个道德典范和村民利益的维护者?反过来,这样的村民代表,村民又如何可以信任他们?

以上4个例子都是在湖北荆门这个所谓"缺乏分层与缺失记忆"村庄发生的让人悲观的例子。假若不在荆门这类村庄,而是在一个宗族村庄,村民选出的代表一定会是宗族内有影响力的人,这个有影响力的人一定会珍惜自己作为代表的影响力和声誉。他就会与村民建立良好的信任合作关系,他也就会在村政中发挥较好的作用。再假若是在一个社会分化较大,村中有一些高大威猛的精英的村庄,这些村庄的村民选举出来的代表,就一定是这些高大威猛的精英了。高大威猛的精英不仅具有让村民相信自己的能力,而且他们不愿意为得到村里鸡零狗碎的利益而坏了自己的名声。荆门这类缺乏分层与缺失记忆村庄的情况则不同。在村庄生活中,没有高大威猛的精英,只有一些如大社员之类的细小琐碎的能人,这些人既缺乏足够的影响力和号召力,也缺乏作为精英的精英意识。缺乏精英意识的村民代表不能得到村民的信任,他很快就会看中村干部用来收买他的那一点点好处。在这种情况下,村民代表会议的作用就要大打折扣。

进一步说,构成村民代表会议制度效能基础的,是村民代表的代表能力。一方面,村民代表必须有能力代表村民参与村务决策、管理和监督;另一方面,村民代表必须有能力将讨论决定的村务决策实施到他所代表的村民之中。问题是,在当前就业不充分、经济处境恶劣的转型时期的农村,传统的人际联系被割断,现代的稳定联系没有建立起来,人们越来越关注赤裸裸的经济利益,而越来越不看重面子和声誉。村中很少有人愿为村集体公益来耗费自己的时间、精力与智慧。这样的村庄,村民代表的代表能力便大成问题,而理论上村民代表会议的诸多功效便大打折扣。在一些情况特别糟糕的地区,村民代表的代表能力太弱,以至于村民代表会议制度安排的成本太高,从村民代表会议中得到收益的群体太少,而可能造成村民代表会议不是因为制度措施不得力,而是村庄基础不具备所存在的形式化的问题。

2001 年 8 月 20 日

**修订关键词**　资源分配　区域差异

(一)

以上考察的是取消农业税前的村民代表。在国家向农民收取农业税的背景下,村民自治缺少基础条件,因为农民不可能选出村干部来带领农民抗税。在 1990 年代,有两个奇特且矛盾的现象:一是以村委会选举为代表的村民自治制度的推行；二是农民负担日渐加重。何以至此？是因为地方政府具有远强于分散农民的组织动员能力，取消农业税前，地方政府财政收入主要来自农业税费，地方政府在与农民博弈中有的是办法让制度安排变得有利于自己。在地方政府与农民博弈能力不对称的情况下，即使选举产生的村干部也只可能偏向政府，而不大可能站在农民立场与政府对抗。正是因此，取消农业税前，村民选举出来村民代表，却并不相信村民代表。

取消农业税后，国家不再向农民收取税费，为解决农业生产中一家一户办不好和不好办的共同生产事务，国家出台"一事一议"政策，村社集体可以通过"一事一议"来向农民筹集用于公共事业的资金，具体就是通过村民代表会议对应该举办的公共事业进行议决，并决定分摊费用。但在实践中，"一事一议"很少成功，因为村民代表会议作出的决策，村民可以不听。过去不交农业税还可以采取强制措施，现在"一事一议"，不交钱，不仅不能采取强制措施，甚至都不能作为欠债记在那里了。

"一事一议"之所以不可行，是因为村民代表会议的决策不具有法律效力，而只是群众性自治的一部分。取消农业税之前，村民代表会议还可以借农业税和"三提五统"等带有一定强制性的税费任务来收取共同生产费，不交共同生产费就被记债等下年再交。现在农业税取消了，带有租金性质的"三提五统"也已取消，就使村民代表会议决策对村民的约束不再起作用了。

但是，如果不是要向农民收钱，而是分配利益，村民代表会议的效力就会大不一样。

自2008年起，成都市每年为每个村提供20~30万元的公共服务经费，规定这些公共服务经费只能用于村庄公共服务和公益事业,且必须经由村民议事会讨论议决才能合法使用。这样一来,村民代表所组成的村民议事会可以就如何分享使用资源进行讨论、辩论,就可以形成决定,并可以执行决定。这是一个分配资源的过程,因此可以多数决定少数,少数不得不服从多数。这样,村民代表就很重要,谁当村民代表,能否有效地讨论使用上级拨付下来的资源,直接关系到村民的切身利益。这个时候,村民代表也有了代表能力,村民与村民代表之间也就有了密切关系。

越是分配自上而下的资源,就越是要召开正规的村民代表会议,村民代表也就越重要。

(二)

在不同区域,村民代表的产生机制和代表能力有着明显差异。在北方分裂型村庄,村民代表多为各个小亲族的代表人物,村庄决策往往是这些代表人物协商一致的结果,河南周口农民的说法是"队长不做主,门门得有人",因为村庄存在强有力的以"门"为基础的血缘组织,代表人物就可以代表自己所在小亲族的利益和意愿,村民代表也就有了代表能力;在南方团结型村庄,村民代表往往是宗族、房头说得上话的权威人物,村庄决策没有村民代表参与,很容易就遭到宗族"房头"的抵制,村庄事务也就难以完成;在中部分散型村庄,村庄内部基于血缘纽带的稳定性结构并不存在,村民代表往往只能代表自己。

村民代表的选举是村庄社会基础的集中表达。村民代表的产生也只能与村庄社会基础相契合,才能真正发挥其代表效力。

随着国家权力和市场经济渗透的不断加深,村庄社会基础正在解体。短期内,村庄社会基础的区域差异仍然保持了其惯性,仍然构成形塑村庄治理逻辑和影响治理成效的重要变量。从村庄社会基础层面展开研究,能够有助于破除抽象的民主话语盲从,拓展基层治理的研究视域。

2013 年 1 月 12 日晚

# 第二篇 村治格局

## 五　合作能力

《黄河边的中国》应该说是近年出版的农村调查中最为看好也最为畅销的书了。书的作者曹锦清先生1996年几乎一年的时间都待在黄河边的河南农村,其中他调查最多、感受最深且思考最力的是关于黄河边中国农民合作能力的问题。曹先生认为,中国农民一直是"善分不善合"的,即使出现超过传统范围的更大或更新合作之紧迫需要时,农民们依然按照传统的方式行事:或恢复家属间的联合,或恢复宗族组织形式,或将家属原则引入私营或集体性质的企业内部等。因此,他期待通过外部将超出传统的合作组织与原则导入到农村与农民中间去。他断言:"通过平等协商建立起来的契约组织,是承包制下的独立小农得以最终摆脱贫困落后,摆脱自然灾害的侵扰,摆脱地方贪官污吏的剥削与压迫,减少市场风险的最有效、最强大的手段。"

曹先生在河南农村看到的农民不合作的情况,也许比我在荆门农村看到的情况要好。我在荆门农村很少看到以平等协商建立起来的契约组织的合作,而传统的合作大都解体了。举例来说,荆门的宗族组织大都解体,村中道路和公益事业大多无人过问;老年人非正常死亡现象十分普遍,且多是由于子女不孝引起，其原因是法律很难介入到家庭赡养一类琐事，而农村原本存在的舆论压力又已解体。一头牛本来可以供三户农户耕种，但因为缺乏合作而可能每户养一头牛。传统中国社会中，在最需要合作的所谓大农具诸如现在的机械化工具上，单家独户购买，使用效率太低，价格太高，合作购买又总是出矛盾。因此，当前荆门农村每户都是一样的简单农具，大农具要么全无，要么都有，很少有几家合作购买的，甚至亲兄弟也不能合作购买使用。换句话说，荆门农村不仅现代的合作能力没有建立起来，而且传统的合作方式也已经解体。农民以户为单位，大大地原子化了。

我的问题是，平等协商的契约组织的合作与传统合作的关系是什么，或者说平等协商的契约组织凭什么可以建立起来。显然，平等协商的契约是建立在独立的个体人之间的，每个人的法律地位是平等的，他们一起来签订一个契约，建立一个组织实体或办理一件具体事务，用以"摆脱自然灾害的侵扰"、"减少市场风险"，以及对付地痞和对抗压迫等。要达成契约和享有合作带来的额外收益，需要为达成和履行契约支付成本，即所谓交易成本。假若中国当前的农民是些原子化的个人，每个人都不相信其他人，都期待以契约的文本来规定与约束契约他方的关系，则这个契约必定是细致且复杂的，执行起来必定是坚硬而脆弱的。这样的契约离不开法律和法官，或裁判的裁决。且达成契约各方越是相互之间没有关系，达成和履行这种契约的交易成本就越高，这个因契约而成的组织就必须有更多的收益来支付交易成本。理论上讲，只有当契约形成组织的收益高于交易成本时，这个契约组织才能存在下去，一群原本无关的农民才能达成真正的合作。

第二篇　村治格局

进一步的问题是，中国农村总的来讲是太庞大了，以农为业的人口太多，必然导致农业比较收益的下降，以农为业的契约组织要想获得收益，会比一般组织更为困难。试图从合作中获得收益的农村契约组织可能较一般契约组织的收益更少。而这就需要降低农民达成和履行契约的交易成本。恰恰是这个交易成本，因为法律下乡的困难，农村传统的解体，人与人之间的相互防范和互不信任，以及中国从来就缺乏的宗教传统，综合起来，构成了不是偏低而是偏高的交易成本，农民的契约组织因此大都面临着不良的前景。

反过来说，若传统的人与人之间的关系仍然存在，亲缘、姻缘、地缘以及朋友的信任比较有效，则他们在达成一个现代的契约时，可以因为相互之间的信任而降低交易成本，这个时候，较大的合作利润空间就可以使他们不仅强化传统关系，而且建立现代的合作。从某种意义上说，这正是中国家族企业成功的奥妙所在，也是具有强烈家乡观念的温州人可以在全国经商成功的原因。

以上关于契约组织合作的讨论，只是一些抽象的讨论。其实，契约组织的形式有两种：一种是可选择性组织，如企业或社团；另一种是不可选择的，如村委会组织。两种组织的情况有些不同，但都合乎以上抽象讨论。以下以村委会这个自治组织为重点展开讨论。

村委会是一个自治组织，这个组织由国家专门提供了一个相当详细的契约：《村民委员会组织法》规定，实行民主选举、民主决策、民主管理和民主监督。在村委会一级，村民可谓共同收益空间太多，诸如村道维修、纠纷调解、治安维护、公共水利乃至抗议上级过度提取、制止少数村民对集体公益的侵害等。从理论上讲，只要村民关心村民自治、参与村庄公益，村庄秩序状态很快就可以达成，村民个人办不了、也办不好的事情，村委会一下子就办得妥妥当当的。但事实上，我们到农村去观察，到处可以看到村庄公共工程年久失修，村庄公益事业无人过问，明明合作起来很好的事情，却如曹锦清先生在黄河边农村看到的那样，缺少合作，以至于曹先生一再感叹中国农民善分不善合。

国家提供了详尽法律契约的村委会这个自治组织有时候做得不好的事情，在一些宗族村庄、宗族组织却做得很好。江西的宗族村庄不仅维修村道、维护治安、制定禁约，而且关心家庭纠纷、维护老人权益、提供村庄文娱等。族规家法一直是国家所打击和取缔的对象，但宗族组织通过宗族成员内在的宗族意识，将一个宗族村庄的所有人看成了值得信赖的自己人，这种自己人的意识可以形成村庄大多数人对少数人的强大压力。这种无形的压力，较之制度化契约的效果要好得多，原因就在于这种无形压力的交易成本很小，而制度化契约的交易成本很高。

再进一步说，达成平等协商的契约组织合作的因素，大致与以下三个方面有关：一是理性算计的个人，他们希望从合作中获得不合作无法得到的好处，因此有签约合作的愿望；二是作为裁判的制度文本和裁判手段，制度文本不仅包括契约样式，而且包括游戏规则，良好的裁判制度可以降低合作的交易成本；三是与合作密切相关的理性算计的人们对法律的遵守程度（形式理性的发育程度）、对正义的信念程度以及对签约他方的信任程度等，这是一种非正式的制度安排，良好的非正式制度可以提高合作者的合作信心，减少合作的交易成本。三者兼具,平等协商的契约组织就会因为收益大于成本,而合作得越来越好,越来越多。否则可能趋向解体。当前中国农村的根本问题不在于理性的个人不会算计,而在于这些理性算计的个人过于算计个人的经济利益,而又不大相信与其合作的他人。他担心在一场合作中,对方得到好处后不再履约,而自己的投入无法收回。而当前农村普遍存在的裁判制度的不足,又往往使这种担心变得真实,这就形成了合作本身的消解机制,合作因此越来越少,而不是越来越多。当前农村普遍的经济不景气,进一步减少了农民合作的收益空间,因此降低了农民的合作能力。

一句话,对传统关系的破坏,尤其是诸如市场经济、现代传媒、自由流动等因素造成的村庄共同体的解体,使得村庄社区的合作能力大大衰退了。不是因为制度的不完善,而是因为农村传统的被破坏和农村经济的不景气,以及法律下乡的不理想,造成了农民合作能力的不足。

2001 年 8 月 20 日

**修订关键词**　边缘地带的边缘群体

现代化首先表现为工业化和城市化,因此,现代化的过程往往也是农村人财物流出农村流入城市的过程。在人财物流出的情况下,农村社会内生秩序能力会下降,农民的合作能力也因之下降。

改革开放以来,中国选择了以市场经济推动现代化的制度安排,人财物流出的农村是市场经济的边缘地带,在边缘地带,市场规则充分发挥作用只会强化对边缘地带的剥夺,某种意义上讲,边缘地带需要有非市场化的制度安排来予以保护。

边缘地带的农村,经济无疑仍然是核心问题,也是首当其冲受到市场冲击的领域。增加农民收入,发展农村经济,是政策目标,也是农民的愿望。国家制定《农民专业合作社法》,专门扶持农民专业合作社,但在具体实践中有些是"公司 + 农户"的模式,赚钱归公司,亏本归农户。

相对来说,农村老年人是农村这个边缘地带的边缘群体,他们对发财致富已不抱幻想,他们的人生期望值已经很低,只要外面有一点支持,他们都会珍惜,他们有极高的组织起来老有所乐和老有所为的愿望和积极性,可以说是"给点儿阳光就灿烂"。我在湖北搞老年人协会建设实验,通过注入少量资金而推动建设的老年人协会,激活了农村老年人的热情和力量,提高了老年人闲暇生活的质量,也提高了他们的幸福指数,取得了很好的效果。老年人因处在农村社会的边缘地带,他们对任何外来的关心都极为敏感和珍惜。他们有极高的合作愿望,若有外面支持,他们会表现出极强的合作能力。

农村老年人(以及妇女)是农村这个相对于城市的边缘地带的边缘群体,这个边缘群体中蕴含有更多的合作需求和更强的合作能力。

同时,相对于经济这个主导因素,农村文化属于边缘。经济合作很难,文化合作的空间却可以很大。温铁军主持乡村建设时有"文化建设、效益最高"的提法,很有道理。因为资本到目前为止还较少侵入到农村文化中来,农村文化还有一定的自主空间。

也就是说,在农村经济中,传统的农民合作很难,甚至由国家支持的农民专业合作组织也往往变成为资本主导了。真正仍然保存着的有开发价值的农民合作存在于农村边缘群体(老年人、妇女)的边缘活动领域(文化而非经济)。

从农民边缘群体和农村边缘活动中开始建设农民合作能力,也许是乡村建设的重要经验?

2013 年 1 月 13 日上午

## 六　村治的难题

在考察湖北荆门这类社区记忆缺失和社会分层缺乏的村庄时,我发现荆门农村人与人之间的关系迅速理性化起来,其结果是传统的以宗族和信仰为基础的人际联系解体,现代的以契约为基础的人际联系又未能建立起来。村庄舆论压力大大削弱,村庄互助合作十分困难,村民变成了马克思所说的"一袋马铃薯",从而缺乏应对生产和生活中诸种事件的能力。由此引起一系列的后果,即经济的协作无法达成,地痞横行,村道破败,道德丧失,整个村庄呈现出无序状态。我们将这种因为村民原子化所产生的无序村庄称为缺乏社会关联的村庄。

吉林金村也是那种缺乏分层与缺失记忆型的村庄:以宗族和信仰为基础的人际联系正在迅速解体,而以社会分层为基础的人际联系未能建立起来。用金村人自己的话说,前些年,村民帮助困难户,是真帮,心甘情愿地为困难户义务出工,现在则没有谁愿意再帮困难户的工了。前些年建房子胥人帮工,很容易请到。现在则要问一个工给多少钱,不给钱谁帮你干活?金村近些年不在乎其他人怎么说的村民越来越多,有些农户根本不将其他村民的利益放在眼里,敢于破坏公益,拒绝交纳税费的行为也十分普遍。

从村民小组一级的治理来看，越是那些具有较为密集亲友关系网络的村民小组长，越有希望将村民小组治理得好一些。六组和十二组是金村现在治理最好的两个组，恰巧这两个组的组长都是在组内有着极其密集亲友关系的人。虽然金村宗族观念和传统信仰已不能构成强有力的人际联系，但兄弟关系还是存在的，姻亲关系也还存在。这些兄弟关系和姻亲关系是传统的强有力关系解体后留下的碎片。巧的是，通过六组和十二组现任组长的特殊位置，将这些碎片结成了一个似乎还算有力的网络。而如果六组和十二组现任组长不当了呢？我问十二组组长，他说，我不知道我不当村民小组长了，还有谁可以将十二组搞好。八组也是治理较好的组，现任组长之所以可以将八组治理好，与他当兵见过世面、做生意赚了钱等，而成为组中同龄人的"领袖"大有关系。

金村临近街边的七、九、十组成为全村治理最差的组，与这几个组离街近、信息灵通、机会稍多有密切关系。越处于中心地带，传统的东西越难以保持，社会关联度就越低，想占小便宜的人就越难以控制，村民小组的治理因此就越差。当村庄社会关联度降低，村组治理越来越难的时候，那些不畏惧村庄舆论和村民说服劝告的人，却害怕强悍村组干部的身体暴力。金村支书是一个有20多年乡村工作经验的乡干部，是愿意且善于讲理的那种人，他是一年前下派到金村的。但当村支书不久就先后与3个村民打了架，他说村组治理已不能仅仅凭借说服以及舆论来起作用；或说一些村民处于社会关系链条之外，在没有什么强有力的关系可以抑制他的不良行为时，身体暴力也许是唯一有效的办法。在金村调查时，很多村组干部发自内心地说，金村的确要有一个强硬的干部出来"挑头"，且强硬必须坚持到底。没有强硬，正气上不来，歪风邪气就上来了。

从选举来看，村民显然喜欢选好人上台。只有当好人村干部不能维持村庄秩序时，村民才会想到应选"有魄力的人上来"，不然这个人就没有办法协调村内矛盾，创造村庄公益，维护村庄秩序。由选好人到选强人，构成了民主化村级治理的有趣循环的片断。金村现任村主任是一个好人，村民选他当村主任是没有问题的，因为有一个强人村支书在支撑村治的局面。

1999年我在荆门观察了近20个村的村委会选举。村民在选村委会主任时，也并不是只选那些人品好的人，而会综合考虑村主任的人品与魄力，这个魄力在村民看来，就是性格强悍、能唬得住人。其中印象最为深刻的是余村的选举。余村是镇郊村，土地批租每年有数十万元的收益，当然也就是一个富村了。在任村主任是一个性格强悍的人，也就是村民说的有魄力的人。但这个人的人品不好，村民都知道他经济上有问题，可以算作一个"恶人"。他的弟弟是地方一霸，借他的名义占了村集体很多好处。与在任村主任竞选的是一个当了20多年副职村干部的村民公认的好人。我原以为那么多村民对在任村主任不满，其落选应是无疑的了，谁知选举前一股强劲的舆论在村中传开，这股舆论说，余村需要一个强人来摆平村中利益和村与镇的关系，不然，每年数十万元的土地批租收益难以收回，村民利益也难以分配。这股舆论还说，虽然在任村主任经济上确有问题，但与他每年为村里带来的利益相比，毕竟只是小头。这股舆论是如此强劲，以至于成为左右选举结果的最大力量。在村委会选举投票前的竞选演说中，在任村主任回避自己的经济问题，畅谈当选后发展村集体经济的宏大计划。与之竞选的副主任则一方面强调村干部必须公正，另一方面强调他有很大决心将村集体的事业做好。他说,之所以我过去没有显示出魄力来,是因为我一直任村中副职,不在其位,不谋其政。只要大家选我当村主任,我会有什么事情不敢管、不敢做呢!他的演讲赢得了村民经久不息的掌声。最后他以略略超过半数的得票险胜强悍的原村委会主任,总算是好人胜过了恶人。

在荆门和金村这类低社会关联度村庄的治理中,因为总体上传统的断裂和分层的缺乏,使得舆论及说理都难以制止少数人的违规行为,这就产生了对强悍村组干部的内在要求。在金村的现在,强悍的村组干部都是些人品不错的好人。不过,当这些好人既无法从村干部职务上获得足够的报酬,又无法从村干部权力行使上获得荣耀感的时候,他还有必要去当这个到处得罪人,甚至要用拳头与村中地痞展开对话的村干部吗?他会不会用拳头来为自己谋取私利而不是为村庄谋取公益?村民当然可以将一个谋私的恶人选掉,但这种机制下村民能选掉在低社会关联度村庄产生的恶人吗?这是湖北荆门与吉林金村这类低社会关联度村庄即使在民主化村级治理的制度背景下也无法逃避的共同难题。

**修订关键词**　缺乏分层与缺失记忆　阶层分化

(一)

湖北荆门农村是我所说的典型的"缺乏分层与缺失记忆"的村庄,缺失记忆就是村庄传统十分薄弱,传统力量构不成对村庄治理的重大影响。缺乏分层,是说村庄的阶层分化不明显,既缺少乡绅,也缺少强势的富裕阶层。总体来讲,以湖北荆门为代表的中部农业型地区至今仍然是这样的缺乏分层与缺失记忆的村庄。本来十年过去了,荆门农民的收入已经发生分化,但是,在农业型地区,农民致富的主战场是在城市,那些在城市发财致富的村民根本就不关心村庄的事情,他们的生活面向在城市,他们不构成村庄力量的一部分。而在村人口,经济收入几乎都是"以代际分工为基础的半工半耕"结构,收入差距因此不大。

沿海发达地区,农村工业化,大量农地非农使用,农村经济快速发展,农民变得富裕,且农村出现了巨大的经济分化。村庄形成了一个庞大的富裕阶层,这个阶层的资产远远超过一般农户,且这个富裕阶层的收入往往与村庄有关,他们即使在城市购买了房产,他们的生活面向却可能仍然在村庄,他们继续关注村庄的事情,参与村庄的选举。在这些"高大威猛"的村庄精英的强力参与下,村庄普通村民很难在村庄治理中发挥作用,因此普遍出现了普通村民无政治的情况。

(二)

阶层分化与乡村治理有着很大的关联性,尤其是阶层关系的性质会影响到农村政治社会现象和治理的形态。阶层关系的性质是指各阶层在相互关系中体现的特征,不同阶层之间的实质性关系只有在阶层互动中才能发现与解释。杨华在他即将出版的《农村阶层关系研究》一书中认为,我国农村呈现出高度分化、中度分化和低度分化三种状况,分别对应对立、竞争和合作三种性质的阶层关系。

东部沿海发达农村地区的部分村庄已经出现高度分化,其上层与下层的贫富差距极大,相互之间构成难以弥合的区隔,阶层之间冷漠相对,甚至互不相干,作为村庄上层的富人阶层把持村庄主要资源,形成对下层农户的政治排斥、经济排斥和社会排斥。

中部农村地区普遍存在中度分化。因为血缘关系的瓦解,血缘关系不再是平衡经济分化的因素,经济分化很容易导致社会关系层面的分化,但因其上层大多搬出村庄,留在村庄的农户很容易形成高度竞争关系。

华北、华南农村,因为仍然存在比较强烈的"社区记忆",村庄宗亲观念较强,比较强大的社区记忆使得经济分化并未转化成为社会分化,村庄呈现低度分化状态,村民之间更多合作关系。

从农村阶层关系的性质与状况可以透视农村阶层结构的合理性、社会结构的整合程度,它也是衡量乡村治理水平的重要维度。分析农村阶层关系的性质、状态和发展趋势,理应成为我国农村研究中的重要内容。

2013 年 1 月 27 日

# 七　村民小组会议

我参加过数次村民小组会议，十分有趣。小组会议并无固定场所，或坐或站，三五一群，村民小组长带着征求意见的口气讲本组的事情，参加会议的村民似听非听，有人一直在小声闲聊。逗狗的，抱小孩哭的，稀里哗啦。有人玩笑开大了，将所有人的注意力都吸引过来并引起哄笑。小组长连声说"严肃点严肃点"，会议真是最好的休闲。人民公社时期会多，想来应该也有休闲的价值，可惜现在有的经济学家一心要否定人民公社，不会将此休闲价值计入公社社员的收益之中。

休闲的会议一到关键时候自然就严肃起来。一个在全组有着众多关系和威望的村民小组长可以主导严肃话题的讨论，有村民不很同意村民小组长关于组务的判断，这种不同意或写在脸上，或藏在心中，一般不公开反对这个有威望的组长。组长知道他的判断对谁有益对谁有害，他便有一个"补丁"方案出来，将不同意见抚平。这样的村民小组会议欢喜而散，关于组内事务决策多快好省，组内公共物品的提供有些保证。

还有一些严肃起来的小组会议，其紧张在会前的休闲中就已透出痕迹。那边站在一起的三五人的眼神明显与村民小组长有了距离，有些阴谋诡计的迹象。这边坐在一起的三五个也是满腹狐疑:来主持会议的村支书说,今天召集大家开会,是想选举村民小组长,我看现任组长工作勤勤恳恳,大家是否同意让他连任?支书的意思是不用投票,征求一下意见就算选举了。有村民说,是不是经过一下手续好些?有村民附和说,经过一个形式还是好些,一定三年,谁会不投组长的票呢!那就投票。背后的较量就开始了。投票唱票,现任组长落了选,一个新人被选出来,现任组长连同村支书的脸色都很难看,现场的气氛也很尴尬。新当选的村民小组长的妻子站出来说不同意自己丈夫当选,有人出来打圆场,夫妻吵闹起来,新当选的组长一锤定音:现在都是什么社会了,还不能自己做主!她越不让我当,我越是要当,这个组长我当定了。

这样当定的组长,日子很不好过,因为村民小组内部的裂痕已经产生,脸皮渐被撕破,事事多了一些反对派。开村民小组会议讨论共同生产费分摊的问题,会前的休闲气氛有所下降,手中揣有条据的村民诉说抗旱请动力抽水支付的费用应该在共同生产费中报销;有村民反对,但他不直说,而是说他某次也曾抽过水,条据也应该报销;再有村民说,既然他们抽水的条据应该报销,我们蓄住水而节省下来的抽水费也该报销。为报销标准的争论没有结果,事情不了了之。组长越是缺乏权威,这种暗中较量越多;暗中较量越多,组长越是支撑不住小组会议的局面,小组会议也就越是解决不了组内问题,小组会议就开得越少。

小组会议开不下去,组内的事情不能不做,原本希望通过召开小组会议讨论决策的事情便由村民小组长自作主张。一个公正的村民小组长会用统一标准决定是否在共同生产费中报销村民抗旱抽水的钱,或在收取提留时决定减免某些农户实实在在受到的灾害损失。村民小组长还可以减免最困难农户的农业税。如果村民小组长是公正的,他当然知道本组最困难的是哪几户人家。问题是有些村民小组长公正做得不好,还有一些村民小组长的权威不高。做得不公正的村民小组长优亲厚友,权威不高的村民小组长向强势人物让步过多。这些村民小组长做得不能服众,他就会处处受到村民不配合之苦,原本关系很好的邻里也陌生起来,搞得村民小组长灰头土脸,垂头丧气。若这些村民小组长不顾邻里怀有敌意的眼光,或直接就是一些地痞当上的村民小组长,他也勉强可以将事情做下去,只是村民小组的治理会越来越糟,公共物品提供得越来越少。

那些凭良心办事,或稍有私心讲一点关系办事的村民小组长,人正不怕影子歪,在村民小组会议讨论不清的问题,会后他会大刀阔斧自作决定摆摆平。也有村民有意见,认为村民小组长处理不公平,但这些村民只是少数,多数村民并不反对村民小组长的决定,事情便做下去了,村民小组的治理也就可以延续。村民小组长的自作主张有时好过小组会议的民主讨论。

问题是村民小组长的公正和权威源自何处。选举是一个将公正而有威信的村民推为村民小组长的好办法。当现任村民小组长不能做到公正或不敢向组中权势人物抗争时,村民可以将他选下去,将公正而有威信的新组长选出来。但是,村民小组只是一个很小的范围,十数户至数十户人家,每一个选下去的村民小组长不仅是村民小组中扎扎实实的一户,而且他多少还是有一些组内关系的,这些关系有的是他的兄弟,有的是他当组长时的受惠者。新选出的村民小组长必须有足够安抚落选村民小组长的办法,不然,这个落选村民小组长及他的支持者可以在任何一次小组会议上挑起事端。有了别有用心者挑起的事端，又有村民为公正标准产生的争执，小组会议看来是难以讨论出什么有用的成果了。

村民小组会议是一个观察农民生活及他们公平感的窗口，也是一个观察农村民主政治的窗口，还是一个观察乡村治理基础的窗口。特别是作为乡村治理（村组治理）的办法，小组会议的作用是极其关键的。问题是当我们以现代民主的理念来设计和想象小组会议时，会给作为治理方式的小组会议带来什么后果。

2001年11月30日

**修订关键词**　凝聚共识

村民小组是真正的熟人社会，是农民生产、生活和人情往来的基本单元，正是通过村民小组而让在村庄生活的每个人都联系到村庄这个网络上面。村民小组是生产村庄价值的场所，是凝聚共识的场所。鄂西有一个村支书说，只要他能理解国家政策，并向村民组长讲清是国家政策，村民组长就一定有办法向农户讲清楚国家的政策。正是通过村民小组会议，村庄中形成了最基本、最扎实的共识，国家与农民完成了最基础、最细微的对接。

村民小组会议是中国最基层也是最基本、最基础的社会动员单位。一旦将动员深入到村民小组，则国家能力就极强，什么事情都好办。

无论是国家向农村渗透，还是需要动员农民建设农村、做好共同生产事务,都需要调动两方面的积极性:一是国家政权的积极性;二是农民的积极性,缺少了哪个积极性都无法完成任务。绕开了农民本身的积极性,国家既无法完全渗透进乡村社会,更不能完成国家政权建设和改造、建设乡村的任务。调动农民积极性最基础的单位是村民小组,最有力和最有效的方式是召开村民小组会议。国家通过村民小组会议将任务布置下去,将精神传达下去,同时也将村民的需求偏好表达上来,形成一个上下联动的局面。

同时,村民小组会议也是调动村民参与小组事务、献计献策的最佳方式。通过召开村民小组会议,激发村民的主人翁精神和对小组的责任感,从而形塑村民主体性,为村民小组的建设和完成共同事务积聚力量,也更容易在村民小组范围内凝聚共识,达成妥协和一致。

然而,当前许多农村地区的村民小组长被取消,村民小组会议的召开缺少了组织者。而没有取消村民小组长的地方,村民小组会议也难得召开了。这种情况既与青壮劳动力大量外流、农村由熟人社会变为半熟人社会有关,也与国家对村民小组会议作用的认识不足有关。村民小组会议不召开了,村庄事务也就与村民无关了,村民的主体意识大为降低,国家在农村的动员能力急剧下降。一旦缺少了村民这一个积极性,农村的诸多事务也很难搞好。

2013 年 1 月 13 日下午

# 八 村民小组的治理

我的一个好友任村委会会计,谈及村民小组会议,他为我提供了所在村的一些例子,特以"村民小组的治理"为题记录如下。

据我当村会计的朋友讲,大的村民小组四五十户人家,200左右人口,小的村民小组10来户人家,不足100人,因此在组长选举及小组治理中有着相当的不同。对于那些规模较小的村民小组,村民之间十分熟悉,这种熟悉且狭小的规模,使村民小组长的选举变得有趣,这个有趣的过程比如:原来的村民小组长不愿意干下去了,找村干部辞职,村干部做工作挽留不下,便物色新的村民小组长,在村民小组放风说老组长不愿意干了,要选新组长了。因为户数不多,有意且有能力当村民小组长的人不会很多,风声很快就传到了村干部那里。比如有两个村民有意当组长,村干部便在开会选举前到这两户村民家一走,分别探明双方的意思:一方真有意当组长,他当然不会明说自己愿意当,而会说某某适合当组长,这个推荐的某某,正是传入村干部耳朵中的另一个有意当组长的村民。村干部便到另一村民家问是否有意当组长的话,他说真的不愿意,然后算账给村干部听,说他还有修车、补鞋的生意要做,无论如何是没有时间做村民小组工作的。不过,他的妻子有意让他当组长,他的妻子便说些含含糊糊的话。村干部不会让两个人去竞争小组长一职,因此不能让这个村民妻子含含糊糊的意见占了上风,便将前一个有意当组长的村民找来,让双方推让。要做生意的村民说:"真的是你当合适些,你时间多。"前一个村民说:"还是你当好一点,你能力强。"推让没有结果,便相约在村民小组长选举会上见。第二天召开村民小组长选举会议,村干部便将前一天两个人的推让讲出来,说既然要做生意的村民不愿意当小组长,我看某某合适。老组长站起来说,某某的确可以,村民一哄而起说就让某某上来干。前一个村民便被推选为村民小组长了:这样上来的村民小组长没有对立面,村民小组的治理容易取得成果。

大村民小组的组长选举与此相当不同。村民小组的规模大,村民之间的了解相对较少,圈子也多,想当组长的人也多。在原来的村民小组长不愿再当的时候,村干部不能放出村里有意安排谁当组长的风,而必须经过村民小组的选举。选举之前不在外面放风,并不等于村干部的心目中没有人选。开村民小组长选举会时,村干部有意说些引导性的话,但不是在正式开会的会上说,而是在村民陆续到来的会前,与村民小组中一些有影响的村民大声闲聊,其他村民也在相互闲聊,但都听到了主持会议的村干部闲聊的声音。村干部若希望一些中年村民出任村民小组长,他就会在与中年村民的大声闲聊中说,我看现在农村种田的骨干还是你们这些四五十岁的老把式,小组的事情也该你们多负些责任。然后由村民无记名投票,大多数村民自然会在四五十岁的种田骨干中选组长。村干部若希望年轻人上来当组长,就会在与中年村民的大声闲聊中说,现在社会年轻化,什么都是年轻人的天下,你们这些中年人都有些落伍了。选举投票时村民自然会想一想本组哪些年轻后生人品好、有能力、不落伍。在没有事先约定的情况下,村干部的暗示一般就决定了小组长人选的结果。但在村干部的暗示和正式投票之间,应留一段时间给村民议论村干部的暗示,这样选出来的结果村民会认为是自己投票的结果,这个当选的组长就有合法性。

当选的小组长有时会推辞不干。但既然是村民选出来的,不管你是真不干还是假不干,也得干几年,起码要干一年。村干部起来招呼说,走,到他家喝酒恭贺他去。小组中一些有影响的人便齐声赞同。一般村民会知趣地离去。有一些人估计不出自己是否有去恭贺新选出组长的资格,搬着椅子边走边留。村干部不会忽视这些犹犹豫豫的人,便喊道:某某你往哪里走?上次我们喝酒还未分出输赢,今天比比。这个村民很高兴地知道,自己有资格到新选组长家喝酒。新选出的组长碍于面子,不当也得当;而这桌酒也就成为村民小组各派势力的联欢会。

安排村民小组的有酬劳动,比如安排管水员,每年 500～1 000 元的报酬。管水员的好坏对村民小组农业生产十分重要,特别是抽水抗旱、涵养水源,在当前农村没有人愿意负责任的情况下,有报酬的负责任的管水员会有效地为农业生产提供够用的水源条件,节约不必要的开支。但有些村民不负责任,又希望得到管水员的报酬,希望村民小组长安排他来得这个肥缺。村民都想得到管水员的肥缺,小组长就不能个人决定,而需要召开村民小组会议。

在有些村民小组,没有人喜欢打麻将,村民都比较负责,将经济收入看得很重,管水员每年500～1 000元的报酬,让所有村民都有一试的期待。这样的村民小组就通过抓阄来决定谁在下一年度管水,每年一轮。在一个较小且村民都很负责任的村民小组,抓阄是解决争执的最好办法。

有些村民小组比较大且很多村民喜欢打麻将,做事情不负责任。有些村民虽然也希望自己当管水员以得到报酬,但他们往往只拿报酬不愿做事,最终造成农业生产的严重损失,引起村民的强烈不满。在这样的村民小组,组长及包组村干部知道哪几个村民是负责任的人,便倾向于每年都由这几个村民来干这些需要负责任的有酬劳动。当然,这种事情必须在村民小组会议上讨论并宣布。组长带有强烈倾向性且事实上是指定了这些有酬劳动的行为,会引起一些村民的不满。有村民公开说这样的事情最好是抓阄比较公平,谁能说谁天生适合做某件事情。组长不同意抓阄,说就这样定下来算了。有时候会争吵起来,组长讲狠话说,这事就这样定了,看你怎么办?反对的村民气得骂娘,双方的妻子都站出来,反对村民的妻子说,又不是你一个人的事,你管这么多干什么?组长妻子则埋怨说,早该不当这个得罪人的组长了,这倒好,又得罪了人。村民双方劝架,会议也就散了,组长安排的管水员也就定了下来。一般来说,敢于公开在村民小组会上反对组长安排管水员的人,也是组中有些霸道且敢于讲话的人;不过,组长及他安排的管水员也都是有影响的人,这个霸道且敢讲话的村民显然得罪了一大群村民,这大大限制了自己的影响力。更重要的是,组长安排的管水员的确比较负责。村民都知道,抓阄管水不可靠,因此在这件事情上"小鱼翻不起来大浪"。反过来,若组长足够大度且聪明,在会后他会找到这个反对者谈心说,你也太不给我面子了,我们兄弟有什么话会下不可以讲？你在会上那样一来,我下次还怎么做工作。两人的怨恨烟消云散。

以上抽象讲了一些村民小组治理的过程。有两件村民小组治理的具体例子。一是第十村民小组罢免村民小组长的事。十组都是一个姓,由四大亲族组成,这四大亲族构成小组的四股势力,每股势力又有一个代表性人物。因为2001年天旱,村民小组共同生产搞得很糟,粮食减了产。十组四股势力的4个代表性人物在一次酒席上碰头讲起来,对组长很是不满,决定罢免村民小组长,组里的事情由他们4个人商量决定。这4个人中的一个是组长的亲叔叔,他很快通知组长说他已被罢免,小组事情由他们4个人负责,不再关组长的事了。这4人共商决定村民小组治理的局面一直延续至今。

再就是十三组,可以说是全村治理最好的村民小组了。前任村民小组长也曾借发展集体经济的名义搞了鬼,村民小组欠下大笔债务,大约五年前,村民选掉原组长,选上了现任组长。现任组长是一个十分负责的人,他一直对前任高额负债忧心忡忡,村民也是如此。现任村组长上任后,精打细算,每年向村民多提一点提留用于还债,竟在这几年将村民小组的债还掉了。村民知道自己将来还要在村里生活,他们常说的一句说是,"小组乱了儿子说不上媳妇"。这是实际情况,村里说不上媳妇的男人多得是。但若没有一个负责任的组长出头,村民的这种担忧就没有意义。负责任的组长很快就将村民的这种担忧变成了村民的一致行动能力,村民不仅赞同一户多收一点提留款用以还债,而且给那些拖欠提留款不交的农户以强大的舆论压力。只要有一户不及时交提留款,所有村民都会到他家督促,说他的不对。这样一来,十三组不仅不欠外债,而且上交村里的提留连年第一,是唯一不欠村提留款的村民小组。

十三组也有人交不起提留。有一户丈夫被车撞伤留下后遗症,妻子也有病,前些年欠下村民小组近2 000元提留款。2 000元是过于巨大的数目,难以还清,干脆每年都欠。村民小组开会研究怎么办。有村民提议将欠的这2 000元提留款免掉,由全组村民平摊,但欠提留款农户必须保证从当年开始不得再欠。村民一致赞同,并让欠提留款农户赌咒发誓保证来年不再欠,欠款农户满怀感激。

啰啰唆唆复述了这么多,是想说村民小组的治理其实也是十分重要的研究领域。前些年对村级治理的研究引起了学界的关注,现在恐怕也应该关注一些村民小组的治理。

2001年12月9日

**修订关键词**　结平衡账

(一)

李昌平一再讲到农村结平衡账的重要性,仔细琢磨,很有道理。村民小组是农民共同生产和一起生活的场所,有大量超出农户家庭的单家独户"不好办也办不好"的公共事务需要由村民小组来解决。如何解决?在生产队时期实行工分制,一方面,生产队依据进行生产和各项公共事务和公益事业的需要安排劳动力出工出劳,并为所有出工出劳者记上工分;另一方面,又按开展生产和进行公益事业建设所需支出。一年下来,生产队的总收入减去总支出,再除以总工分,再乘以每家所得总工分,就可以计算出每家所可以分得的利益。

分田到户后,农村仍然存在结平衡账的机制。李昌平在论述村社共同体和结平衡账的关系时说:"村社共同体每年每位成员的权益多少、义务多少是有统一标准的,但实际发生是有差异的,每年要'结平衡账'——实现公平公正。这是大寨等共同体存在的根本性治理制度。'结平衡账'制度没有了,共同体就不复存在了!"更具体的论述可以参考后面李昌平对分田到户的1980年代结平衡账机制的生动描写。

结平衡账的最大好处,是可以依据生产队(和村民组)进行生产和建设公益事业的要求投入。生产队要办教育,就要有人当民办老师,这个好办,就从生产队劳力中抽出初中毕业的知识青年当民办老师,民办老师拿生产队强壮劳动力的工分。赤脚医生也一样。这样就可以办民办教育和合作医疗。生产队共同灌溉、修建机耕道,等等,更是理所当然,不可能像目前农村因有人不愿意而做不成。

结平衡账的核心是要让村民组有掌握一定经济资源的权力,从而让村民组有能力办理公共事务和建设公益事业,到了年底,按多退少补的原则进行结算。

结平衡账最重要的一项是土地归村社集体所有,农民种集体的土地应该交租,若村民小组可以向农民收租用于公益事业建设,为农业生产提供基础设施仍有结余,就可以作为年终分红,发还农民,不足则通过下一年的地租来补。

取消农业税前,李昌平呼吁要将农业税转化为地租,农业税可以停收但不应取消。现在农村村社集体无任何资源,有些地方农民基本的一些生产生活条件都得不到保证,现在来看,李昌平的呼吁太有预见性了。现在农业税一取消,结平衡账无法谈起,农民虽然增收了,超出一家一户的基础设施和公共服务却严重不足,这反过来又极大地损害了农民利益。

(二)

中国农民的主体无疑是从事农业生产尤其是大宗粮食作物生产的粮农。当前中国以农户为单位的小农经营,地块非常分散,在狭小分散的土地上,单家独户有很强的进行生产协作的需要。在取消农业税前,村社集体可以通过调整土地形成农户相对连片的小规模经营,从而减少农作困难。还可以通过向农户收取共同费来解决单家独户难以办好的共同生产事务。

取消农业税后,村社集体不再能强制向农户收取共同生产费。同时当前农村土地政策规定,要"赋予农民更加充分而有保障的土地承包经营权,现有土地关系要保持稳定并长久不变"。不再收取共同生产费,土地产权虚化,就结不成平衡账。这样,形成了每个农户在土地上的刚性利益,只要有一户反对,村社集体就既无可能调整土地以利农户连片耕作,也无可能通过向农户收费来提供共同生产服务,无力再介入到农户生产环节,尤其是灌溉、植保和机耕等事务,农户不得不依靠个体力量来解决本应通过公共决策解决的事务。

2013 年 1 月 13 日下午

李昌平:关于结平衡账

"结平衡账"是 20 世纪 80 年代所有的县、乡干部,村干部都知道的最核心的农村工作任务之一。到了年底的时候,乡里面的所有干部,包括县里面的,派工作队统一到村里面去,每一个村民小组都要选出一两个最精明的人,到村部里边去"结平衡账"。什么叫"结平衡账"呢？多种地的多出钱,少种地的少出钱;多出义务工的多进钱,少出义务工的多出钱;张家承包了厂子,张家要给集体交提留;李家承包了鱼塘,李家也要交提留。你不是农民,但你到村里生活,你的孩子要读书,你要走村里的路,那你应该负担多少钱都是有标准的。年底"结平衡账"必须把"平衡账"结了,该进钱的进钱,该出钱的出钱。

"结平衡账"是县、乡干部最重要的事情。比如说我当书记,我也负责一个村"结平衡账",结了"平衡账"才能回家过春节。怎么"结平衡账"呢？开始两天就搞了些民意代表一起开会,夜以继日地开会,争论标准,一个工多少钱,这些工合理不合理,大家就在那个地方吵,甚至吵得打架,一般吵了几天,大家都累了,按照这个标准就行了,把这些问题都搞清楚了,就按这个标准做吧,这时专业人员开始算账,全年总收入多少,总支出多少,开支多少,节余多少,提取公积金、公益金多少,人均分配多少钱。算完了以后就得出来,李家、王家哪一家进出多少钱,这时候大家召集起来开会,该进钱的进钱,该出钱的出钱,出不了钱盖手印(认账),每家每户都要派一个代表去盖手印,这是80年代必做的工作,这个工作不做完,干部不准回去过春节,我那个时候从1985年当书记,做了四个乡镇的党委书记,每一年能够在二十九的时候回去就比较早了,为什么？就是有一些后进村这个工作做不了,必须守在那个地方把这个事情做完了。

这个"结平衡账"就是村民自治的核心机制。村民自治靠什么？靠一个选举就自治了吗？不是的,如果没有"结平衡账"这么一个机制的存在,什么监督、什么民主、什么选举,什么都不是。可是到了今天,我们搞村民自治研究的人,搞民主选举的人,首先要否定集体所有制,但我们对这种"结平衡账"的机制何曾了解过了,我们只强调就是要搞选举,现在搞来搞去把一个村民自治搞得老百姓没有积极性了,搞得乱七八糟了。而在这个"结平衡账"的过程中,很多问题就解决了,老百姓需要去上访吗?不需要。20世纪80年代的时候也不是每家每户都种一样的地,也增人增地、减人减地,就是靠"结平衡账",只是动账不动地,我可以不种地,但是账面上我有多少地,是你种的,你出钱,我要进钱。"动账不动地"是农民自己发明的很好的制度,这有利于土地的规模经营,有利于不同要素的合理配置。到了今天,增人不增地、减人不减地,一家一户五六亩地分七八块还不准调整,而增人不增地、减人不减地,30年了,我结婚了,两个孩子了,我还没有地,怎么不上访呢?

——摘自李昌平:《乡村治权与乡村治理》

## 九　模化的权力结构

在江西贯村调查,发现一个十分有趣的现象,即自人民公社以来,贯村村干部不仅在不同宗族和片区的分配上形成了固定比例,而且由哪一姓和片区出任一把手和二把手,也逐步固定下来。贯村是一个大村,有三个大姓,也形成了以三大姓为主的三个片区。在人民公社之初的生产大队中,主要是为了方便生产安排和传达上级指示,而分片区任命了大队的主职村干部。恰好贯村一直是一个宗族意识很强的村庄,本姓的村干部主持本片区的工作,不仅方便,而且容易获得村民的支持。如此一来,上级便采取哪个片区和哪个姓的村干部去职,便任命同一片区同一姓的人接替上来的办法。开始只是村干部数量分配形成了片区和姓氏的固定比例,后来村里的一把手、二把手和三把手这三个巨头,分别由三个片区的大姓出任,也形成了惯例。作为上级的人民公社和后来的镇政府开始只是为了开展工作而有意识地在安排村干部时照顾片区和姓氏分布,这种照顾的时间一长,便强化了片区和姓氏与村干部分配之间的联系。村民认为本片区和本姓占有某些村干部职位理所当然,这种既得利益意识与宗族意识相结合,就形成了超过人民公社或镇政府所可以决定的力量,不顺应这种力量,村民就会有不满情绪,工作就难以开展下去。上级不得不顺应这种村干部分配的片区和姓氏的比例和惯例。

村干部在片区或姓氏的分配比例,构成村级权力结构的横断面,这种比例的固定化,就形成了模式,我称之为模化。这样,我将贯村自人民公社以来村干部在片区和姓氏之间的分配形成固定比例,且村中一、二、三把手固定出在某一片区某一姓氏的现象,叫做村级权力结构的模化。

不只是贯村存在权力结构模化现象,仝志辉调查的江西艾村也存在这种现象,他称之为"村政精英均衡"。在艾村,自新中国成立以来,"大村(指自然村)出主要干部,小村出次要干部;分片出干部,而不是每村出干部;相邻片的村中,较大的村出干部,而小村由较大村的村干部代管"。梅志罡调查的河南汪村也存在这种现象,他称之为"均势型村治模式"。汪村"在村治权的分配上历史地延续成一种族姓平衡机制,这种机制表现为:(1)村级'主官'不集中在同一姓氏,而通常是大姓小姓各占其一;(2)全体'村官'在族姓间席位分配上的均衡"。

虽然缺乏面上的资料,但就个案村的情况看,村级权力结构模化具有相当普遍性,这种逐步固定且精致化的权力安排格局,开始时仅仅是作为对村庄传统与现世利益的顺应和平衡。但模化的村级权力结构的形成,形成了村庄新的既得利益。在村干部由上级任命的时候,上级当然会考虑新任村干部的德才标准及与自己的私人关系,但上级并不因此就随意任命村干部,而需要注意平衡既有的权力结构:某一姓或片的村干部被免去职务,就由他所在姓或片的人来填补这个空缺。

模化的村级权力结构的形成,显然与宗族意识等传统观念和水利设施等片区利益有密切联系。尤其是在宗族意识较强的多姓村,片区利益与姓氏分布结合起来,就很容易在村干部的分配上形成模化现象。随着联产承包责任制的推行和人民公社的解体,在一些地区,宗族意识不是削弱了,而是增强了,这种宗族意识的增强与地缘利益的凸显,强化了村级权力结构模化的内在动力。当然,人口的自由流动,现代传媒的渗入,特别是市场经济对村庄生产和生活的渗透,村庄的宗族意识越来越受到侵蚀,传统的意识形态利益越来越不能构成人们维护模化村级权力结构的内在动力。现世的地缘利益也因为村庄共同体的逐步消解而趋于弱化,模化的村级权力结构最终会丧失自己存在的理由。

不过,在当前中国相当部分农村,村庄共同体及与之相联系的村庄公共工程和地缘(片区)利益依然存在,宗族意识在有些地区不是弱化而是强化了。在这种情况下,模化的村级权力结构仍然构成村庄利益争夺的焦点。如何分配村干部,成为村民关心的中心话题。

村委会选举奉行多数全胜原则,即依据得票多少,获得超过半数票的村干部候选人之中,票多者胜。选举不同于上级任命,因为一个人口过全村半数的最大姓,可以通过选举来占有全部的村委会干部,而一个人口略少于全村半数的最大姓可能在试图占有全村干部的职位时,引起较小的其他姓氏的联合,而在村委会选举中"全军覆没"。片区(地缘)的情况与宗族情况一样:在这种情况下,无论是全村最大姓(或片区)独占全部村委会干部,还是全村最大姓(或片区)竟在村委会中一席都没有,都会破坏模化的村级权力结构,这种情况不会带来好的结果。贯村是在1996年开始进行村委会选举的。因为上级控制选举，以上模化的权力结构没有被破坏。1999年贯村选举的中心问题仍然是镇政府因为担心模化的权力结构被破坏，而再次"操纵"了村委会选举。

有人提议在村委会选举中实行选区制，即在村中划定选区，每个选区选出一个村委会干部，无论这个候选人的得票如何，只要他在本选区内得票最高，他就当选为村委会成员。这是一个好办法。放在模化的村级权力结构下面考察，这事实上就是在由任命制向选举制转变的过程中，选择一种比较适合存在权力结构模化村庄情况的制度安排，这种制度安排既适应了权力结构模化的现实，又为村委会选举提供了空间。在修订《村民委员会组织法》时，允许一些农村地区实行选区制，将有助于村民自治的推行。

模化的村级权力结构在一些地区的农村是既存的现实，如何在这个现实的基础上让新生的诸如村民自治一类的制度生长起来，的确是一个有意义的话题。

2001年8月16日

**关键词** 社区建设

江西安远县版石镇在新农村建设实践中探索出的乡村治理新机制，其核心有二：一是成立新农村建设理事会，让老党员、老干部、老教师等"五老"发挥余热，参与公益事业建设；二是进行社区建设，即将相邻自然村进行整合，在村民自治框架内实行社区自治。这一机制有作用，核心就在于当地政府深谙权力结构模化的道理,最大限度地发挥传统治理资源的积极作用。

村民自治需要基于村庄权力结构模化之类的社会基础。

2013 年 1 月 28 日

# 十 民事纠纷的调解

韩德强在听乡村干部介绍农村民事纠纷的调解之后,感慨地说,村组干部恐怕是最廉价的司法系统了。韩德强说得不错。

一个社会要有秩序,必须调解各种可能扩大的矛盾。在中国传统社会,村庄文化和宗族组织对于村庄矛盾的调解是很有效的,对于村际矛盾的调解也很有效果。所谓国家政权不下县,就是在新中国成立前,村庄宗族组织都还是强大有力的,我家乡的老人清楚地记得,在20世纪初,家族将一个屡教不改的鸦片鬼活埋的事。新中国成立后,传统的宗族组织解体了,宗族意识还在,那些在本族中有威望的人(不一定或大多不是新中国成立前有威望的人,而是新中国成立后的新型精英)会调解很多族内矛盾与家庭矛盾。但族人调解矛盾已不是主要的渠道,自上而下的国家司法体系也还没有管到村庄,这时民间纠纷的调解,大多落入到新生的组织系统村干部身上:人民公社时期是生产大队和生产小队的干部。自那时起,村一级一直设有民事调解委员会,专门负责民事纠纷的调解。

新中国建立的民调系统很成功,不仅有效替代了过去宗族系统的调解功能,而且大大节省了国家司法系统延伸到农村的成本。新建的民调系统不完全是现代意义上的司法系统,因为这个系统调解民事纠纷的原则,大多不是现代的而是传统的。有时也将那些不孝子女抓去游街,很有《被告山杠爷》中的治村味道。但是,这个民调系统的话语却已经现代化了,有时是阶级化了。对一些不太好处理的民事纠纷,作为阶级斗争新动向处理,效果很好。那时不仅民调做得好,而且治安保卫工作也做得好。

改革开放以后,农村民间纠纷调解系统有些新动向。一是相当部分农村民间的以宗族为主要线索的调解系统重新恢复功能。在有些地方,比如江西和浙江温州农村,民间系统几乎完全控制了民间纠纷和家庭矛盾的调解。村组干部在这些方面的作用很小,或根本不管。二是开始时村组干部放弃了对民间纠纷的调解,现代司法系统大量介入农村民间纠纷,但这种介入成本太高,效果也相当不好。村组干部民事纠纷调解功能被重新重视,只是在全国大部分农村的作用发挥得不是很好。有些农村,一方面宗族等民间调解系统未能生长出来,另一方面村组干部这个低成本的调解系统功能又差,导致农村民事纠纷调解难度加大,打官司成为农民陌生也是无奈的选择。很多小矛盾因没有及时得到调解,而成为大矛盾,成为矛盾双方痛感不划算的事情。如此一来,农民对村组干部这一民事调解系统的重建又满怀期待。

以我一个朋友的例子来说。他是农村人,生有一女一男,男孩3岁,不懂事,在收油菜的农忙季节,与邻居家一个4岁小男孩一块玩。他们两家同一个姓,关系也一直很好。不幸的是,邻居家的男孩与他的小孩在堆油菜秆儿的地方玩火,油菜秆儿被烧着了,邻居家小男孩跑掉了,而我朋友的儿子被裹在油菜秆儿堆里烧得大哭,朋友的妻子听到哭声,不顾一切从火中将严重烧伤的儿子抢出来,抱去医院。医生说救活小孩的可能性很小,即使救活也是终生残疾。我朋友夫妻顾不得那么多,况且他儿子还不断地说他想活,便到处借钱让医院抢救。花了6万多元,未能抢救过来,夫妇悲痛欲绝。

　　儿子去世的不幸过去了,新的不幸又要到来。6万多元对一个普通的农村家庭来说,是一个天文数字。他们要求邻居家赔偿一些。因为这火是邻居家小孩烧起来的。赔多少? 赔6万元的一半3万元比较合理。这个事故中,双方家长都未尽到看管未成年儿童的责任。但邻居只愿赔1万元,最多两万元。一两万元也是天文数字。我的朋友不满意,村组干部又未能有效调解,本姓族人也不管这样的事情。就有一个律师过来劝我的朋友打官司。打官司也好,一方面可以表示出自己的悲愤,另一方面可以强迫邻居承担责任。我朋友起诉了,请了律师,他的邻居也不示弱,请律师与他奉陪。这是一个很清楚的案子,一拖一年多,仅支付律师费和送人情拉关系,每家就花了两万多元,我朋友更是将自己住的房子也卖掉了。法院终于判下来每家支付一半的医药费,扣除其中非医药费的部分,朋友邻居应出2.5万元。但这个邻居打官司的钱也是借来的,哪里再出得起这笔2.5万元的巨款。没办法申请法院强制执行,他们全家都跑掉了,一直到现在也不知所终。而我的朋友当然是一分钱也未得到,他还要出法院的强制执行费。他们也不可能再待在村里,村里有人向他要债,他答应等官司打赢即还债,现在还不了。

　　前不久我见到我的朋友和他的妻子,30出头的年龄,看起来已有40多岁。他妻子更是老了很多,满脸木然和忧伤。我没有话说,只是那个劝我朋友打官司的律师是发了财的,这些人还在到处发财。而我的朋友除了被律师说动去打官司,他还有别的选择吗?我是说除了他本人与邻居协商之外的别的办法。若有一个强有力的村组调解系统,或有一个宗族权威人物,他们若能有效调解这个矛盾,不是可以避免痛上加痛吗?不是可以让大事化小,小事化了吗?

当然,这样的官司一多,就会使农民觉得自上而下的司法没有什么指望。但没有自上而下的司法系统,没有村组干部的调解系统,也没有传统宗族一类的调解系统,农民有了矛盾只能自己协商。他们能够事事协商得好吗?协商不好他们还有别的办法吗?别的办法也是有的,我的朋友就说,只要见到他的邻居就砍死他们。或者还有一种办法,那些有气出不了、有怨不能伸的弱者一死了之。这是办法吗?

在当前,自上而下的司法系统对农民来说仍然太贵,而纯民间的传统调解系统,大多不能指望,农民可以指望的,也就只村组干部这个最廉价的司法系统了。我们的政策中准备好了村组干部这个廉价的司法系统吗?

2002 年 9 月 2 日

**修订关键词**　维权律师的悖论　法律人的"正义"　调解的异化　涉法涉诉上访

(一)

最近网络上的法律人十分活跃,尤其是律师,往往站在正义和真理一边为弱势群体维权,为社会正义而战。这些法律人特别地自信,都是斩钉截铁的口气,都是真理在握,要救民众于水火。

不过,律师首先是一个职业,他们为委托人维护权利并从中获取利益。也就是说,律师要为自己委托人说话办事找依据,让委托人获益,使自己能够从中抽取利益。但奇怪的是,在舆论上,在行动中,为什么总能见到自信满满、正义在手的维权律师呢?这些律师为什么所作所为都代表正义呢?

现代社会当然不能只靠民间法来解决问题,但是,指望由律师来解决所有问题也同样不靠谱,他们是有职业利益的人,而不是利益独立的生活在真空中且已经掌握真理的人。

除了宣传维权的道德话语,某些法律人还有一个特点,就是他们习惯于对这个社会制度的好坏作出判断,但他们极少对具体制度实践的机制进行研究。他们判断一个具体制度和政策好坏的依据是应该不应该。应该不应该呢?美国实行的制度就是应该的制度,符合他们心目中"正义"的制度就是好的应该的制度,而全然不顾这些应该制度实践的社会经济条件,以及这些"好"制度实践下去可能的坏结果。

当前部分法律人以维护正义自居,以为掌握真理,却疏于对法律、政策和制度实践机制的研究,这是极糟糕的。

(二)

近年来,纠纷调解出现了两种匪夷所思的现象。

第一种现象是混混介入纠纷调解,俨然成为一种矛盾化解的"权威力量"。社会内生秩序的瓦解、基层组织的瘫痪以及司法系统的封闭,造成了民间纠纷无处化解的困境,最终人们只能通过最原始的个体化暴力进行"私力救济",这就为形成混混的"暴力市场"提供了温床。陈柏峰的博士论文《乡村江湖》对此有生动的描述。

第二种现象是民间纠纷涌入派出所并且呈现"治安调解不可逆"的趋势。一方面，由于传统宗族力量的消解和基层组织的虚化，农民对于国家法律的介入产生了强烈的期待，形成了董磊明在《宋村的调解》中所讲的"迎法下乡"的心态；另一方面，在当前形势之下，派出所成为基层社会维稳的前头兵，因此，警察日益成为纠纷调解的主体。由于社会治理体系逐渐丧失政治原则，"不出事的逻辑"成为各级单位的生存哲学，使得派出所在面对越来越多的无理取闹时倾向于采取"无原则妥协"。投机者利用这一点，要求警察进行没完没了的调解，直到满足其各种无理诉求。对于老实的、软弱的却真正需要权利救济的人，警察却往往粗暴以待。结果，该行使暴力的时候不行使，不该动用暴力的时候却肆意动用。林辉煌的博士论文《法治的权力网络》和魏程琳的硕士论文《调解异化研究》均对此进行了生动和深入的讨论。

（三）

当前信访中，最难解决的恰是涉法涉诉上访。现在是法治社会，法治社会中最重要的力量无疑是法院这个依法审判的权威机关。但在实践中，法院判决，胜诉一方固然是认为正义得到了伸张，损失得到了补偿，败诉一方则几乎毫无例外会认为这样的判决是司法不公，司法腐败，而会上诉。法院判决，两审终审制，一旦上一级法院维持原判，或改判，则诉讼双方中，一般至少有一方不满意终审判决，而可能通过信访来寻求问题的解决，寻找司法公正，来"找个说理的地方"，有时甚至是诉讼双方都不满意终审结果而上访。

涉法涉诉上访一旦启动，往往很难终止，通过持续上访，不断扩大事态，有关方面逐步介入到对法院审判的调查中来，其中的司法瑕疵就可能成为严重问题，司法腐败当然就更会成为问题。这样有助于司法公正，但也会导致法官怕惹事不敢判的情况。完善的判决是没有的，任何判决都可能引起诉访一方甚至双方的不满。所谓"不判没有问题，一判就有问题"，最大的问题就是判决后一方或双方上访。因此，为了稳妥，无论大小事情，有些法院采取拖的办法，拖的时间一长，标的很小的民事诉讼，双方的诉讼成本超过诉讼标的，这又进一步引发了不满情绪。拖的好处是可以让民事诉讼双方自愿调解，调解的好处是因其自愿而较少上访及上诉。也是因此，当前法院系统特别倾向民事诉讼在法院判决前调解，有些地方法院甚至强制要求基层法院民事诉讼要有80%的调解结案率。

调解与判决的大不同是，调解是以纠纷解决为目的，判决是以法律、法规为准绳，一个是纠纷解决，一个是规则之治。一旦法院只是以解决纠纷为主要目的，这个社会中的公共规则就更趋向于(强者)以势压人，(弱者)倾向于"大闹大解决"的问题化策略，而将上访、游行、闹事，当做博弈的策略与手段，因此带来其他系列问题。

2013年1月13日下午

# 十一　治理、制度与资源

治理、制度与资源都是时下学术界的时髦词汇。治理是指为获得公共秩序而进行的各种活动,包括协商、合作、自上而下的管理和自下而上的认同。这个词对农村政治社会研究特别有用,因为村民自治作为一种社会民主形式,其实质就是一个治理问题,或"善治"能否实现的问题。制度的流行与制度主义有几分关系。制度主义经济学在批评新古典经济学忽视或回避制度对经济发展的影响时,认为制度对经济发展具有决定性的影响,原因是交易成本不为零。此外,制度的流行与人文话题关系极大,对诸如民主法治的痴迷让一些人成为制度万能论者,似乎只要有一个好的制度,所有经济发展和社会发展的问题都会迎刃而解,"善治"很快就会到来。"资源"流行的时间较制度稍晚,与"治理"大致相当。资源关注的焦点是制度的生长基础,或更广泛一点,包括那些对维护公共秩序有用的传统、习俗和惯例。资源词源上的含义太广泛了,我们在这里说的资源,主要还是指社会内部既存的那些对于形成公共秩序有益的东西。

治理、制度与资源之间有着复杂的联系。资源有时与制度的涵义重叠,比如说传统和惯例这些虽未正式成文却为社会成员遵守并且事实上具有约束力(道德或其他)的东西,就是一种非正式制度。不过,为了防止制度霸权,我们将那些社会内在的传统和惯例视为自下而上的资源,而将那些自上而下安排下来的规则称为制度。换句话说,可以根据是否需要社会之外的力量推动和维持来判断是资源还是制度,社会内部自行运作的规则就是资源,需要社会以外的力量来予以维持、推动的规则就是我们所说的制度。

治理与制度和资源也有重叠的部分。治理是指为获得公共秩序而进行的各种自上而下的管理和自下而上的认同过程。自上而下的管理要有制度作为基础,无论这个制度是成文法还是权威意识形态。自下而上的认同需要自上而下的管理在社会中找到立足点,获得生长的基础。换句话说,治理的实质就是充分调动和运用社会自身资源,将一个自上而下安排的规则内在化,从而获得"善治"的过程。在这个意义上,我们将治理当做一种为获得公共秩序而进行的双向活动。

据说"善治"是个好东西。问题是"善治"很难达到。即使是"善政"(好的政府管理)也难达到,因为政府经常犯官僚主义的毛病,自上而下制定一些严重脱离社会基础的制度。这些制度有时候不仅不能带来社会秩序,而且因为破坏了社会内在资源的基础,而将社会自身的秩序也破坏掉了。中国的后发外生型现代化的实质,使政府从外面拿来的制度与社会本身的资源有着严重的互斥性,自上而下的制度与自下而上的惯例在相遇的有些时候碰得火星直飞。有时是制度压倒了并且替代了惯例,如当前荆门农民的生育观念;有时是惯例消解了制度,如农村常见的对付政策的对策。制度与惯例的最好结合是将制度建立在惯例的基础上,制度利用惯例中的一部分打击和消解惯例中的另一部分。这样的制度生长得最快,也最有效果。如果制度的引入破坏了惯例,或制度成本昂贵而不能在公共秩序建设上取得有价值的成果,社会就会陷于无序状态。

制度到底应该如何与惯例相处,显然不是一个可以坐在书斋想象得出来的问题。事实上,制度与惯例的相处,就是治理的开始。这种治理不是一幅官僚的模样,不顾社会本身而只顾自己在社会中横冲直撞。治理就是让制度与惯例不断试探,不断接触,不断融合,从而双赢的过程。真正可以利用惯例中的一些东西,这种制度就大有希望,惯例不是消失了,而是改变了,变成越出小社会,可以与大世界对话的普遍规则,这种改变为最终的"善治"提供了可能。

有时候我们实在找不出一种好的制度可以与惯例建立起如上的亲密关系,特别是找不出一种低成本的制度来代替低成本的惯例。强行去做,往往是维护公共秩序的低成本的惯例被破坏了,而高成本的制度又养不起,希望达到"善治",却得到一个无序的结果。无序是最糟糕的治理。

无论如何,一定要细致讨论制度与资源的关系、它们之间的接触全过程。治理是一个实践的过程,在观察治理实践中,逐步找出规律性的东西来,就有了获得较好公共秩序的希望。我们的目标是找到适合今天中国实际的治理模式,而不应是那种被人在价值上抬得高高的"善治"目标。"善治"也是需要基础的,这种基础于今天的中国实在缺得太多。

2001 年 11 月 30 日

**修订关键词**　政策基础研究　公共知识分子

当前学界和政策部门热衷顶层设计和照搬西方制度者众,而真正深入研究制度实践机制者少。深入研究政策、法律和制度实践的过程、机制和后果,尤其是深入研究同样的政策在全国不同地区实践的差异,是当前中国社会科学研究的薄弱环节,也是使命所在。

更糟糕的是,最近几年兴起了一群跨专业的所谓"公共知识分子",他们盘踞新兴媒体,以学者身份对所有领域事务发言。因为跨出了专业领域,他们的发言就只能援引抽象的道德资源,将复杂的事情简单化,将具体的问题普世化。这些貌似专业的发言缺乏对制度运作机制常识的理解,结果,这些所谓"公共知识分子"完全不理解中国事情的复杂性,既无力回应今天复杂的社会现实,又不能为正处在伟大复兴艰难进程中的中华民族贡献任何有用的智识。

大词太多,而研究太少,不仅是对这些"公共知识分子"的写照,也是对从事社会科学研究者的提醒。

2013 年 1 月 26 日晚

# 第三篇  制度下乡

# 一　抛荒

到京山县曹武镇调查时，我刚在镇政府坐下来，就有一中年农民气冲冲来找镇干部，问是谁包他们村。细问之下，他说村中一老党员3年前将土地抛荒外出打工，村里将抛荒田处理给他，今年外面打工形势不好，老党员回村想要回承包田，未与任何人商量就将田耕掉了。来找镇政府的中年农民也不含糊，第二天就下地耙田，老党员第三天撒肥，中年农民就准备插秧。事情僵持在那里，村组干部调解不了。这天两家吵架打了起来，因此跑到镇上找镇干部评理。中年农民想不通，说集体的土地又不是自家的菜园，想种就种，不想种就抛荒？难道党员就可以搞特权？镇党政办主任一脸无奈，说马上去处理这事。又对中年农民说，事情不是他想的这么简单，劝他冷静下来，先回去等着。

事情的不简单是因为当前农村政策的不配套。一方面，中央明确规定赋予农民长期而稳定的土地使用权，第二轮土地承包后农民30年的土地使用权不变，无论农民是否抛荒，承包给农户的土地使用权仍然归农户所有。另一方面，之所以农民不是将土地转包予人，或请人耕种，而是抛荒，是因为土地的收益太少，而土地承载的负担太高，转包予人要倒贴钱，请人耕种又不划算，不如抛荒在那里。一旦土地抛荒，上面按耕地面积下达的农业税费无处落实,村集体亏空不能避免,村组就不能不想办法将抛荒的土地处理给愿意耕种的农户。

在外出打工较为容易,种田亏本时,愿意接受处理田的农户不多,村组降低处理田所承担的税费。外出打工困难而种田有些收益时,抛荒农户想回村种自己的承包田,接受了处理田的农户不愿意退出来,矛盾就发生了。

因为近年农业形势不景气,加之水利设施长期失修,农业生产条件连年恶化,抛荒的农户越来越多,有些村半数耕地抛荒。以前述曹武镇为例,2000年全镇7万多亩耕地,抛荒竟有2.4万亩,占全部耕地的1/3。抛荒越多,按耕地面积下达的税费负担就越要加到未抛荒耕地上去,种田农户的负担就越重,种田的农户就越少,形成恶性循环。有的村将抛荒田低价处理给种田的农户,谁都愿意种低价田,将承包地抛荒而去种抛荒田,结果,有些村组水利条件好的良田空着不种,水利条件不好的抛荒田争着种。

外出农户越多,耕地抛荒面积越大,抛荒面积越大,处理抛荒田越难。京山县处在江汉平原的边缘,土地肥沃,气候适宜,交通方便。当地农民不愿种田,四川和鄂西山区农户愿种。那些山区农民听说有地方竟然成十成百亩的土地空着不种,不可思议,而被抛荒搞得焦头烂额的乡村干部自然欢迎这些愿种田的山区农户。开始是自发的一些农户搬出山区来到平原种田,抛荒田因为有人种,税费就有了着落。来种田的山区农户十分满意,可以吃上白米饭,可以方便地与外面联系,有电,文化也丰富,世面见得大。一传十,十传百,很多山区农户都有意搬来种田。将抛荒田包出去的乡村干部很高兴,只是觉得一户一户从山区搬来得太慢,而迫不及待地组织到山区农村宣传优惠迁入政策。有些乡镇还专门用汽车将山区农民载来看一看是否说了实话,来看过如此多土地和如此方便交通的农户一拨一拨地往平原地区迁入。

外地迁入的农户越多,乡村处理抛荒田就越容易,税费越能够落实,村集体因为欠收税费所留下的亏空就越少,村集体和村委会就越有不破产而存在下去的希望。当土地抛荒成为困扰乡村组织的大事时,动员山区农民到平原地区种田,于迁入地和迁出地农村,于迁入的山区农户和迁入的村集体,都是很好的事情。迁入的农户越来越多,在一些村委会,已占到总人口的1/3以上,有些村民小组除小组长外,全是迁入的山区农户,有些村民小组长已由外迁进来的农户担任,也有外迁进来的农户当选村里干部的。问已迁入的山区农户,他们感觉到生活得满意,似乎很能融入当地社会。外来迁入户之间也很团结。开始来的时候可能不是一个地方的人,也互不认识,但来了之后,初时的外地人感觉,是他们之间最好的发展密切关系的原因。据说有一外地迁入户的孩子被判刑,其他外地户竞相探望,可见关系密切之一斑。

这些外迁过来的农户已经将户籍迁过来且已经形成了一定的势力,他们也习惯于当地的生活,子女也融入到当地的学校教育,讲一口纯正的当地话。这些外地迁入农户有足够的土地可以耕种,只要他们愿意,他们还可以耕种更多的抛荒地。问题是土地使用权的归属。根据中央的政策,目前这些外地迁入户虽然事实上耕种着那些抛荒田,且已经有了当地的户籍,但这些抛荒田的使用权仍然归那些外出务工经商者所有,一旦这些外出务工经商的人回到村中,会发生什么样的问题呢?问乡镇负责人,他们说那时可能会有些问题。问村组干部,他们说顾不得那么多了。问外地迁入户,他们很困惑怎么会出现这种情况。国民经济紧缩的话,当然可能出现这种情况。

国民经济形势紧缩的时期,是木桶最短的板子决定木桶盛水能力的关键时期,宏观面上国家没有钱,城市和沿海打工的机会减少,外出务工经商农户需要回到村庄。当他们发现,事实上这个村庄现在已经回不去了的话,或他们未发现回去很难而回去了时,谁可以来处理土地这个维持农民基本福利与生存权的权利归属?若此种因为土地使用权而发生争议的面积太大,是否会进一步加剧农村的不稳定,从而影响本来就困难的全国经济社会形势?

2002 年 4 月 21 日

**修订关键词**　　基本经营制度　　新中农

(一)

京山县在 2000 年前后的抛荒,到了农村税费改革并最终取消农业税以后,因为不仅不再有农民负担,而且国家还给农民以各种补贴,之前因为负担太重而抛荒的农民陆续回村,以要回自己的承包地。由此,在全国发生了规模巨大的争夺土地权利的纠纷与冲突。

湖北省解决这些纠纷与冲突的办法是在 2004 年全省统一布置"完善第二轮承包"。1998 年湖北省进行第二轮土地承包经营权 30 年不变的延包时,因为负担太重,农民都不愿要耕地,湖北省绝大多数地方第二轮延包走了过场,具体地,就是未经过村民而直接由县乡经管部门按农民原承包土地填写下发了土地承包经营权证,但有很多农户不要土地,弃田抛荒外出务工经商,村干部没有办法,只好将抛荒土地低价转包给其他村民,甚至如京山县农村到山区请人来种地。

等到农村税费改革甚至取消了农业税,之前是负担的承包地现在就成了香饽饽,所有村民都回来要地。从法律上讲,第二轮土地延包虽然走了过场,但承包经营权证上写有30年不变的字样,从情理上讲,收税时抛荒不要耕地,这些抛荒地转包给愿意承担税费的农户,现在不交税了,转包的农户就要退出来?无奈,承包地的利益太大,有承包经营权的农户和实际耕种土地农户之间的激烈冲突,不只是打架,而且出现了多起人命案。

湖北省政府因此在2004年出台"完善第二轮土地承包"政策,这个完善很有趣,第一,不否定1998年走了过场的第二轮延包;第二,尊重有人弃田抛荒有人转包土地的现实,各让一步,转包土地的农户让出一部分耕地,弃田抛荒农民拿回部分承包地但不全都拿回来,由此形成一种相对的平衡。湖北省的这个完善很智慧,很短时间即平息了耕地承包经营权上大量的激烈冲突。

(二)

当前农村经过完善的30年不变的承包经营权,在十七届三中全会中已变成"长久不变"了,承包经营权"长久不变",但农民仍然要进城,进城农民既不敢也不会随便将自己的土地承包经营权转让出去。一般情况下,进城农民将自己的承包地留给父母耕种,这样形成一个农民家庭年龄比较大的父母在家务农,年轻人外出务工的所谓"以代际分工为基础的半工半耕"结构。另外有全家进城农户或父母年龄太大无法耕种农户,他们将耕地流转给亲朋邻里耕种,有些农户耕种土地20～30亩,每年农业收入可以达到3万元乃至更多,农业收入甚至超过外出务工收入,又可以保持完整的家庭生活,这种农民家庭就有留在农村种田的积极性,这部分人构成村庄中的新"中农",他们的经济收入来自村庄,社会关系都在村庄,他们因此成为村庄中的热心人,村庄建设的骨干力量。

也就是说,在当前农村年轻人大量进城务工经商的背景下,农村种田的人主要有两类:一是老年人种田;二是新"中农"种田。老年人有的是时间进行精耕细作,新"中农"种田有收入,他们自然也会精细耕种。

这种由老年人加上"中农"的农业,具有极其强大的农业生产能力,尤其是粮食生产能力,因为可以做到精耕细作。有人担心老年人农业没有效率,这是从劳动生产率上讲的,农村老年人本来已无在城市务工经商的就业机会,他们将农业劳动当做休闲,又可以有收入,他们的劳动效率高不高不重要,重要的是土地产出率一定是高的。

现在有人以为老人农业无效率,而鼓励资本下乡,但资本下乡的问题有二:一是资本下乡几乎不可能提高土地产出率;二是资本下乡是要赚钱的,在农业GDP相对有限,要依托农业来获得劳动力再生产成本的农民人数极为庞大的背景下,资本下乡就会出现资本与农民争利。这对农民不利。

(三)

资本与劳动双密集型的小规模家庭农场远比大农场适合于中国实际,这是黄宗智为"中国隐性农业革命"提出的农业经济学命题。小规模家庭农场及其经营者的存在还具有深刻的社会学意义。相对于富人阶层、举家外出经商务工农户,作为经营小规模家庭农场并获取中等水平收入的新兴"中农"阶层,其主要利益关系在土地。兼业农户只有部分利益关系在土地上,在乡村治理和农村政治社会事务中扮演着中间阶层、释放"中农"价值的角色。

主要利益关系在土地上,就意味着新兴"中农"阶层要生活于农村,其最主要的社会关系在农村;最关心农田水利的基本建设;最关注国家在农村的各项政策与土地制度安排;要与村干部搞好关系,以获得更多优惠政策和国家政策信息;最关心土地本身和保护耕地,在农业耕种上讲求精耕细作以获得最大收成;等等。

新兴"中农"阶层的主要利益关系在土地上,必然要在农村耕种和生活,这就要求有一个人际和谐、社会安定、充满人情面子的村社。在这里不仅能够度过生活的时间,而且能够获得人生的意义与价值体验,否则他也无法在这里安身立命。所以,新兴"中农"阶层不仅要经营土地,而且要经营村社。这是"中农"与已经移居城市或主要收入来自城市务工经商农户十分不同之处。

新兴"中农"阶层是全国各地农村普遍存在的现象,"新中农"的发现具有重要理论价值和政策含义。

(四)

当前农村也出现了季节性抛荒,即部分可以种双季的耕地只种了单季作物。季节性抛荒的原因是农产品供给过剩,价格太低。如果农产品供给不足,价格上涨,农民自然会开足马力生产出更多农产品。在这个意义上讲,当前农村的季节性抛荒正说明中国农业的潜力很大。这是好事。

2013 年 1 月 13 日下午

## 二　村务公开

村务公开一度被当做解决村级财务管理等问题的钥匙,而在全国农村大力推进,1998年修订的《村民委员会组织法》也用很大篇幅对村务公开的形式、内容作了规定。村务公开即所谓"给群众一个明白,还干部一个清白",对于防止干部黑箱操作,缓解农村干群关系,起了一些作用。

但从村务公开近年来的实践看,村务公开的效果与之前的预期有很大差距,很多地方形式上建立了村务公开栏,却没有真正起到村务公开的作用,村里的情况村民仍然不清楚,黑箱操作仍然存在,村级财务仍然混乱。

村务公开要求将村中一些与村民利益密切相关的事务公开,公开的事项五花八门,特别是村级财务、计划生育、宅基地分配、救济物资分配等。村务公开的形式多种多样,可以广播公开,可以会议公开,更多的是通过村务公开栏公开。村务公开的程序大致是,由村干部将村民感兴趣与村民利益相关的一些事情抄写在公开栏或口头公开,有些村在村务公开前,由村民理财小组对村级财务进行清理,然后公开。村务公开的时间,按规定一季度公开一次,有些村半年一次,还有些村在年底一次性公开。

相对来说,村委会的范围不大,村民对村里的事情大致都了解,与村干部相互间都很熟悉,村里的事情一公开,村民心里就有了底,村民心中的正义与村干部的作为之间就画出了对与不对的界线。这样说来,村干部因为担心那些乱七八糟的事情被公开出来,而在处理村务时会多一些公平,少一些不良行为,村务公开的效果应该很好。

问题也在这里。村干部知道村务公开会使那些对自己不利的信息和证据被村民知道,从而让自己的日子不好过,他便有选择地公开一些事情。所谓"该公开的不公开,不需要公开的都公开",村民到村务公开栏看到的都是一些鸡毛蒜皮的小事,在村务公开栏上找不出自己想要的信息,因此对村务公开的兴趣降低,信心骤减,村干部不久也以村民无兴趣为由减少村务公开的次数与项目。村务公开有名无实,最后连形式也都不做了。

村委会的小范围,还让村民不是通过村务公开而是通过日常生活知道村里的那些不被公开的村务。村会计一家耕种两亩田,他每天早晨到集市上买肉回来喝酒,钱从何来?原来的村支书退下来后到镇上买了房子,他的两个女儿也用钱"买工作"出去了,他为什么可以不再种田?那一年修村办公楼,听包工头说其中问题很大。某一年村里的债务据说竟增加了十几二十万元。这些周边的困惑和传言,只是缺乏实在的证据。在平常的日子里,村民也都不愿意与村干部搞得太僵,得罪村干部对自己有啥好处?

村干部有些事情不能做得太过,尤其不能得罪"大社员",不然,这些被得罪的人会公开向村干部说出村民的怀疑,要求清理村级财务。村委会选举又是一个让村民要求清理财务的好机会。有些村的村民说,不清理财务就不参加选举,有些村在选举之后,新上任的村委会班子将前任的财务统统清理一遍,以免说不清的问题落到自己任上。村民明着不会得罪村干部,公开出来要求清理村组财务的人不会太多。但村民不愿意村组干部的行为损害了自己的利益,他们写匿名信,上访,要求上级组织查账。有些匿名信写得证据清楚,一查就准。有一个乡镇经管站站长说,农民是很老实、很实在的人,他们上访说村组财务有问题,只要去查,肯定有问题。

而恰恰是当前在村民要求查账也就是要求村组账务公开的这个方面,会被乡镇和村干部百般阻挠,很少有认真去查村组账目的情况。即使查账,乡镇也会将查账的人安排为自己的人,真正熟悉村里情况的本村村民反而不安排进来。这样查账只是为了走走过场,应对村民对村组财务怀疑的压力,基本上没有将村组账目全部摊到桌面上让村民来查的例子。

乡镇不愿意查村组的账,大致有两个原因:一是乡镇一些人得到过村里的好处,这些好处不能说;二是村组干部即使经济上有些问题,也不能让村民查账查出来。因为村级干部的经济问题乡镇一直知道,乡镇有时就是有意让村组干部在正当收入之外有些贪占、挪用来调动他们为乡镇工作的积极性。水至清则无鱼,村组干部经济上有一点问题,乡镇就组织起来查处,打击了所有村组干部的积极性,乡镇如何依托村组干部这条腿呢?

有了乡镇的保护,村组干部的胆子就会更大一些,村民要求查账查不出什么问题,甚至根本就不让去查,村务公开当然就更不能起什么作用了。这样就可以理解为什么村务公开在实践中会效果不佳。

要想让村务公开有实效,就必须让村民有查账的权利,指望通过村干部主动将村务公开来让村民发现其中存在的问题,并由此约束村组干部的不良行为,不如赋予村民随时查账的权利,鼓励村民可以就他们怀疑的事情质询村干部,由此来约束村组干部可能的不良行为。质询的方式可以讨论,村民代表会议或其他形式都可以,临时选举或由村民代表推选出财务清理的代表也是可以的,问题的关键是要保证村民的主动权,而不是村组干部的主动权。村民知道什么地方有问题,村组干部当然也知道。村民会直接找到问题本身,三下两下解决掉。

核心问题是,村务公开和村民查账是两种不同的约束村组干部的办法,为了"给村民一个明白,还干部一个清白",村务公开就要公开那些实质性的村民关心的内容,这些实质性内容村干部不愿意公开,因为其中一些有问题。村务公开在关键内容上含糊其辞,因此效果降低了。为了让村务公开有效,上级越来越细致地规定村务公开的时间、内容、形式、程序,这些规定越细致,内容就越繁杂,村干部就越难应付,他们也就越有理由公开那些鸡毛蒜皮的小事,而"顾不上"公布村民关心的大事。村民不耐烦,上级和村组干部也不胜其烦,村务公开便走向反面。

保障村民查账的权利是另一种约束村干部的办法,这种办法不是要求村干部将所有信息对村民公开,而是由村民来选择他们感兴趣、认为可能有问题的信息来查找。这种查找因为村委会范围不大,村民之间信息相通且利益相关,会相当有效。换句话说,村民查账式权利可以通过有选择地信息查找来低成本约束村组干部,村组干部因为不清楚村民何时何事查找何种信息,而不能不在任何方面都做得较好。

我们可将村务公开约束村组干部的办法叫做完全信息监督法,将保障村民查账权利约束村干部的办法叫做选择信息监督法。选择信息监督法因为将村干部和村民互动中的主动权置于村民一方,可以低成本约束村干部,有利于解决当前农村干群之间矛盾的一部分。与其下大工夫去推动村干部公开村务,不如下些工夫保障村民的正当权益,特别是保障那些与村民切身利益相关的权益。

2002 年 4 月 21 日

**修订关键词**　村务公开的悖论　村务监督委员会　村庄内生接应力量

（一）

2004 年 6 月,中共中央办公厅、国务院办公厅出台 2004 年第 17 号文件《关于健全和完善村务公开和民主管理制度的意见》,通过专门文件再次将村务公开提到非常重要的位置。随后全国农村又开展了一场声势浩大的村务公开民主管理制度"上墙"的运动。总体来讲,最近 10 年时间一直在农村调研,我发现村务公开在农村基层仍然大多只是制度上了墙,实践效果却不好。其中关键是村民并不关心村务,村干部也无热情、无动力,"上墙"制度成为形式,村务公开走了过场。

浙江武义县后陈村的情况则有所不同。后陈村是武义县的一个城郊村,因为征地,村集体获得了上千万元的征地款,如何使用征地款,村干部有不同意见,村民也不放心,围绕村集体资源形成了矛盾和斗争,最终,在县委工作组的指导下,后陈村成立了独立于村支部和村委会的"第三委"——后陈村村务监督委员会。很快,武义县即在全县范围推广了后陈村成立村务监督委员会的做法,结果大幅度降低了村民针对村干部的上访。

为什么后陈村设村务监督委员会有效?据笔者调查,至少有两个因素在其中发挥作用:一是村集体有一定收入;二是村庄中有众多愿积极参与村务的精英人物。两者相加,就使后陈村村务监督委员会制度有了内生的运转动力,村务公开和村务监督就可以形成正向反馈机制。如果村集体没有资源,即使成立村务监督委员会也没有作用,村务公开也无法形成正向反馈。在上级压力下,村务公开或村务监督委员会运作一段时间就不再可以持续。

村务公开或村务监督,甚至村民选举,必须要在村庄中找到正面的接应力量,如果没有村庄内生力量的接应,这些制度就永远只是"墙上"制度而与村庄治理无关。

有趣的是,当前几乎全国所有行政村都有相当规范"上墙"的各种制度规章,而在实践中,所有这些规章都形同虚设,没有人或者无法真正去按这些规章办事。甚至"墙上"规章越多,制度越健全,实践越是与规章脱节、无关。

(二)

在所有的村务公开中,村集体财务公开可以说是村民最关心也是最敏感的一项。根据相关制度,村集体财务的收入和支出都有着严格限定并要求定时公开。一般要求村级财务支出"零招待",然而,在"争资跑项"的政治社会环境下,村干部若要向上面"争资跑项",怎么可能实现招待费用零支出?且这些支出如何向村民公开？村干部几乎唯一的办法是将这些费用冲入其他项目支出中进行报账，乡镇也只能默许这一"潜规则"。对于这些支出，村干部只能选择不公开，或者公开变通的账目。

村干部因此面临着公开与不公开的双重困境：公开这些费用的支出，在正式的规章制度中是被禁止的，且即使"争资跑项"有利于村庄，也不一定能得到村民的理解，甚至正好为村庄反对派上访提供了依据。不公开或者变通公开，村民必对其他项目的扩大支出产生怀疑，村干部的威信还是受损。权衡利弊，在乡镇默许的情况下，村干部往往选择变通公开。如此一来，财务制度、村务公开的要求再为严格，也都变成了形式主义。

2013 年 1 月 13 日晚

## 三 税费改革

农村税费改革被认为是减轻农民负担的根本措施,是缓和当前农村形势的迫切需要,是农村的第三次革命。2002年3月,我们在湖北省税费改革试点的京山县做了一番调查,感到有以下几个问题需要注意:

第一,减了谁的负担。税费改革的根本目的是减轻农民负担,负担减轻之后,农民缴上去的税费就要减少,上面的收入因此就要减少。需要农民负担的上面主要有三级,即县、乡、村三级。从京山县税费改革之后的情况看,县、乡两级的收入并未有大幅度减少,加上国家为税费改革下拨的财政转移支付经费,县、乡收入还略有增加。农民负担减轻的部分主要减了村级收入。京山县在税费改革之前的"三提"(管理费、公益金、公积金)村平均在5万元左右,改革后的"两税附加"(相当于"三提")村平均不足2.5万元。村级收入太少,不仅村组干部的报酬和村级正当开支没有保障,而且五保户的五保金也没有着落。

相对于县、乡来说,村一级处于弱势,理所当然承担了改革的最大成本,然而,村一级又是最需要钱来运转的。有农民说,我们当然希望减轻农民负担,只是减了村里收的钱,这种减负就没有意义。正如前些年减轻农民负担总是将共同生产费降低没有意义一样。村级收入少了,村集体要么负债,要么亏空,最终还是要由村民来还债。更糟糕的是,村平均不足2.5万元的"两附加",大多数村还没有得到。因为只有那些"两税两附加"全部收齐了的村,乡镇才返回这些村集体应得的"两附加";对未收齐的部分,乡镇就从这些村一级应得的"两附加"中扣除。再好的村也会有一些天灾人祸或抗着不交的农户,这些人的钱收不上来,就成了村集体的亏空部分。这样下去,村一级即使目前不负债,不久也会负债累累;即使目前还有人愿意出来当村组干部,也终有一天无人再有当村组干部的兴趣与理由。这就将村级逼到了死角。

第二,税额如何定。税费改革的好处是将以前复杂的向农民征收的收税收费项目简化为"两税两附加",并且"两税两附加"要根据耕地常产据实征收。"两税两附加"是以耕地实际的收成来计算税额的,因为土地收成统计比较麻烦,所以按前5年统计年报常产的平均数来计算税费。现在税费改革实践中存在的问题是:统计年报粮食常产的水分太大,以至于有些乡镇亩平均常产超过1200公斤;实际耕地面积与国测耕地面积不符,在有些乡镇,上报耕地面积超出实际耕地面积达10%以上;每年每个地方都有农民抛荒的问题,抛荒田不应计税,因为没有收成,但实际运作中,上级按村下达税额时,并未扣除抛荒田的面积。

乡镇在计算"两税"总额时,是按统计的粮食产量与国测面积来计算村级应纳税额的。这些常产和耕地面积与村级无关,但村级必须完成,否则,不仅没有"两附加"返还,而且要让村集体垫付税款。需要垫付税款的还有实际耕地面积较国测面积少的部分、抛荒的部分,以及因为各种原因拒交税费的部分。村一级为了完成上缴任务,不得不将亏空部分摊入种田农户,这样下来,有些农户实际承担的税额远远高于应该承担的税额,"据实征收,税随田走"的目的远未达到,农民负担加重的口子也已大开。

第三,税款谁来收。根据税费改革的制度设计,乡村干部不再向农民收取税费,改革后的"两税两附加"由财政部门(农税局)收取,具体到乡镇一级就是由乡镇财政所收取,因为农民剩余太少,一家一户收税难度太大。京山县试图扩大乡镇财政部门,做到一个村一个"财干",由"财干"收税,乡村干部协助。

如果真的可以由"财干"来收税,乡村两级干部的工作难度会大大减少,干群矛盾也会缓和下来。乡村两级是很欢迎这种制度设计的。乡镇领导说,如果不收税,乡镇政府和村干部都可以再减少1/3以上。问题是,京山县在税费改革的当年,财政系统收取的农业"两税两附加"不足总数的1/5,这不足1/5的部分还是在乡村两级大力协税的情况下收上来的,离开了乡村两级干部,"财干"到村里甚至找不到农产。京山县财政局的领导解释说,之所以会出现这种情况,是因为目前财政系统的人太少,不能达到一个村一个"财干"的要求。但京山县有些乡镇财政所的工作人员已经超过乡镇政府,的确不应再增加人员了。

造成财政系统收税困难的理由有以下三点:一是离开村干部,"财干"无力面对数百户农户收取税额很小的税款。"财干"走到村里,到了收税农户的前门,农户从后门走了,他们甚至没有办法面对农户。二是收税本身应与确定税额相一致,"财干"向农户直接征税,就需要由"财干"确定农户年收成状况、实际耕种土地面积,但他们根本就没有能力完成如此繁杂的工作。三是当前土地集体所有、双层经营的体制,使村集体本身在确定农民税额上占有不可缺少的一份。举例来说,对于农民抛荒的土地,只有村集体才有权力处理;离开了村干部,税随田走,"财干"如何搞得清楚?

当前农村税费改革正在全国推开,试点面广,效果多少有一些,但一些具体的问题如果不认真研究解决,农村税费改革就可能功亏一篑。在1990年代中期搞"普九"达标时,全国上下都强烈呼吁要不惜代价将农村初中和小学建设好。"普九"态度和"普九"研究具有鲜明的道德色彩。可惜的是,在全国相当部分农村,"普九"达标验收刚过,达标建成的学校就废弃无用,原因何在?因为计划生育,一个村一年只有4~5个小孩出生,村办小学根本就没有生源。没有生源这个常识所有人都知道,因为达标建设时,村里数年每年都只有几个小孩出生,但这个常识碰到道德化了的"普九"运动,谁也不敢说,说了也无人听。

农村税费改革的推进是必需的,但若不对其中存在的方方面面的问题进行细致的讨论,有时甚至无视常识,就可能不是农村的第三次革命,而是新一轮的"普九达标"。

2002 年 4 月 22 日

**修订关键词** "打成一片" 分利秩序

2002年写这篇短文时,还真没有想到持续千年的农业税会在2006年取消。也许正是以上对税费改革存在问题的难解,加之国家财政收入主要来自工商业税收,农业税所占比重已微不足道,再收农业税"吃力不讨好",不如取消方便,也就取消了吧。

更没有想到的是,取消农业税后,国家逐年增加对农村的转移支付,惠农政策不断,到了2011年,国家每年转移支持农村的资金超过万亿元,而取消农业税时,每年向农民征收的农业税只有大约1000亿元。

取消农业税前,国家向农民征收农业税费,因此与农民"打成一片",冲在第一线的是乡村干部。每到收取农业税的季节,乡村干部就进入临战状态,及时足额完成农业税费任务成为乡村干部最为重要的工作,当然也是第一难的工作。

收取税费之所以难,是因为农民剩余太少,而乡村干部收取税费成本又高。如果农民本来就贫困(贫困户),无力缴纳税费,乡村干部上门清收,一趟、两趟,甚至三五趟都收不到钱,农业税征收成本就极高。何况即使农民愿意缴税,农民也会提出很多要求,比如年成不好、村干部不负责任没有搞好灌溉导致减产、乡镇农技服务不到位,等等,在收农业税费的过程,乡村干部逐户与农户打交道,成本高昂,在收税费的同时,也收回来一大堆必须要为农民解决的问题。下乡收税倒是让乡村干部对农民所思所想了如指掌。等到收税费的任务完成了,乡村就要组织力量逐一解决农民提出的问题,不然明年税费就更难收了。

现在好了,税费改革然后取消了农业税。乡村干部不再与农民"打成一片",甚至不再打交道了。乡村不再向农民收税费,农民也不再可能对乡村干部威胁说:"你们如果不解决我的问题,我就坚决不缴纳税费。"农民需要什么,心里想什么,乡村干部既无从知晓,也不愿关心。乡村干部现在关心的是其他看得见的政绩,比如招商引资、到上面跑项目,以及完成上级考评的一票否决的基本工作,比如计划生育、上访维稳,等等。

更严重的问题在于,取消农业税后,国家向农村转移大量资源,这些资源基本上是通过部办委局的"条条"以项目形式向下转移。乡村向上跑项目,能否跑到项目很大程度上取决于乡村与上级关系的好坏,而与乡村实际需要和农民意愿无关,由此形成一个乡村向上跑和上级向下分的过程中的利益结盟:上级将项目分到对自己有利、有用的乡村,乡村跑来项目不向农民收钱,纯粹是为农民带来好处,乡村当然愿意及当然要对给项目的上级投桃报李,由此形成一个脱离农民的县乡村利益共同体,这个利益共同体形成一种分利秩序。国家向农村转移资源越多,就会有越多资源来滋养壮大这个分利的利益共同体,并维持这种分利秩序。这样一来,国家出钱很多但农民公共品需求偏好难以表达,而获益甚少。这当然不是好事情。

2013 年 1 月 13 日晚

# 四　唱票评据

荆门市曾集镇党委书记张国发给我介绍"唱票评据"的做法,我认为是一大创举。所谓"唱票评据",就是在村组两级的财务管理中,分季度或分月召开村民代表会议,由村干部将本季度或本月村组开支票据公开唱票,由村民代表评论。凡是村民代表认为不合理的开支,一律不允许报销。这种办法不仅是最有效的村组财务公开,而且是村组事务的民主管理。"评据"的过程就是讨论村组开支及村组事务是否合理的过程。更为精妙的是,"唱票评据"很好地利用了村庄熟人社会和村组事务相对单纯的特点,只要村组干部将开支条据在村民代表面前一唱,村民代表就知道这个条据是否真实、合理。不真实、不合理的条据,村组干部也不大敢拿出来唱,不然,即使村民代表通过了,也会传得满村风雨。村组开支还不规范,也很难规范,不规范的条据只要在村民代表会议上唱过,就可以报销,这正合乎村民自治的特点。"唱票评据"真是好极了。我很长时间这样想,并一再向人推荐这种村级财务的管理办法。

有一次我与长期从事农村财务管理的原马良镇经管站陈站长谈起"唱票评据"的事。恰好他目睹了荆门第一个"唱票评据"村的兴衰过程,给我讲来,让我再次体验了实践对制度的优先性。

早在1992年,马良镇王港村就搞"民主理财,唱票评据"。当时村一级由村主任财务一支笔,村支书不放心,坚持民主理财,即要求村主任签字的条据必须由村民代表公认,因此决定"唱票评据"。王港村的"唱票评据"不是在村民代表会议上,而是在村党员大会上,党员大会履行了村民代表会议的职能。民主理财小组的4个代表则由村民推选产生。4个理财代表分管"民主理财"4个字中的一个字,只有4个人同时汇在一起,才可以在村主任签字的条据上盖上"民主理财",条据才可以拿到村党员大会"唱票评据"。这个办法刚开始时反响相当好,村民满意,乡镇也满意。但不到一年,各种矛盾就都出来了。尤其是如何处理"合情不合理,合理不合法"的条据,党员们争执不下。每次争执,都会遗留下一些矛盾,争执的次数一多,矛盾就化解不了。对于一些"合情不合理"的条据,比如为争取贷款而向人送礼的钱,党员大会不同意报销,村干部很委屈,说好话,说狠话,最后还是报了。下次开会党员就觉得受了欺骗,没有兴趣争论是否应该报销,时间一长,党员会都不来参加。"唱票评据"自然就弱化了。

"唱票评据"在王港村弱化下去的时候,这个办法被其他一些急于寻找解决农村财务管理混乱办法的乡镇所学习。然而,至今这一办法似乎并没有真正对农村财务管理起决定作用。我以前对"村账乡管"的做法很反对,认为实行村民自治,当然就应该由村民来决定村组的财务收支与管理,况且"村账乡管"的问题的确很大。1990年代,荆门乡镇一级普遍建有农村合作基金会,与乡镇经管站是一套班子,两块牌子。乡镇经管站利用"村账乡管"的权力,不仅强制村一级将账放在经管站管理,而且要求村里的现金也由乡镇管理,叫做"村财乡管"。经管站在管理村财时,还强迫村一级高息从自己手中借贷,以抵上交。最后,经管站管理的村账、村财一塌糊涂,村级债务也就是在这几年恶性膨胀的。乡镇经管站的工作人员也不是不食人间烟火的人,他们掌握着村级财务的管理权,便有着进行腐败的空间。经常有村干部请经管站的工作人员到村里"官钓",村干部还经常给经管站领导送礼,经管站站长成了乡镇实力最大、最会摆阔的人。乡镇经管站在管理村账、村财时,并不能抑制村级财务管理的混乱,相反,经管站还要向村一级摊派各种费用,成为村财开支的负担。正是在这种背景下,荆门市在2000年将"村账乡管"改为"村账乡审",经管站仅仅半年或每季度到各个村将村组财务进行一次审计,没有了决定村级如何开支的权力。

"村账乡审"与"村账乡管"的不同还有,村账放在村里而不放在乡镇经管站。村组财务账目是在村里做的而不是如"村账乡管"一样在经管站由专职会计人员做账。近年来,荆门市村组干部变动频繁,村会计的变动亦然。据沙洋县统计,全县共有会计人员400余人,5年以上任职经历的仅有50人,占10%多一点,一半以上只有不足两年的工作经历。很多村每年一换村会计。村会计是一项专业性很强的工作,频繁的村会计变动,使村级财务账目很难做清,"包包账"、"糊涂账"现象难以避免,村级财务管理更显混乱,有时候账都不知在何处。如此情况下,"村账乡管"起码还可以有个账在那里,情况似乎会好一点。

"唱票评据"和"村账乡管"都是一些制度。制度开始的时候是一些人的想法,这些想法有时是妥协的结果,有时是为了改进目前的制度。将这些想法在实际中进行试验,并形成关于想法的基本原则与模式,就可以有一个制度的模样。一个制度的好坏,最终要由实践来回答,但实践不是万能的,制度需要引导和改造实践,因此有对制度的理论讨论。有时是制度想象。"唱票评据"和"村账乡管"这种制度,从理论上讲都是或好或不好的制度,实践中的情况却复杂得多。以为完美无缺的"唱票评据"制度,在实践中竟会失败,而以为不合乎村民自治原则的"村账乡管",在实践中也不是一无是处,说明凡事都要经过实践检验。关于乡村治理,再好的理论与制度,都需要与农村具体实际相结合。必须将制度研究与农村社会区域性特点和农村实践结合起来,尤其是那些关注村民自治民主方面的研究更应该如此。

2001 年 11 月 20 日

**修订关键词**　制度实践的复杂机制　机制研究

（一）

2001 年写这个短篇时,深刻地感受到了实践的复杂性。实践总是多因多果的,照搬来的、想象的美好制度,只有经得起实践检验,才能说是真好。一个地方的好制度,搬到另外一个地方可能就不行了;在理论上看起来完美的制度,到实践中可能就会出丑。河南邓州"4+2"工作法,在邓州时也许还是实践得不错,2010 年中央一号文件将其推广到全国,就不再有用了。现在有人将美国的所谓"罗伯特规则"拿来乡村运用,以为只要农民用"罗伯特规则"开好会,农村治理难题就可以迎刃而解,未免太天真了。

最近几年,我们集中研究了农田灌溉机制、农民上访机制、乡村治理机制,得出了很多与通常意见有很大差异的结论。林辉煌的博士论文专门研究基层派出所的治理,他发现,基层派出所存在的一个严重问题是该管的事情不管,不该管的事情却拼命去管;该使用暴力的地方不敢使用暴力,不该使用暴力的地方却大量使用暴力,为什么?显然不是简单的制度不好、道德败坏可以解释的。吕德文最近研究所谓"街头政治",试图理解城管执法、治安联防等国家与社会接触边缘地带的微妙机制。人们往往将街头暴力的兴起归结于行政执法的不规范,比如城管、治安员等非正式行政人员,他们备受舆论批评。殊不知,城管、治安员之类的半正式行政力量并非一开始就是街头暴力的罪魁祸首,恰恰是不切实际的行政理性化,让一线行政失去了手段,加剧了暴力执法。狄金华的博士论文《被困的治理》,通过对一个乡镇30年治理实践的研究发现,国家不断压缩地方性规范的正当性,推进公共规则在乡村的社会实践,却可能造成"无公德的法治"的困境。

在这个意义上,我愿再次呼吁,中国的学界和政策部门应该深入到政策、法律和制度在全国不同地区的复杂实践中,真正深入研究制度实践的机制,从而深刻认识制度实践的复杂性。不要坐在书斋或办公室,既不深入调查,又不认真研究,一遇事端就立即弄出一些"高大全"的"完美"政策让下面执行。

研究政策是一门大学问。现在政策太多而研究太少了。

(二)

研究政策实践的复杂机制,有点类似于孙立平教授等人提出的"实践社会学","实践社会学"反对结构主义分析方式,提出了"过程—事件"的分析方法。"过程—事件"分析方法关注社会事物的实践性,这是我们所赞同的,我们反对理念先行式地认识中国问题的方式。与之略有差异的地方在于,我们的机制研究在强调深入到事物的发生和演变的复杂过程中时,还强调"透过现象看本质"。我们所说的"机制"就是指决定事物性质及其演变规律的"本质",或可说事物中存在的"主要矛盾"以及"主要矛盾的主要方面"。若不是从这层面上认识事物,就有可能主次矛盾不分,就有可能陷入社会事物的偶然现象和随机因素中而不能自拔。

2013 年 1 月 13 日晚

# 五　四荒拍卖

"四荒"可能是当前县乡政府文件中出现频率最高的词语之一。所谓"四荒",是指农村的荒山、荒坡、荒湖、荒滩。这些山坡湖滩的所有者是村集体,但因为开发难度大,投资收益低,或产权主体不明引起收益分割难,而荒在那里,不产生什么收益。为了提高这些荒在那里的山坡湖滩的收益,通过拍卖,让一些人在有了明确的产权预期的情况下,将荒在那里的土地开发出来,产生出个人的也是集体和社会的收益。这种仅仅通过明确产权即可以带来净收益的事情,是最好不过的事情了。

"四荒"拍卖的一般程序是将那些荒在那里的土地或水面确定下来,定出一个底价,然后向社会公开拍卖。公开拍卖的是使用权,期限一般为20年,20年正是荒山种树可以产生收益的时间。"四荒"拍卖的得款归村集体。"四荒"买主可以是本村人,也可以是外地人。本村买主的优势是管理成本较低,问题是本村买主往往不愿出高价。一些地方便到社会上寻找买主,与招商引资走的是同一条路子。有些地方,村民和村干部都更愿意"四荒"的买主是外地人,起码是外村人。其中的好处是:外地人买了"四荒",交钱积极;本村人买了"四荒"之后,使用是积极的,交钱却拖拖拉拉。外地人买"四荒",好处或坏处都归他们,这就不会引起本村人之间的相互眼红。

　　无论如何,"四荒"拍卖是一件大事。首先,"四荒"面积一般较大。因为开发困难或地力较差,有意者花不多的钱就可以得到大片的土地或水面的使用权,很多地方亩平均年使用权的拍卖价格不超过10元人民币,价位之低可谓惊人。也只有较大面积的"四荒"才可以卖出一点钱来,有拿出来向社会公开拍卖的操作价值。其次,"四荒"拍卖极大地改变了农民的生活状况。以前"四荒"荒在那里,但并非对村民没有用处,荒山、荒坡是农民拾柴放牛的好地方,荒湖其实也长鱼虾,有些村民靠在荒湖捞鱼拾蚌补贴家用。村集体的"四荒"与村民的日常生活关系很大。"四荒"拍卖之后,山坡被围了起来,农民不再允许在上面拾柴放牛,湖滩也有其主,捞鱼捕虾也不再可能。我有次到一大片湖荡的村庄调查,以为这些祖祖辈辈以捕鱼为生的农民吃鱼应是很多的,谁知他们说,自从湖荡被拍卖之后,他们就没有鱼吃了;以前补贴家用的捕鱼收入没有之后,种田维持温饱也变得困难起来。同样的,以前农民用于放牛的山坡被拍卖后,农民竟没有草场放牛了。

　　经济学家从效率的角度很是主张将"四荒"拍卖出去,乡村两级也有这种拍卖出去的积极性。尤其近年来农村经济形势不景气,村级债务严重的时候,全国很多地方政府一再要求拍卖"四荒"用于还债。乡镇一级希望集体拍卖"四荒"之后,将得到的钱交税费,村干部则希望通过"四荒"的拍卖来缓解村集体经济的严重困难,维持村级正常运转。农村经济形势不景气强化了乡村两级拍卖"四荒"的积极性,而不景气的经济形势又使"四荒"卖不出好价钱。有钱的买主是这场拍卖"四荒"狂潮的得利者,乡镇两级也没有什么损失,多少得到了一些收益。受到损失的是农民,他们以前一直用于补贴生活或方便生产的那些身边的公地,转瞬间就与他们无关了,他们不再有理由去公地上占有原本属于自己的大自然赋予的资源。

开始只是拍卖真正的"四荒",那些荒荒在那里的土地和水面。这些"四荒"拍卖所得收益远不足以应对乡村经济困难的危机,一些地方便将那些正被村民使用着的有效率的土地收回来拍卖。有些地方出现了农民的土地抛荒,这些被抛荒的土地不同于"四荒",因为这些土地具有很强的生产能力。村里为了获得当前的收益而将这些土地收起来拍卖掉。有些地方耕地被挖成鱼塘,本来是每年交一次承包费的,村里为了解决当前村集体收入的严重亏空,以20年为期将鱼塘拍卖出去,这样就可以在本届村干部的任上获得未来20年鱼塘土地的承包收益。将水库水面的使用权卖出去,将成片的山林的收益权卖出去,将村果园场的收益权卖出去。总之,凡是可以卖出去的统统卖出去,卖的年限越长越好,卖的钱越多越好,卖得越彻底越好。

有些村因为有大量"四荒",或水库水面,或村里的矿产资源,这些村就可以通过拍卖使用权来获得大量收益,成为邻村嫉妒的对象。这些获得收益的村可以用拍卖得来的钱过上一段时间的富日子,但很快这些一次性得来的收入就被用得干干净净。村里不再有可以拍卖的土地和水面,也就不再有可以一次性得到的收益,这些守着大片以前让邻村嫉妒的可以拍卖的土地和水面的村也就不再与邻村有异。而那些买到了村里公地的人,经营得好,他们就获得了经济学家期望的因为产权明确带来的收益,当然,这些收益只是买了公地使用权的人才有。而那些未买到公地的村民,看着那些买了公地的富裕起来的人就流涎水。

这些流涎水的村民心里肯定不会平衡,特别是想起以前一直是公地,人人有份,现在竟成为少数人得到好处的地方。虽然他们知道这些得好处的少数人是花了代价买的土地。这种不平衡的心理与整个社会分配中农民处于弱势的状况相结合,就增加了农民对社会分配的不满意程度,就降低了他们对社会的认同感,就增加了这个社会维持秩序的成本。而那些拥有山坡、湖滩和各种资源的村庄,本来是有机会通过村庄内部资源的再分配缓解农民对整个社会分配中不满意程度的。

在考虑价值生产时,也应考虑价值的分配。

2002 年 5 月 5 日

**修订关键词**　村民自治的经济基础

在 2000 年前后,"四荒"拍卖的一个原因是还债,偿还村级债务。为偿还村级债务,有些地方不仅拍卖了"四荒",而且将村部办公室也拍卖掉了。结果,债没有还上,之前仍然是村集体资源的所谓"四荒"却以极低的价格卖给村民,最终大多卖给外人了。

2000 年前后"四荒"的拍卖价格低得惊人,1 000 亩所谓的"荒山",50 年使用权,仅拍得 1～2 万元也是正常的事情。一般农民是不可能拍得"四荒"的,能够及敢于拍得"四荒"的,要么是干部,要么是混混,要么是养着混混的资本。这些"四荒",现在的价值,不用任何投资就已上翻十倍乃至百倍。

"四荒"拍卖后,大约在 2008 年开始林权改革,和拍卖"四荒"一样,也引入了市场竞争机制。据说,为了保护农民利益,林权改革规定,第一次分配林权只能由有成员权的村民来分配,外人不得介入,但很快,村民的林权即被资本低价收购,农民林权变现,很快就花掉了。林权改革是为了更加有效地使用山林,将林权确权到户,然后使用权流转,必然是资本化。资本化的结果是,农民只得了暂时的一点小好处,失去了未来的发展可能性。

更重要的是,一旦"四荒"、林权和土地承包经营权都已经与村集体无关了,村集体还如何可以成为村集体?没有任何资源及资源支配权,村集体也就解体了。没有集体,村民自治也就丧失了经济基础。幸运的是,或许是吸取了"四荒"拍卖和林权资本化的教训,一些村庄在林权改革中以联户经营、股份制等形式将林权留在村庄、留在集体,既满足了林权改革市场化的要求,又避免了资本化的悲剧,还有一些村庄因为有生态林,也避免了资本化的问题,为村民自治保存了经济基础。

我一直认为,农村是中国现代化的稳定器与蓄水池,其主要功能是保持稳定而非讲求效率。农村保持稳定,城市快速发展,农村和城市一静一动,相得益彰,这是治国的辩证法。随着城市工商业的发展,越来越多的农民可以体面进城,农民越来越少,农民不再需要农村基本保障,且中国不再需要农村这个稳定器和蓄水池,中国现代化才算完成,这个过程至少还要有 30 年。现在则必须真正重视农村在保障农民生活和保持国家稳定方面的作用。

2013 年 1 月 13 日晚

# 六  土地制度

农村土地制度是当前学术界关注的焦点问题之一。这与中国庞大的农村人口和紧张的人地关系有关。当前实行承包责任制的农村土地制度,是集体所有农户使用而且使用权比较稳定的土地制度。因为集体所有,农村土地制度的产权似乎不清,产权不清就影响效率。很多经济学家认为,要明确土地产权,就必须让土地私有化。这些经济学家举了很多土地私有化好的例子,说土地私有化是国际通行的做法,也说了很多土地产权不明带来效率损失、带来农民利益受损、带来土地流转困难的问题。他们还以明确土地产权为基础,设计或主张出各种相关的次一级的制度。

在理论上讲,这些经济学家的主张是不错的,特别是这些理论被直接从西方引进来的时候,这些主张也有经验材料的支持。不过,在运用从西方具体语境中抽离出来的经济学原则时,应充分考虑到具体语境不同的中国国情的特殊性。西方经济理论的应用还需要经过与中国具体实践相结合的过程。用第一世界的理论来解决第三世界的问题,是当前中国经济学界乃至整个中国学术界存在的最为严重也是最为幼稚的毛病。

而从这些主张的经验材料来看,中国如此之大,什么样理论的经验材料都可以找到。当前支持中国经济学家从产权方面判断农村土地制度不好的主要经验材料,来自那些发达地区农村或城郊农村,而恰恰是这类地区农村的土地制度,已经不再具有中国当下语境的普遍意义,或者说这类农村与我们应该关注的真正意义上的土地制度成为问题的农村,是完全不同的另一个农村。

具体说来,大致可以将当前的农村分为两大类型:一是发达地区或城郊地区的农村,这类农村已不再是严格意义上的农村了,也构不成当前中国问题核心的"中国农村问题"的研究;二是构成中国问题核心的农村是那些一般的中西部地区的农村,正是这部分农村的土地制度安排,对于解决中国现代化过程中可能出现的问题,具有决定性的意义,可惜的是,经济学家们过于关注本来不成问题的发达的城郊农村土地制度,并以此来推测国家土地制度安排的样式,忽视了正成为重大问题的一般农村土地制度的意义。这种颠倒,使本来清晰的问题被一些经济学家用理论复杂化了。

在发达地区或城郊型农村,因为经济发达,以前从事农业生产的相当部分农民都已转入第二、三产业就业,农业收入只占全部收入的很少一部分,农业本身的重要性大大下降了。因为地区经济的发展,地方政府不仅不向农民收取以"三提五统"为典型的农民税费,而且有财政能力为农民提供经济社会的保险。因为经济的发展,土地增值较快,集体所有承包到户的土地逐步被地方政府和企事业单位征购,村集体有了很大一笔收入,这其中的一部分转为农民的收入,另一部分以集体资产的形式沉淀下来,为农民日后的生活提供了保证。总之,因为经济的发展和与之相关的土地增值,若说发达地区或城郊农村存在问题,可以套用我们经济学家喜欢讲的一句话来说,这是"发展中的问题",这类农村以及其中的土地制度安排,与全国大部分农村地区的土地制度安排有着完全不同的处境,即土地既然不再对保障农民基本生存具有决定性作用,怎样安排这类地区的土地制度都没有问题。而从这类地区农村农民本身的要求来看,他们当然希望分享更多经济发展带来的土地增值收益,土地私有化可以提高农民对地方政府的谈判地位,从而可以在分配发展带来的剩余时得到更多好处。因为土地本身可以带来的剩余如此之多,以至于在这类经济发达的城郊地区的农村,为土地剩余的分配发生了剧烈的冲突,表现出来就是土地产权不清带来的矛盾。在此过程中,往往是地方政府与村集体合谋,占有了过多的应归农民占有的剩余。有些地方的农民为土地而上访告状,以至于很多次地堵在市政府的门口,大都源自农民对土地剩余的要求。经济学家们更多地关心这类发达城郊地区的情况,这些地区因为分配土地剩余而发生的剧烈冲突也成为媒体和政府关注的焦点,表现出来的,似乎中国农民对土地私有化有着极强烈的偏好,似乎中国的土地制度问题就是这些发达城郊地区的问题。

事实上,真正成为问题的是中西部农村的土地制度。这些地区因为经济学家的不关心和为土地而产生冲突的不剧烈,而被整个理论界忽视了。经济学家们似乎认为,只要解决好发达地区农村的土地制度,那些落后的中西部农村终究会发展到发达地区水平的,其土地制度自然就不成问题了。问题是中西部农村怎样才能达到发达地区的水平。

中西部农村土地成为问题,是因为农业本身的弱质性,是土地本身带来的收益很少,而大量的农村人口不能从农业和农村中转移出去,较多的人(占中国人口的一半以上)分配较少的剩余(农业生产总值不足国民生产总值的20%),必然带来土地本身的不值钱。发达地区土地的增值靠的是二、三产业的推动,恰是因为发达地区二、三产业的发展占据了全国市场,使中西部发展二、三产业困难重重。中西部一般农村的土地带不来丰厚的收益,但中西部大量农村人口不可能从农业中转移出来,这些很少的土地收益就必须养活转移不出去的大量人口,让这些转移不出去的人口可以过上温饱有余的生活。土地的社会保障功能凸显出来。

土地的保障功能是以人均占有一个最少量的土地为基础的。明确土地产权如果走到土地私有化这一步,脆弱的农业和脆弱的小农经济必然迅速造成地权的集中,一部分乃至相当部分农民不再有最少量土地的保障。这些人可以流落到城市打工,但这些到城市打工的农村人太多,以至于他们所得报酬不足维持生存之需,而他们以前遥远故乡的土地已经卖出去了,他们的根没有了,他们成为了真正意义上的"流民"。"流民"的生活肯定很糟,不仅他们生活很糟,而且城市的社会秩序也就不可能再好。

当前中西部农村的土地还因为地区经济的不发达,国家要向农民征税;地方政府要向农民收费,农民负担很重。也因为经济不发达,土地卖不出钱来。指望这类地区的农民将土地卖掉积攒到城市工作的经济资本,是天方夜谭。之所以一些农民现在在外务工经商仍然要倒贴钱将土地转包予人,是因为他们清醒地知道土地对于他们未来生活的价值,这种价值的核心是社会保障和根的依靠。在中国农民如此之多的情况下,人为割断农民与土地的联系,实在是最为愚蠢的做法。我在中西部农村调查时,问农民是否希望允许承包土地自由买卖,很多农民说不。他们很清楚,让他们拥有着土地,是对他们长期利益的保证。有的地方的农民因为负担过重而抛荒外出打工,数年后他们回到村中,还会理直气壮地找村干部要回自己的承包地。他们知道,赋予农民长期而稳定的土地使用权是对他们有好处的一项政策。

我们不能只关心10%的发达的城郊农村的土地制度。能否找到一个适合超过90%农村人口的中西部一般农村状况和农民要求的土地制度,将对中国现代化具有决定性意义。

2002年5月5日

**修订关键词**　反公地悲剧　耕者有其田　地利共享　制度红利

（一）

中国有两种完全不同的土地:一是沿海发达地区和大中城市近郊的土地;二是中西部农业型农村的土地。前者可以在城市化过程中,经过征收形成远高于农业用途的非农使用增值收益,如何分配农地非农使用的增值收益,各相关利益主体之间进行着激烈的博弈。后者则无法分享到城市化带来的非农使用增值收益,农民只能从承包土地上获取农业收益。

取消农业税后,国家不再向农民收取农业税费,且按十七届三中全会"现有土地承包关系要保持稳定并长久不变"的政策,农民将拥有长久不变的土地承包经营权。

因为具有村庄成员权的所有村民都可以获得土地承包经营权，农村土地就被细碎分割，基本上是"人均一亩三分、户均不过十亩"，且往往分散为七八块的状况。如此小规模的土地很难有效经营，核心是难以解决农业生产环节中的灌溉、植保、机耕等共同生产事务。在取消农业税前，依靠半强制的共同生产费的收取，村社集体可以为单家独户小农提供必要的生产服务，现在不再强制收取共同生产费，也就很难为农户提供共同生产的服务。

在长久不变的承包经营权下，进城农户不会退出自己的承包经营权，他们将耕地流转给仍然在村从事农业生产的亲朋邻里，流入土地的在村务农农户，无论耕地面积是多是少，他都一定要面对细碎的地块，且他不可能在流入土地上建设生产性的基础设施，他还要向流出土地的农户交租金。在土地具体承包关系"长久不变"的前提下，细碎的土地权利关系使得土地难以耕种，由此导致反公地悲剧。也就是说，长久不变其实会损害耕者利益。郭亮著《地根政治——江镇地权纠纷研究》以对中国农村的深入调查为基础，批判了当前中国土地制度研究中盛行的产权话语。他发现，当前农地承包领域发生的大量纠纷正与这种土地产权改变密切相关。他令人信服地证明了，忽视中国农地的社会主义属性的历史传统，以"长久不变""确权确地"为目标的农地变革将引发严重不良后果。

张路雄先生曾提出耕者有其田的设想，具体有三：一是只有真正在农村种田的人才有承包村社集体耕地的权利；二是农村承包土地可以调整；三是进城后不再直接从事农业生产的村民没有承包耕地的权利，但若这些村民从城市返乡愿意从事耕作，则可以通过调整获得承包经营的耕地。这样就可以真正做到耕者有其田,既可以尽可能让农业利益留在村庄,留给耕者,又便于在耕地上建设有利于农业生产的基础设施。

"耕者有其田",这应是当前占中国农村90%的中西部农业型地区基本的土地制度安排。

(二)

对沿海发达地区和大中城市近郊可以分享到城市发展带来的土地非农使用增值收益的土地,则要坚持和完善当前土地制度安排中"涨价归公、地利共享"的宪法秩序。这种土地制度安排也是新民主主义革命和社会主义革命的重要成果,更是中华民族伟大复兴的制度保障。"涨价归公、地利共享"的土地制度可以防止城市化带来土地增值收益被恰好处于特定位置的极少数人独占,让整个社会分享经济发展和城市化带来的收益。

当前土地非农化过程中对农民补偿过度和补偿不足的情况同时存在。沿海发达地区和大中城市近郊,农民从征地拆迁中动辄获得数百万元甚至上千万元补偿,出现了补偿过度的问题。中西部中小城市因为财力不足,在征收农民土地时可能补偿不足,农民利益受到损害。中西部地区中小城市征地中农民利益受到损害,舆论层面却总是为已经获得过度补偿的沿海发达地区和大中城市近郊农民的利益呼吁。土地恰好处于特定位置的极少部分人垄断土地非农化带来增值收益,将冲击现行"涨价归公、地利共享"的土地宪法秩序,造成极少数人一夜暴富。一个新的腐朽的土地食利者阶层正若隐若现。这是当前中国快速城市化过程中尤其应该避免的。

(三)

与当前学界和政策部门对中国土地制度基本持否定立场

相反，我以为，中国在全球化中取得良好经济增长成绩，重要原因是有两大与土地制度有关的制度红利：一是农地非农使用增值收益大部分归国家的"涨价归公"制度，使地方政府可以在城市化过程中获得农地非农使用的大部分增值收益，从而可以建设良好的基础设施；二是土地承包制度使所有农民都可以获得土地承包经营权，并因此形成以代际分工为基础的半工半耕结构，以代际分工为基础的半工半耕结构使中国劳动力再生产成本很低，这是中国制造具有强大国际竞争力的关键。

稳定的农地制度安排为进城失败农民提供了返乡的可能。正因为进城农民还可以返乡，这为应对现代化进程中的各种危机提供了弹性空间和缓冲基础。

2013 年 1 月 13 日晚

# 七　农民收入

连续数年农民收入增幅下降,一些地区的农民收入不升反降,引起各方面的关注,也就有各种针对性意见出来。其中的主流意见有二:一是认为农民收入增长不快,是因为国家政策有问题,或说政策不好;二是认为国家干预农民太多,没有真正放活农民。这两种意见的潜台词都是因为国家政策或制度安排上的问题,将农民本来可以增长很快的收入抑制了。这两种意见都是没有根据的。

在我看来,当前的农民收入明显是结构问题而非政策或制度问题。具体来看,当前国家的农村政策或许有这样那样的问题,但农民收入增长不快甚至有所下降,与国家政策无涉。一个常识是,随着经济的发展,衡量一国人民生活质量的恩格尔系数是下降的,恩格尔系数下降,农业份额占国民经济总额的比重下降。因此,只要农民不能从农业中大规模转移出来,农民收入的增长必然慢于整个社会收入的增长,农民相对贫困化是必然趋势。而对一个有9亿农民的大国,农民大规模从农业中转移出来,至少需要数十年时间。也就是说,作为一个整体,农民收入增幅下降是由我国当前的经济结构决定的,是一个典型的结构问题。我国加入WTO之后,国际主要农产品价格较国内低,这将进一步使农民收入锁定为结构问题。

农民收入这样一个结构性问题之所以反复且普遍被解说为政策或制度问题,是因为我们的经济学家们大多有制度决定论和市场浪漫症的思想,深且久矣。认为是国家政策不好造成农民收入增长不快的经济学家认为,应该鼓励农民外出务工经商,鼓励农村土地流转,引导农民调整产业结构,发展外向型经济,增加农业信贷,国家投资兴修水利等。这种意见认为,国家对农业的扶持政策很重要,当前增加农民收入不是不需要国家干预,更不是不需要国家政策,而是国家应有好的政策,过去一系列农业和农村政策妨碍了农民收入的增加,是有问题的政策。认为是制度不好的经济学家认为,当前造成农民收入增长不快的根本原因是国家没有真正将农民放活,农业放开。他们认为在市场经济条件下,国家应该少管农民,相信农民,将农民当做市场主体,让农民有充分的自由和完整的土地产权,维护农民的权益。其核心是让农民作为市场主体,在市场经济中自主寻找增加收入的办法。这种意见经常与给农民国民待遇的意见混合起来。

问题是,既然农民收入问题是结构问题,而非政策和制度问题,以上制度决定论和市场浪漫症者提出的增加农民收入的办法就不会有效果,寻找好政策和建立好市场的努力对增加农民收入就不会有根本作用。其结果是,这些经济学家不可能提出增加农民收入的建设性方案,但他们不满意所有现有的方案,他们脱离中国和中国农村的实际,批判现有的农村和农业政策。他们因为理念而不是通过具体的研究来说话和做事情。

回到农民收入问题上,既然农民收入是一个结构性问题,我们就应该从结构方面考虑问题,从结构方面研究解决问题的办法:国家的某些具体政策可能不利于农民增收,应该研究改进;某些具体制度也对农民不公平,也可以考虑修正。但一定要防止那种一个好政策就灵、一个好制度就灵的想当然,拒绝大理论和大话语,多进行农村调查,切实进入到中国实际和中国农村研究的实际,在具体政策和制度上展开讨论,否则,那些经济学家就不是建设性地而是破坏性地做事,不仅无法让农民在短期内增加收入,而且会让农民失去长期的基本生存保障。

2002年4月17日

**修订关键词**　以代际分工为基础的半工半耕结构

前文认为,农民收入是结构问题,既然是结构问题,通过政策来增加农民收入的空间就很小,可以直接增加农民收入的办法是减轻农民负担,增加对农民的转移支付和提高农产品的价格。

农民总人口数量庞大,且进城务工经商的农民工虽然已被国家统计局统计为城市人口,但这些农民工大多未获得稳定就业和收入,也没能在城市真正安居。他们的父母甚至子女还在农村,他们年老可能也要返回农村。这些进城务工经商人员因此仍然应计算为农村人口,即要依托农村甚至农业而生存的人口。这样算下来,中国农民人数仍然有8亿多,占到全国人口的大多数。

在农民人口基数极其庞大,而农业GDP已不足全国GDP10%的情况下,农民从农业中所获收入就不可能高,无论怎样调整农业结构,及无论怎样通过转移支付给农民补贴,一个国家不可能通过补贴来让这个国家大多数人的收入增长幅度超过社会平均增幅。而后者正是2012年底全国农村工作会议提出来的目标。

农民收入增长的空间在城市,在于进城务工经商。当前全国农民家庭收入的大约一半已来自务工经商。从单个农户家庭收入来看,目前全国农村均已形成具有相当普遍性的"以代际分工为基础的半工半耕"结构,即农民家庭中年轻子女进城务工经商,获得务工经商的收入,年龄比较大的父母留守务农,获取农业收入。一般情况下,农业收入可以维持一家人的温饱,务工收入可以作为余钱存储下来。有了务农收入,再加上务工收入,一个农民家庭就可以获得"温饱有余、小康不足"的生活,就可以有些闲钱,就可以购买奢侈品,就能参与村庄人情竞争,就可以攀比建房,就可以为儿子娶媳妇,甚至为子女在县城买一套商品房。

农业收入不多,但很重要:

第一,年老父母进城就业机会很少,若他们随子女进城,在缺少就业机会的情况下,他们就得靠子女养活,不说子女务工收入能否养得活在城市生活的年老父母,即使可以养得活,年老父母也难以适应这种"剥削"子女的不劳而获的生活。留在农村务农,在耕地不多、机械化作业已普及的情况下,务农也是一种休闲,正是随着季节展开的农作让年老父母可以安排自己的生活、心情,可以感到自己的有用,农业既是收入,又是就业。劳动是人的基本需要。

第二,农村生活是在熟人社会中展开的,熟人社会中有信任,有亲戚、朋友、邻里,有稳定的预期。有一个农家小院就有了安全感。精神上的压力很少，社会性的关系很多。生活是悠闲安适的。

第三，农村生活开支少，成本低，自己种粮种菜，养鸡养鸭，捞鱼摸虾，新鲜、卫生、有机、安全，是不花钱的。

第四，年老父母在家务农，往往可以带孙子在家生活，从而可以放手让年轻人进城务工经商赚钱。赚了比较多的钱，有了足够全家进城的收入，就全家进城了。赚不到很多钱也不要紧，大不了年龄大了再回到家乡，回到村庄。

正是农业收入的存在和返回农村的可能，使中国劳动力再生产成本低，这个低成本的劳动力再生产机制是中国制造具有强大国际竞争力的关键。廉价中国制造为中国经济增长提供了最基本的动力，这很大程度上要归功于城乡二元结构下的中国特色的农地制度安排。

另外一个功劳是，因为有农业收入，有家乡可回，而使农村成为中国现代化的稳定器和蓄水池。现代化既是快速发展的时期又是危机四伏的时期，经济、金融、社会甚至政治危机主要发生在城市，因为有了稳定的农业和纵深广阔的农村，任何危机都有回旋的余地。

也是因此，虽然农业收入占农民收入的比重可能会越来越小，但农业收入对一般农民家庭至关重要，正是农业收入，即正是中国"以代际分工为基础的半工半耕"结构，使中国在现代化进程中具有一般发展中国家所没有的独特优势。

2013年1月14日上午

# 八 计划生育

如果说当前农村工作中有什么工作最不平衡,那我得推荐计划生育。江西和安徽阜阳农民不生儿子不罢休的决心,与湖北荆门和苏中、苏南农民允许生第二胎也不愿再生的状况,形成了极鲜明的对比。有些城里人对农村情况不了解,看到报纸上说有农民现在还生9个小孩(小品《超生游击队》更是形象刻画了农民多生多育的决心),以为全国农村都在超生,以至于我不得不向一些研究农村的城里学者解释说,很多地方农民的生育观念已经变了,没有人再超生多育,他们还不相信。

有一种很流行的说法,就是越生越穷,越穷越生。越生越穷的说法有道理,因为现在生得起孩子,养不起,更读不起书。张广天编剧的《圣人孔子》上打出的有些地方的宣传口号是,"少生孩子多种树,少养孩子多养猪"。养猪可以变富,养孩子可能变穷。几乎所有农民都已经体验和感受到了这一点。只是有些边远山区,就是那些"越穷"的地方,人们反正也不准备让孩子读书,养起来就不太难。而那些不是太富的地方,养了孩子非得让他读几年书,读书最花钱了,读不起。你的孩子读不起书,别人的孩子读了,你的孩子将来会责备你没本事。因此干脆不生也不养。所以"越穷越生"也很有道理。

但是,你的孩子责备你不让他读书只是因为别人的孩子都读了书。别人的孩子读得起书,要么这些人都很富裕,要么这些人生的孩子少。生的孩子少,读书贵一点也可以承受得起,多了就没有办法。因此,在一个地区,中等富裕程度,那些多生孩子的家庭明显比少生孩子的家庭生活得狼狈,少生孩子成为一种正面导向。问题是谁家会第一个少生孩子,甚至只生一胎,并可以养好这一胎,让他读得起书,读得好书。

国家只是号召农民少生孩子,作用不是很大,因为谁也不愿在村庄人力资源的竞赛中落后,比着生,至少生两胎或三胎,至少要生一个儿子。不生儿子就会"断子绝孙",就会被人骂"断子绝孙",这在村庄中如何承受得起?但是,国家计划生育政策是很严厉的,到1980年代后期,只准生一胎成为普遍国策,农村第一胎生女孩,隔五年还可以生一胎。这个时候成为一个关节点,就是谁家成为全村第一个只生一胎或者竟没能生出一个儿子的家庭。国家的计划生育政策强硬有力,有些农户跑到外面生,偷着躲着生。但很快,有的农户成了独子户,有的农户成了双女户,还有农户因为偷着躲着生,被罚了巨额计划生育款,甚至房子被拆掉,党籍被开除。计划生育进入一个艰难的过程,双女户甚至独子户都想生,政府不让生。一边偷偷摸摸地躲,一边气势逼人地捉,但无论如何,事实是双女户和独子户越来越多,他们发现,自己没有被罚计生款,比起罚款户的日子好过,他们还发现,自己少生孩子养得起,那些超生户多生孩子养不起,孩子脏兮兮的读不起书。生一个比生两个的日子好过,生两个比生三个的日子好过。全村"断子绝孙"的农户越来越多,而那些"人丁兴旺"的农户在减少而且日子难过;村庄舆论开始转向,多生是一件傻事,而少生是划算的,上对得起国家,下对得起自己,就少生。

既然少生占了上风,"第一胎是女孩,再过五年怀"的优惠政策人们也不要了。因为第一胎是男孩的家庭只生一个养一个,养得起,而头胎是女孩的农户养两个养不起,为什么还要生两个?这样,在荆门一些农村,到处是允许生第二胎的农户放弃第二胎生育,这个放弃面在有些乡镇占了80%以上。

但在那些"越穷"的地方,反正生得起孩子就养得起,又不准备让他们读书,因此,允许多生就没有理由不生,能超生就超生。而在那些很富裕的农村,生得起孩子也养得起,还可以供他们读书,他们也没有理由不生,这样一来,不发达地区的农村和特别发达的农村,农民就会有更强烈的生育冲动,自动放弃生育二胎机会的情况不会太多。

问题是那些没有任何人放弃生至少一个儿子想法的地区。江西和安徽阜阳,每家生三四个小孩的情况很普遍,因为都超生,就形成了不超生就被人骂"断子绝孙"的村庄舆论。这股村庄舆论加上当地依然顽强存在的传统宗族和文化力量,可以与执行国家政策的地方政府形成强有力的对抗。在地方政府强力改变村庄生育文化的过程中,好不容易撕破的一个口子,很快就又被传统力量补上。在村庄中,总是少生不如多生,多生不如超生。超生养不起,大家都养不起,怕什么?不过是少读几年书而已。

这类村庄就需要国家力量更为持久、更有耐心的努力来撕开村庄文化的口子,将村庄舆论转向,并以此种转向的舆论力量来抗衡残留下来的传统文化力量,最终形成村庄内多生不如少生,少生养得好,读得起书,多生养不好,读不起书,并因此子女责怪父母生得太多的状况。这个时候计划生育就不再是一件国家推动的政策,而成为农民自觉遵守的习惯。

荆门在1980年代后期国家力量强制介入到村庄生育中,生育行为实现了由村庄文化控制到农民理性考虑的转折。而那些计划生育未成习惯的地区,因为传统文化的力量更强,国家强力介入的时间太短,农民生育仍然由村庄舆论和传统文化共同构造起来的村庄文化所控制,农民理性生育的转折点还未到来,这些地区需要一个更长时间的拉锯。

2002年9月1日

**修订关键词** 生育动力 群众运动

(一)

生育大约有四种不同的动力:一是传宗接代;二是社会竞争;三是养儿防老;四是天伦之乐。传宗接代,通过生育来完成个体生命由有限到无限的转换,是一种类似宗教的动力,这种动力我称之为本体性价值的动力。在当前中国的南方农村尤其是福建、广东、江西,仍然普遍存在。社会竞争则是儿子多拳头多力量大,因此一定要生儿子。没有儿子受人欺负,被人看不起,这种现象在以黄淮海流域为典型的华北地区普遍存在。往往是村庄内不同小亲族集团的竞争增强了农民生育的动力。养儿防老类似储蓄行为,指望通过现在的支付来换取未来回报。天伦之乐重视人性的亲情友好,是重在过程而不一定在乎结果的价值,是游戏人生的态度。

总体来讲,虽然全国不同地区农民的生育动力有很大差异,但也并非截然分开,而是四种动力的杂糅,不同地区或不同时期,某种动力会表现得更加明显有力。龚为纲依据"价值—功能"的两分,将中国分为"价值主导型生育需求类型"和"功能主导型生育需求类型",前者主要表现在华南和华北,后者表现在其他地区。不同生育需求类型变迁速率不一样。功能主导型生育需求受养儿防老、多子多福、享受天伦之乐等因素影响,而价值主导型生育需求则受农民传宗接代等超越性信仰层面因素影响。相对而言,功能性生育需求会随着经济社会的发展,随着社会福利体系的建设完善,逐渐衰微;价值性生育需求则会在一个较长时间段内决定农民生育行为的选择,变迁比较缓慢。在功能主导型生育需求类型下,人们的生育观念与生育行为容易随社会变迁而变迁,生育转变比较顺利,生育率在生育政策干预下快速下降,出生性别比保持基本平衡;在价值主导型生育需求类型下,生育率下降缓慢,出生性别比失衡严重。

当前政策部门开展计划生育工作的一大失误是只看到了生育在养儿防老等功能性方面的作用,无视农民生育需求中的价值性成分,并以养儿防老作为计划生育工作的重心。这样的理解及以此理解为重心的计划生育工作就容易出现偏差。

就笔者在全国调查情况来看,最近 10 年,农民的生育观念正在极快地变化,生育动力也在极快地调整,生育动力不足的情况已普遍出现。笔者忧虑的是,在农民已越来越缺少对生育的期待,生育动力越来越不足时,计划生育部门却仍然在执行严格的一胎化政策,这是否会导致将来的生育不足呢?

计划生育工作的另外一大不足是,自 1980 年代以来,计划生育工作有效控制了城市人口的生育,而缺少对农村人口生育的有效控制,由此造成更有抚育子女能力的城市人只有独生子女可抚育,而相对缺少抚育子女能力的农村人口却承担了更重、更大的子女抚育责任。也就是说,执行 30 年的计划生育政策对提高中国人口素质,减少城乡差距,加速城市化,都是起了负面作用?

(二)

总体来讲,当前的计划生育也成为针对少数人的工作,这与计划生育政策刚开始执行时是针对所有人的群众工作,是大不相同了。

针对大多数的群众性工作,是全国动员、全党动员、全民动员,是运动式的,是口号式的,可以办学习班,可以搬家具拆房子,可以采取强制措施,且所有这些强制措施都是"习以为常"的。

进入 21 世纪,全国计划生育工作难度骤降,在农民计划生育已成习惯甚至允许生也不愿生育的情况下,再采取强制措施搞全国动员的计划生育运动就无必要了。计划生育中因为强制措施所导致的负面后果就不被中央、舆论和社会接受。

但仍有一些地区计划生育工作还是很难,且国家对计划生育工作的一票否决仍在。在这种情况下,如何对待超生等违反计划生育的行为,就成了一些地方政府极其为难不知应该怎么办的问题。典型的是 2012 年引起广泛社会关注的陕西安康大月份妇女引产案例。群众性运动时期一过,在计划生育成为只针对少数人的工作时,一方面计划生育因为只针对少数人,而有了比较大的工作余地;另一方面又因为只是少数人的工作,这个社会就要求用法制的、规范的、文明的手段来解决问题,弄不好就可能引起社会性的情绪大爆发。

从计划生育这个由群众工作向针对少数人工作的转变来看,农村工作的方方面面,也颇有趣。

2013 年 1 月 14 日上午

# 九　合村并组

当前正在一些省市试行的农村税费改革在减轻农民负担的同时,也减少了村一级的收入。据典型调查,村级收入在税费改革后普遍减少1/3甚至1/2还多。为了应对村级收入减少后村级组织运转的困境,合村并组作为农村税费改革的配套措施被提了出来。

合村并组的直接目的是减少村组干部的人数,从而减少用于村组干部报酬的支出。从实践来看,不少地方在农村税费改革后,将两村合并为一村,两组合并为一组,还有的地方取消了专职村民小组长一职,而由村干部兼任村民小组长或不再设村民小组长一职。因为税费改革后,农民负担有所减轻,村干部的工作难度大为下降,两村并为一村,村干部人数减少了一半,但村里的工作还可以继续做下去,说明合村并组是有效果的。

不过,合村并组在考虑节约村组干部报酬支出的同时,也有很多负面的后果。其严重者有二:

一是合村涉及财产的合并和村组债权债务的合并。作为一级法人实体,当前村一级普遍存在严重的村级债务,不同村的债务情况大不相同,在合村的过程中,如何做好村集体财产的分割,极其重要。根据制度经济学的说法,产权是形成的而不是规定的,村组合并再次中断了村一级产权的形成过程,村民对村这个法人实体的认可程度大大降低,这会从长远影响村一级的发展。

二是村民小组事实上不只是一个自上而下的行政建制,而且是一个真正的熟人社会。在这个熟人社会中,村民共享一种村落文化,共同参与人情往来。正是在村民小组这样一个层次中,村民获得了文化上和社会上的大部分规定和存在。因此,村民小组还自下而上构成了农村社会的基础。

合村并组在减少村组干部的同时,也会因为管理地域的扩大和管理人口的增多,而增加工作的难度。要保持村组干部在合村并组前的积极性,要么增加村组干部的报酬,要么增加村组的其他管理成本。两者都需要支出,这个支出很快就会抵消因为村组干部人数减少所可以降低的村组干部报酬的支出。

即使合村并组可以大大降低村组干部的报酬支出,也必须考虑合村并组的其他损失。合村并组的目的很简单,就是为了减少村组开支,但为了这个简单的目的,而采取了损害构成农村社会基础和形成产权基础的办法,会得不偿失。

合村并组的预设以为村组都是些可以随意拆来并去的机械因子,没有认识到村民都是些活生生的人,村组都是有数十年甚至上百年历史的聚落。村民在一个村和一个组内进行着不同层次的活动。合村并组改变了村民已经习惯的各种资源的活动范围,不同的活动层次强拉在一起,不仅会增加村组的管理成本和村民的交往成本,而且会破坏当前本来就不多的村庄本土资源。在当前农村严峻的经济形势下,这种不顾农村社会和产权基础的改革,大多会起到相反的作用。

2002 年 6 月 8 日

**修订关键词**　制度的保守性　制度演进

改革开放以来,农村基层建制调整以及行政区划调整十分频繁。一方面是为了适应经济社会快速变迁的需要,另一方面也是由于急于求成。结果,在缺少对体制和机制深入研究和深刻把握的情况下,农村基层建制改革变成了大拆大建,拆了再建,建了又拆。这太成问题了。

一项成功的改革应该是重在内容而非形式。可以用旧瓶装新酒的办法,在现有形式下逐步灌注实质性的新内容,这样既可保持形式的延续性,又可适应形势发展的需要。

体制和区划本身的延续性是重要的力量,保持这种延续性是改革可以低成本成功的关键。本质上,改革应有保守的形式。体制、制度和法律只有在不断累积的基础上实现自我演进,才可以获得权威,才可能产生力量。

2012年1月26日晚

# 十　两票制与一肩挑

从村一级来看，自1998年修订的《村民委员会组织法》颁布实施以来，村一级的民主化已进入轨道，可以创新的地方不是很多，需要完善的是一些技术性的方面。目前村一级可以进一步做的民主化工作是两票制选举村支书。从调查情况来看，除少数人的担心以外，大部分乡村干部和几乎所有村民都非常欢迎两票制的办法。有村支书说，如果一个村支书不能获得全村半数村民的信任票，这样的支书肯定是不合格的支书，他的工作没有群众基础，也不可能做得好。

村委会选举也有技术上的问题，乡村两级反映特别强烈的是村委会主任的两强竞争，造成一强落选，不仅将农村本来不多的能人选掉了，而且可能造成落选的人对当选村委会主任的敌视，从而引发村中的派性斗争。全国大多数村的村委会选举是以候选人得票数由高向低排序进行差额竞选，即在主任候选人中，由排名第一和第二的两个候选人作为正式候选人参加竞选，确定副主任和委员正式候选人亦如此。这样一来，就使得全村最受村民欢迎的两强竞选村委会主任，次强者竞选村委会副主任。两强相争，必有一伤，人为造成落选。有的村允许村委会候选人自由选择在什么位置参与竞选，这种办法亦有弊端,即若主任候选人中有一强,其他人便不愿与之竞选,而退为副主任或委员候选人。这就使村委会主任竞选变成一个强者与一个弱者的竞选,竞选没有悬念,村民对选举也就不感兴趣。

有一些乡村干部建议,鉴于村委会副主任与委员职位在实际农村工作中的差别很小,可以取消村委会副主任的职位,仅设村委会主任和委员两个职位。在实际的选举中,可以让得预选票最高的两位候选人竞选村委会主任,让落选的村委会主任候选人作为村委会委员当然候选人参加选举,这样不仅可以让村委会主任的竞选激烈,而且为落选的村委会主任候选人当选委员提供机会。一般来讲,能够成为村委会主任正式候选人的村民都是在村中有些影响的人,这些人若落选,很可能造成支持他的村民反对当选的村委会;而若他当选村委会委员,新选出的村委会就可以吸纳这些支持他的村民的力量。

两票制选举村支书是山西河曲的创造。即是在村支部书记选举中,先经由村民投信任票,只有村民信任票过半的村支书候选人才能参加村党支部选举。两票制的好处是,不仅扩大了农村基层民主,而且经过村民信任投票的村支书在村民中更有威望。有一些村支书也强烈要求经过村民的信任投票,免得村主任说村支书只是十几个党员选出来的,而村主任是1000多村民选出来的尴尬。两票制选村支书还可以将个别乡村两级串连起来,将工作能力不强或经济存在问题的村支书选掉,增强村民对村支部的信任,提高村支部在农村中的战斗力和堡垒作用。

从理论上讲,两票制选举村支书正好符合"三个代表"重要思想的要求。既然共产党代表最广大人民群众的利益,在村支部选举中,让村民投信任票,只有那些受到人民群众信任的村支书候选人才有资格在党内被推选为村支书。人民群众都不相信的人，党内当然不能相信。

与两票制相关但又完全不同的是，是否可以让村支书竞争村委会主任，从而形成支书、主任"一肩挑"。一般来说，经过村民信任投票，然后在村支部会议上选为村支书的人，一定是农村中具有相当影响力的人，这样的人竞选村委会主任，成功的希望很大。不过，在实践中，通过支书竞选村委会主任来达到支书、主任"一肩挑"，存在很大的风险。具体地说，这种风险有二：

第一种风险是，村支书竞选村委会主任失败之后怎么办？山东省的做法是，竞选村委会主任失败的村支书，一般不再担任村支书职务，而让竞选成功的村委会主任反过来兼村支书（如果当选的村委会主任是党员的话），如果当选的村委会主任不是党员，就尽快培养入党，然后兼任村支书。这种办法在事实上可能弱化了村支书的权威。如果村支书竞选村委会主任失败，至少要面临这样两个后果：第一个后果是，村民认为村支书没有当选的村委会主任有能力、值得信任，这是可以从选票上判断出来的，这样一来，村委会主任在村中的影响力会超过村支书；第二个后果是，当选村委会主任是在与村支书的竞争中当选的，这种竞争肯定会造成两者之间关系的裂痕，在选举之后村支书与村委会主任的共事中，这一裂痕难以清除，从而影响村班子的团结。

第二种风险是，若竞选村委会成功的村支书犯了错误或出现欺上瞒下、消极无为甚至拒绝服从上级或专断对待村民的情况怎么办。"一肩挑"的村支书对乡镇说自己是村民选举出来的村委会主任，对村民说自己是代表乡镇利益的村支书，事实上两边的话都不听,这时有什么好办法来解决?

因此,可以鼓励那些的确有相当群众基础、工作踏实、能力很强的经过两票制选出的村支书竞选村委会主任职务,从而实现"一肩挑"。但一定不能将"一肩挑"作为一种模式,要求村一级均如此实践之,否则未必十分妥当。

**修订关键词** 　干部的公共性　中国特色政治制度

(一)

村庄是一个熟人社会,或我们所讲"半熟人社会",选举则是在非熟人社会常用的治理手段。选举的一个负面后果是撕裂了村庄的团结,形成村庄派性甚至派系。在这个意义上说,作为基层治理的一种手段,选举本身并非完美无缺。

传统社会的基层治理依靠长老,一旦坐到长老位置,长老就必须按社会期待的角色来行动,而不可以乱来。人民公社时期,生产队长也是选出来的,但生产队长必须服从公社和大队的指挥,否则,上级可以撤换生产队长。有一个好生产队长,生产队就容易凝聚共识,形成集体行动,搞好生产,获得良好的发展局面,就可以成为先进。当一个好生产队长必须有两个前提:一是自己是强壮劳动力,可以带得起头;二是有公心,吃得起亏。生产队长若想占便宜,就会丧失权威,社员就会不服从指挥。生产队人心涣散,发展就会变得糟糕。若换一个生产队长,这个新换上去的队长仍然公心不足,就得再换。换来换去,生产队户户当过队长,没有一个人搞得好,这个生产队就成为最落后的典型了。小岗村18户农户,户户当过队长,还是搞不好,就不得不分田到户了。

(二)

"两委"矛盾表面上是制度设计的缺陷,因此又有不少制度发明来试图解决这一问题,比如村支部换届实行"两推一选"、"一肩挑",以为村支书获得了村民(代表)的支持就可以解决与村主任的矛盾,但效果并不明显,所谓的"两委"矛盾仍然存在。换个角度看,"两委"关系,以至于"两委"矛盾的存在,实质上是村庄政治中不同利益群体、不同政见互动的结果,这种互动关系如果不反映在"两委"关系中,也会反映在别的领域。因此,"两委"的制度设置实际上是非常精巧地将村庄矛盾纳入制度渠道,让村庄的有序治理成为可能。

"两委"关系是中国共产党创造的有鲜明特色的政治制度,它早在革命战争时期就证明了其活力,新中国成立后渐成国家治理的重要方式。党委与行政之间形成权力平衡、分工合作,既保证了自上而下的命令贯彻到基层,又充分考虑了基层的特殊性。"两委"关系的权力天平向哪一方倾斜,具有相当大的灵活性,完全取决于实践。

2013 年 1 月 26 日晚

# 十一　积极村务与消极村务

村组干部的工作很多,用徐勇教授的话说,就是政务与村务两大块。政务即乡镇政府安排布置的任务,在目前的农村工作中,乡镇往往将村干部完成政务特别是征收税费一类的政务与村干部报酬挂钩。按照《村民委员会组织法》的规定,村干部的主要工作应是村务,仅仅是协助乡镇处理一些政务,现在事情倒着来,令人玩味。

从村组干部的村务来看,大致可以区分出两类村务:

所谓"积极村务"。这类村务的目的是使村庄得到发展,村民更富裕,村集体更富裕,村级组织更能解决村中存在的问题。中共中央在1994年11月5日发出的《关于加强农村基层组织建设的通知》中,提出了以党组织为核心的农村基层组织建设"五个好"的目标,其关键是"选准一条发展经济的好路子",这是典型的积极村务。一条发展经济的好路子可以充分发挥村级地方优势,加快村民脱贫致富奔小康的步伐。发展经济的好路子不仅可以让村民奔小康,而且可以为村集体带来收益,从而摆脱"空壳村"状态。荆门市正是在1994年以后的四五年中,充分调动了村干部寻找发展经济路子的积极性,贷了很多款,投了很多资,只是几乎没有一个村真正发展起来;村民被折腾苦了,村集体欠下大量债务。看来积极村务不符合当前农村的实际,村干部应做的是消极的村务。

所谓"消极村务",是指那种保持村级组织现状,维持村庄生产和村民生活基本秩序的村务。在推行积极村务时,乡镇嫌村干部特别是村支书和村委会主任胆子不大、观念不新、思想保守。等到那些思想新锐、胆大气粗的年轻村干部因寻找发展经济的好路子撞得头破血流的时候,乡镇发现还是那些保守的村干部可靠一些,"生姜还是老的辣"。其实,不是年龄问题,而是鞋子合不合脚,只有自己最清楚。我们在一个镇调查,全镇只有一个村不负债,这个不负债的村由一名老支书管村务,他性格古怪,当然也保守。在全镇各村都投资数十万元调整产业结构时,他不为所动,他也不允许村组干部上餐馆吃喝,虽然村部就在镇边上。而所有乡镇乃至县市干部到他们村参观,他也从来没有招待过客人。开始的时候,镇领导认为这个村支书缺乏开拓精神,几欲将其撤职。等到2000年,这个村不仅是全镇唯一不欠债务的村,而且每年都按时上缴各种税费提留。镇干部都说这个村支书不简单,人人佩服他,村民也服他。在有些特定的时间和特定的地区,积极村务是可行的;但在农村人口如此之多,农村面积如此之广和农村经济处境如此之不好的背景下,村务的消极方面可以做好,就相当不错了。积极村务的失败,使消极村务也不能维持,这样子村民如何指望未来?

消极村务包括调解民间纠纷,提供基本的公共服务等。在缺乏宗族等传统组织的情况下,两个吵架的村民与任何人都没有关系,不会有村民去劝他们不要吵了。村委会最重要的职能是调解民间纠纷。吵架的村民双方都知道吵下去对谁都没有好处,只是没有人劝架,面子上过不去。等村干部上去一劝,两边各打五十大板,架就劝开了,过一段时间两个人还是可以和和气气地相处。夫妻吵架也是这样,俗话说"清官难断家务事",关键不是由村干部去判断吵架夫妻双方谁对谁错,而是在邻居不愿出来劝架的时候,村干部履行自己的职责,让吵架夫妻有台阶可下。

  基本的公共服务是指单个村民不愿去做或做不了的那些公共事业。最简单的比如,放水灌溉是所有水稻产区最为重要的共同生产项目。放水灌溉必须要有人守水。在一块农田灌满水后,再灌另一块农田,不能让水白白流掉,因为放水过来是要花钱的。单个村民既无能力守水,他们也不愿意守水,村组干部组织村民守水,特别是自己带头守水,就显得不可或缺。荆门农村是那种传统组织资源已经瓦解、村民处于原子化状态的地区,仅有的一点组织资源就是村组干部。若村组干部不去守水,村民会一推三六九,大家都需要水灌田,却都不愿负责,也就都灌不上水。

  消极村务也可以积极地去做。1999年我到董店村调查,董店村支书也是一个思想保守的老支书。自分田到户以后,村组两级未再调整耕地,荆门市第二轮土地承包基本上是走过场,延续了第一轮土地承包的合同。第一轮土地承包到了1999年,农民耕种的土地已有了相当变化,这种变化的主要方面不是土地占有数量的不均等,而是土地承担的税费不均等。土地所有权是村民小组的,村民小组长变动很快,也不大负责任,有些村民小组长以减免农户耕地面积、减少税费来优亲厚友或讨好村民。还有些村民在村民小组在承包地边每修一条水渠时,报一次耕地减损。第二年,承包耕地的村民将水渠填上,等村民小组再组织修挖时,就再报一次耕地减损。如此数次，耕地的实际面积依然如故，村民小组账面上的纳税耕地面积已减了大半。总而言之，到了1999年，有些村民小组实际耕地面积并未减少，纳税面积却很少了，这些税费负担便摊到其他村民身上，引起村民的强烈不满。村民小组是没有能力彻底清丈调整土地面积的，村支书便数次召开村民代表会议讨论，下决心一组一组地清丈土地，将耕地打乱重分。纳税面积较少的村民激烈反对，有人给村支书戴上反对中央"赋予农民长期而稳定的土地使用权"的帽子，上面也有人来查问。村支书不为所动，坚持打乱重分，有三户农户坚决反对而不参加重分，村支书便将耕地分给其他农户，以至于这三户农户真的没有田种。不久，有两户向支书说好话，支书从其他村民那里调了些田出来，有一户一直未分到承包地。

董店村民很感激这个积极的村支书，这个村支书不过是用积极的办法做了消极的村务。有很多村耕地赋税不公已严重影响了村民基本的公平感，只是一般村都缺乏如董店村这样强硬的村支书。没有强硬的村支书，重新清丈调整耕地的事情，只会在巨大的阻力（既得利益）中失败。

**修订关键词**　"双强双带"　富人治村

（一）

自第一个中央涉农一号文件至今，中央和地方指导"三农"工作的重心都在增收致富方面，社会各界也都盼望通过政策来推动农民致富。中央党建的一个基本指导思想是所谓"双强双带"，即农村党员干部要带头致富，同时还要带领农民致富,能带领农民致富的河南刘庄、山西大寨和江苏华西村,因为村支书有能力带领村民致富,而极大地改变了村庄面貌,这些明星村也成了各级政府所推崇的发展典范,每年到这些明星村参观学习者数以万计。湖北省委书记在全省新农村建设工作会议上讲话时,要求"全省范围内大力推广钟祥鼓墩村经验。尤其要着力培育一批像该村党支部书记张德华一样,集农业企业家、农村带头人、农村基层组织负责人'三合一'的农村致富能手"[1]。

遗憾的是,带头致富的人带领村民致富的事例至今仍然少见。全国目前仍然有上万个保存集体经济的村庄,且据说集体经济发展好的地方,经济水平也比较高,农民也比较富裕。但就笔者在全国农村的调查,集体经济发展好的,几乎都是沿海发达地区或大中城市近郊,因为经济发展与城市扩张,使农村可以分享到土地非农使用的增值收益,这些集体经济的发展与村干部努力几无关系,而唯与所处区域有关。与其说是集体经济发展带来经济增长和农民致富,不如说是经济发展让集体经济发展和农民受益。

全国几十年来推动"双带",推动富人治村,但极少有成功的案例,即使个别成功也都不可复制,这令人深思。前面讲到的明星村,基本上都是在1990年前中国仍然是短缺经济和卖方市场的条件下,通过发展工业发展起来的,1990年以后,短缺经济时代结束,买方市场代替卖方市场,随即,中国制造业迅速升级换代,小、散、乱的乡村工业处境艰难,乡村工业的面源污染使工业进入园区成为全国共识。这样一来,村庄办工业的

---

[1]《湖北日报》2012年9月4日。

时代也就一去不复返了,指望再来复制明星村的经验根本就没有可能了。这就是全国虽然政策力推和刻苦学习,却少有成功复制案例的原因。

反过来倒是,因为强调"带头致富的人才有能力带领农民致富",一般农民当村干部就不合要求,地方政府有意无意地推动富人当村干部,富人的经济收入来自村庄以外,社会关系也多在村庄以外,富人治村,鲜有可以带领村民致富的先例,却足以获得从治村过程中谋取私利的合法性。这些本来就有经济资源从而具有远大于一般村民影响力的村庄精英又掌握了村干部这一职位,完全可以借此谋私,而难以有人监督。

市场经济条件下,农民都有致富的积极性,不过,在农业GDP有限的情况下,农民致富的主战场是城市,是进城务工经商。这个时候,村干部乃至整个乡村组织最重要的作用是为农民提供基本的生产生活秩序,为他们解决维持生产生活所必需的基本公共品。维护农民基本的生产生活秩序是消极村务。消极村务的重要性在于,单家独户的小农因为经营规模太小,而难以解决生产环节中的众多共同生产事务,如灌溉、机耕、植保,等等,也很难有效解决生活中的诸多共同事务,比如村庄卫生和道路建设。

在已经取消农业税且国家向农村转移支付越来越多的情况下,国家向下转移支付的核心应该是为农民解决基础性的公共品,而非要带领农民致富奔小康。奔小康的主体是农民自己,主战场是城市,在农村人、财、物流出的背景下,国家对农村的转移支付应主要用于维持农村基本的生产生活秩序。

在农民人数仍然众多的情况下,农村是中国现代化的稳定器和蓄水池,城市则是中国的发展极。城市与农村的关系是对立统一的关系,一阳一阴、一正一负、一快一慢、一发展一稳定,从而形成了中国当前相当独特而稳定的结构。也是因此,中央农村工作方针需要调整,要积极去做消极村务,而放下积极村务。该农民去做的就让农民自己去做。

(二)

中国是一个巨型国家,不同地区的资源禀赋、社会结构和文化传统有着明显不同,某些积极村务在特定的地区条件下能够成功,但并不一定适合其他地区。也就是说,积极村务只具有局部意义,积极村务的经验只是在特定时空条件下才有效,如果将此按照"一刀切"加以推广,结果往往会适得其反。

税费改革之后,村级组织治理能力弱化是既定事实。推行积极村务必定占去原本就已萎缩的治理资源,导致消极村务的推行更加捉襟见肘,村民生产生活的基本需要更加无法得到满足。

因此,在当前基层治理中,积极村务不仅没有必要,而且相当危险!

2013 年 1 月 14 日晚

# 十二　农村儿童为什么辍学

按说经济越发展,教育会越普及,义务教育会越有效果。实际情况不是这样。近年在农村调查,发现农村辍学的儿童越来越多,读不起书和读书无用论起了作用。

读不起书是一件不可思议的事情。大集体时代,经济上比现在困难得多,真正受过培训的合格教师和适合教学的正规教室都不多,村中却有很多人受过高中教育,小学教育的普及率也出奇的高。有人说那时的教育水平很低,高中生的水平不如现在初中生,这话有些道理。问题是,为什么那时的学生可以坐在教室读书,现在很多儿童小学一毕业就流失到社会上去,读不起书了。

读不起书显然不是因为现在农民比大集体时代还穷,而是现在读书要交很多的钱,大集体时代读书不要交这么多钱。现在的农村教育不仅要学生交很多钱(相对于农民的收入而言),而且构成当前农民负担主要部分的五项统筹和教育集资的大部分也支付了教师的工资。在农业型地区,乡镇财政的2/3用于教育支出。学生不仅要向学校交正常的学杂费,而且要出各种住宿费、午餐费、校服费等五花八门的、教育部门用"勤工俭学"名义来向学生赚取的补贴教育经费不足的各种费用。

教育支出这么多,不完全是教师太多。记得我在1970年代读小学时,村办小学每个年级至少有两个班。现在的村办小学因为生源太少,已在"普九"教育达标之后撤掉,由以前五所村办小学合并起来的中心小学,每个年级也只有两个班的学生。学生多,教师就多,大集体时代的农村教师比现在多得多了,不过,那个时代的教师大多是民办教师,是不计工资只计工分的本村的知识青年。这些人的收入与普通农民的收入差不多,这样的人农民供养得起。村办小学还有校田,那是真正的勤工俭学,教师和学生一并到校田插秧割稻,校田的收入可以补村教学经费的不足。那时候,每学期交3~5元学费,没有钱的还可以拖欠,这样的学谁不愿上?只要上了学,总可以学到知识。

现在的教师不是回村的知识青年,而是拿到了正规中专、大专文凭的专业技术人才,是国家颁发教师资格证的公办教师。这些教师的收入不再是以前村里的工分,而是国家规定的工资。这个工资数额应为全国行政事业单位大致相似的水平,而在那些农业型地区,则远远超过农民的人均收入。这个水平的工资本来应该由国家财政统一支付,不过,教师的人数实在太庞大,国家财政没有这个能力,便要由县乡财政来支付这笔义务教育费用。农业型县乡的财政收入来自农业和农民,农民为国家办的义务教育付了费。

在中国人口基数庞大,农民基数尤其庞大的背景下,农民收入的较快增长是相当困难的,农民收入低于社会总收入增长的水平是一个基本事实。教师工资是行政事业支出,其水平应按社会总收入增长的水平增长。很多学者和社会各界似乎还有一个共识,即教育支出的增长速度应快于国民经济的增长速度。如此一来,教师的工资水平和教育支出的增长越来越快于农民收入的增长速度,以前县乡财政通过向农民收取税费尚可维持的教育支出越来越难以维持,教育越来越需要在县乡财政支出以外想办法获得收入。"勤工俭学"是在这种背景下提出来的,在农业型地区,教育的"勤工俭学"就是想出各种办法向学生收取费用,以补贴学校日常支出的不足。学校还越来越依赖于向学生收取学费、杂费,以及各种其他费用,如数不胜数的集资费、赞助费。

当教育支出和教师工资离农民收入太远,农民追也追不上它,一些农民也就懒得追了,儿童的辍学现象也就普遍起来。

在可以预见的将来,农民大规模转移出农业的可能性不大,农民收入的增长低于整个社会收入的增长速度,包括低于教师工资的增长速度的状况仍然要会延续,如果国家财政不下大决心支付义务教育的成本,就会有越来越多的儿童不能完成义务教育。

那些读不起书的儿童辍学回家在做些什么?有人以为,这些辍学儿童回到家里在做农活或其他什么正当的轻微劳动,其实不是,他们成群结队在一起闲逛。家长最怕这些读不起书的儿童结伙闲逛,因为这时候最容易学坏,有些家长之所以拼命借钱让子女在学校读书,是担心他们被那些闲逛的孩子带坏。

不仅是那些辍学的儿童到处闲逛,那些读过高中的知识青年也在村中闲逛。前些年办了很多中专,一些农村青年读了中专,但找不到工作。有些师范毕业的农村青年到学校教书,要交数千至数万元的就业金,交不起这笔就业金,就只好在家待着。中国自明朝以来的人地矛盾是人人都该知道的基本国情,现在中国有9亿农民,3个月种田,9个月休闲,是当前中国农村最为典型的写照。

问题是,在那些到处是闲逛的人的农村,为什么不做一点有用的事情,比如关心辍学儿童的教育。当前辍学儿童的教育是万事俱备的,条件比过去好得多了。算一算看,有到处闲逛的辍学儿童,有担心子女在闲逛中学坏的家长,有受过较好教育的农村知识青年,甚至有找不到工作的师范毕业生,有些地方还有前些年"普九"达标建起来但因为学生太少而弃之不用的校舍,这么好的条件集合起来,岂不可以让那些闲置的人力发挥些作用,给无事可做的师范生较农民平均收入高一点报酬,让交不起钱的儿童缴远较义务教育为低的费用,不就可以让那些辍学的可能在闲逛中变坏的儿童多少学到一些有用的知识了吗?

当前儿童辍学当然不只是读不起书这一原因,但这应是主要原因。义务教育如此,义务教育以上的高中教育和大学教育更是如此。过去我读书的高中的教师收入比进行义务教育的初中、小学教师的收入又高出很多。我自己现在在大学当教师,知道大学教师的收入又比高中教师高了很多。所有这些教师的收入都比农民的平均收入高出不知多少倍来。占中国人口绝大多数的农民的子女如何可以读得起书?他们在找不到工作机会时到处闲逛,不知浪费了多少青春和智慧。

何止教育是如此呢?大集体时代的合作医疗,农民都可以享受到基本的医疗保障,在那么艰苦的生产和那样艰难的生活中,农民这个最底层的群体因为享受到医疗而健康长大;今天的农村,合作医疗解体了,原来与农民收入大致相差不多的赤脚医生已被正规地享受整个社会收入增长好处的医生所代替,农民享受不起这些高收入医生的医疗。农民有他们的盘算,"大病看不起,小病不用看",看你这些高收入的医生从哪里得到收入。

律师这个成本高昂的调解人也出来替代政治的和传统的调解人,农民之间的社会交易成本增加了。市场上的种子销售公司代替生产大队的技术员,农民的经济交易成本增加了。水利系统收水费来维持农业用水代替农民集体挖堰建坝蓄水,农民的生产成本增加了。还有很多方面的成本增加了。这是现代社会代替传统社会的专业化和市场化的必然结果,有人这样说。不过,我们还是可以回到前述儿童辍学的问题中来,在当前中国农民人口众多,农村剩余劳动力不可能一下子转移出去之前,我们是否该看一看农民的实际生活,站在常识而不仅仅是站在"放之四海而皆准的真理"、"普遍规则"以及那些"经过人类文明反复验证的规律"角度去考虑问题呢?是不是会有些中国的具体真理比国际普遍真理更为重要呢?

2002 年 4 月 22 日

**修订关键词**　市场只是媒介　没有抽象的好制度

(一)

在这篇文章中,笔者提出的问题是,为什么在1990年代农村有大量上不起学的辍学儿童,有高中毕业闲在家无事做的人,甚至有可以作为学校的公共设施,这三者却结合不到一起形成普及性的教育?为什么?因为在资源严重缺乏的市场经济边缘地带的农村,市场机制无法作为媒介将三者粘合起来。人民公社的了不起之处在于,在几乎没有资源的情况下,通过计划经济将农村剩余劳动力有效组织起来,在普及教育、发展医疗、丰富文化方面,都可以取得杰出成绩,其中的具体制度是我们所熟知的民办教育、合作医疗和群众文艺。计划经济充当了将不同要素组合起来进行生产的媒介。

市场只是一种媒介,政府力量也是媒介,如何依据实际情况用不同媒介来办成好事,就不能抽象地谈市场经济或行政权力的好坏。没有抽象的好制度,任何好制度都是在一定语境下才真好。现在对市场太神化了,以为市场是万能的,这样的神化就会犯错误。

当然,这并不是说政府的力量就一定能够把事情办好,因为它与分散的农民之间存在着信息不对称。举例来说,当前国家提出要搞城乡基本公共服务均等化,这是一个好建议。基本公共服务均等化怎么搞?一个办法是由上级在每个地方帮农民建垃圾站、修路、搞土地整治,等等,这个办法的好处是上级可以按统一标准来建设。但坏处是,不同农村地区的差异极大,农民对公共服务需求偏好完全不同,上级建设的公共服务项目不能反映农民的需求。

怎么办呢?唯一的办法是要让农民有表达自己偏好的途径和能力,要让农民在农村公共服务建设中有发言权,有主体性。唯有真正让农民有了主动性和主体性,城乡公共服务均等化才有可能。

(二)

改革开放,是生活资料商品化进程的开始。教育、医疗等生活资料,在人民公社时期都是公共品,而不是商品。作为公共品,这些服务在集体时代是以公社为单位提供、对所有具有成员权的社员公平供给的。每个成员都有享受这些服务的权利,且每个成员也都有为集体付出的义务。正是在对集体的贡献中,农民的主体性得以建立。而一旦这些服务被转化为商品,以市场的原则运转,它遵循的就是另一套逻辑:如果说在集体时代,教育、医疗、文艺等服务是公共事务,是集体成员通过自己的劳动贡献实现与集体的对接,从而获取这些服务,那么,在市场化和商品化的过程中,这些服务就变成了私人事务,是个人与市场之间通过货币实现对接来获取,集体在这个过程中悄然退场。

当市场被神化,市场的逻辑无限扩展,社会生活的一切就都被商品化,甚至宗教信仰都可以按照市场化的供给和需求来解析,这本身是商品经济对生活世界和文化意义的殖民。值得反思的是,教育、医疗、文艺活动等是否可以被作为商品交由市场来处理。它们是社会整体良性运转的基础,每个为社会做出贡献的人都应当有资格和权利享受这些服务。这是一个成员权的问题,而不是一个经济效益的问题。教育本身无法用投入—产出比来衡量其效益。这些服务一旦被商品化,一些边缘群体很容易被排除在市场之外,儿童辍学问题正是在这样的市场经济逻辑下产生的。

马克思曾指出,生活资料商品化的进程一经启动,社会分化的过程也就开始了。如何继承我们在集体化时代的遗产,是值得进一步思考的问题。

2013 年 1 月 14 日晚

# 第四篇　村庄秩序

# 一　磨洋工

在农村,到处都是打麻将的声音。全国农村乃至城市都一样。"十亿人民九亿麻"说得有些夸张,却描述了当前农民生存的典型状况。有一次我遇见4个年轻人围坐在一起打麻将,十来个人站在旁边看,打输者罚喝一碗凉水,输得太多喝不了凉水者就下来,站着看的人上去。那是一个冬天,天气很冷,我担心他们喝出病来,说为什么输了要喝凉水,不惩罚不行吗?他们说不罚没有刺激性,打麻将就没有什么意思。要让打麻将有意思,不在大冬天喝凉水也行,那就是赌钱。近些年农民收入下降,除了职业的赌徒,赌钱的输赢都不大,一般在十几元至数十元之间,但就单场的输赢来说,其数额也足以使打麻将的人心惊。有些夫妇为打麻将的输赢争吵起来,竟有妇女在争吵中喝农药一死了之。有些地方派出所为了创收,不时到乡下抓那些打麻将赌钱的人,一个人罚上三五千元,对农民来说,这就是一个天文数字。

也有不打麻将的,这些人就到处闲逛。前几年年轻人在农村闲逛时惹是生非的很多,好在最近几年年轻人多外出打工。无论是打麻将、闲逛或是外出打工,都说明农业容纳劳动力的空间已经很小,农村剩余劳动力的出路是一个大问题。即使有上亿的农村劳动力外出务工经商,当前农村劳动力的季节性过剩仍然十分严重。很多传统型农业地区流行着这样一句话:"3 个月种田,3 个月过年,还留半年休闲。"就是说真正务农的时间只有 3 个月,其他时间都玩过去了。农业劳动的强度比较大,多一点休闲时间也很好,只是这种休闲的时间太长,以至于农民普遍感到闲得无聊,有些人怀念起大集体生产时的热闹场面了。

的确奇怪,现在农民只用 3 个月种田,而大集体时代的农民却一年到头都很忙,外出要请假,过年的时间也不长,一年一个劳动力至少要出 300 多个工。农民如此忙碌还收入不多,仅仅温饱而已。可见那时候农民出工都在磨洋工,没有积极性,只要有了机会就拼命偷懒。我一个朋友转述他父亲在农村当知青时参加冬修水利的经历说,那时人们站在河堤上,都不愿意下去挑河泥,只是当干部过来时才装一装样子。可见那时农民有多么懒。农民的懒当然不是天生的懒,而是当时大集体的制度有问题,这种制度因为无法监督,必然导致效率低下。所谓"大呼隆干活,大锅饭分配,只能绑着穷,谁也富不了"。磨洋工作为一种制度性问题,成为人民公社不好的强有力的证据。

真是如此吗?我曾反复问过很多农民,他们现在种田的精心程度比人民公社时期高还是低。很多未到农村调查的人都会想当然地以为现在农民种田的精心程度要比人民公社时期高,还要高得多,因为现在农民种田"交够国家的,留足集体的,剩下都是自己的",谁不会为了提高自己的收入而精心种田呢?但是,很多农民说现在种田的精心程度比人民公社时期更低,现在农村的懒汉也比人民公社时期多。如果说人民公社时期有 20% 的人是懒汉,现在的农村则有 80% 是懒汉。人民公社时期在农闲时有磨洋工的现象,农忙时则无磨洋工的可能。现在不仅懒汉多,而且种田技术也在退化。人民公社时期对于农业增产十分重要的一些劳动环节比如挖深沟、耙田,现在在很多地方都被取消了。人民公社时期,农田在冬天若不种冬季作物,一定会种上红花苕籽或蓝花苕籽,而当前农村冬天抛荒的农田很多,很普遍。让农民变懒的一个原因是现代科技的投入,比如更依赖化肥和农药。目前农村每亩平均化肥用量,由 1980 年代初的数公斤增加到 50 余公斤,土壤因为化肥施用过多,有机质大幅下降,土壤板结和对化肥的严重依赖,构成了农业现实的和潜在的危险。

农民现在偷懒是有道理的,因为农业收益比较少,在农田上投入过多的劳动,田种得过于精心,是一件不划算的事情。大集体时代组织农民利用冬闲大修农田水利,现在的农村仍然依靠大集体时代农田水利建设的成果。有些地方水利设施长年失修,农民痛感生产不便,但现在农民事实上很难再组织起来利用大量的休闲时间维护这些失修的水利设施和其他设施。农民偷懒的道理还在于,当前农业生产总值不足国民生产总值的 20%,第二、三产业已经占到国民经济的绝对比重,这些产业为农民提供了外出务工经商的机会。这些务工经商的机会又为农民提供了计算投入农业劳动力价值的尺度,过多的农业劳动投入折算出来的劳动力价值远远低于务工经商的收入,农村除了那些不计劳动成本的老农以外,农业劳动的偷懒具有了必然性。

大集体时期的情况与此相当不同。当时农业占国民生产总值的比重较目前高得多了,并且第二、三产业的原始积累也只能从农业剩余中提取。所以,大集体时期如何从很少的边际收益递减的农业劳动投入中获得剩余,就成为那个时代不得不面对的问题。因此,将农民打麻将的时间乃至过年的时间用去冬修农田水利,就具有合理性。问题是,那时候冬修水利时也有偷懒的,如朋友父亲所叙述的一样。

无论那时是否有人偷懒磨洋工,现在农民都承认,正是大集体时代建成的极其庞大的水利工程和相当完善的农田基本建设,为当前的农业生产提供了保证。大集体时代的农业公共工程也是中国第一次最为彻底地全面展开的并且进行得十分有效的建设,也第一次最为彻底地改造了中国农业的生产条件,粮食大幅度增长。1952年全国粮食产量只有1.61亿吨,到1977年,粮食产量已达2.85亿吨,大幅增长的粮食,不仅支撑了中国人口的快速增长,而且使中国人均预期寿命远远高于发展中国家平均预期寿命。换句话说,大集体时代虽然也有磨洋工和偷懒的现象,但也许是中国农村最近500年历史上第一次最多建设的时期,大集体将那个时期的人们组织起来,做出了很多人都想做却一直不能做成的事情。

说最近500年以来,是自晚明开始,中国人地矛盾已非常明显,农村大量剩余劳动力无事可做又组织不起来做公共工程,成为这个时期以来的常态,偷懒也好,休闲也好,过年也好,总而言之,温饱线上无事可做这种矛盾现象就一直存在。当前农村农民的打麻将和闲逛,与大集体时代冬修水利时的磨洋工,都可以看做是人地关系紧张这一结构性问题的表现。不同的是,在人地矛盾突出、剩余劳动力过多的条件下,大集体时代将这些剩余劳动力组织起来,去做那些靠单个人无法做的事情,具体如大型水利设施和农田基本建设。做了这么多的事情,竟给人们留下大集体时代人们最懒、磨洋工最多的印象,实在不可思议。

磨洋工是人地结构导致的一个必然结果,是最近500年中国农村的常态,大集体时代农业和农民为中国工业化提供的大量积累、粮食产量的大幅度增长,为当前农业生产留下的规模宏大、数量众多的水利设施等,这是最近500年中国农村的非常态。正是这个非常态,使大集体时代的农业成就可以让所有尚存常识的人感到骄傲。

2002年5月5日

**修订关键词** 人地关系 组织机制 资本下乡

(一)

"磨洋工"的出现表面上显示出的是农民的偷懒(人心)和制度监督的不力,实质上则是中国500年来人地关系矛盾、农业剩余劳动力过多这一结构性原因在起作用。在这样的结构性原因尚未得到根本性扭转的情况下,农村出现以"磨洋工"为代表的各类现象是难以避免的。人民公社时期,在冷战格局下,中国的发展战略不得不以重工业为主,而轻工业无法发展,农业剩余劳动力也就无法转移。因此,农业生产呈现出黄宗智所说的"内卷化"、"过密化"形态,也就是农业劳动力的边际效益递减,甚至为负值的情况。"磨洋工"有其结构性的原因。改革开放以后,随着农村劳动力不断向城市转移,人地关系的紧张在短期内得到了一定的缓解,从而使中国农业经历了从

"过密化"向"去过密化"的转型;并通过外出务工者的自发土地流转,逐渐在村庄中形成了一批以"新中农"为代表的"适度规模"农业生产者。

(二)

桂华认为,水利不是合作问题而是组织问题。合作与组织是有区别的,合作要求从参与群体中最异质性要求中求得通约;组织则是以参与群体中大多数人的合意为标准。合作是自下而上的,以自愿为前提,基本上算是一票否决制;组织是自上而下的,强调少数服从多数原则。由于农田水利基础设施建设和农村公共秩序与文化等公共服务均为带有很强的公共品色彩,具有外部性,因此容易产生搭便车行为。一旦缺乏强有力的制约和压制,搭便车就会破坏合作的基础,人与人之间差异化过大,没有可通约性,从而瓦解合作本身,使得合作不再可能。

制止搭便车行为,既可以通过内生性的传统力量,也可以依靠外源结构性力量。在传统性力量还能发挥作用时,是类似于宗族等传统的力量在组织农民方面起作用,500年来的人地关系紧张,实际上也伴随着传统力量的逐渐弱化,农民缺乏强有力的组织性力量,越来越变成一盘散沙的自然经济状态,一盘散沙的农民饱受缺乏组织性力量而无法提供生产生活秩序之苦,却又无力改进和更新既有的农业生产方式和农村生活状态,造成了农业生产力的落后和乡村的逐渐衰败。

大集体时代,在没有外源性的公共品供给的情况下,农村公共品就只能通过组织的方式供给。通过国家力量将农民组织起来,动员农民用剩余劳动力资源修建农田水利基础设施,也为农村提供基本的教育、医疗、精神文化产品,是500年来农业生产方式变革最为巨大、影响最为深远、农村生活方式最为丰富多彩、现代性进村最为彻底的一次。同时,也为后来的经济飞速发展、农民生活水平的提高、农村面貌的改善奠定了基础。

(三)

当前,政府鼓励企业资本下乡经营农业,实际上是对分田到户后农村基层组织能力弱化,公共品供给困难,农业生产方式遭遇困境的一种不自觉的反应。但是这样的反应方式既没有效益,又十分危险。资本下乡并没有能够解决人地格局的基本国情,因此,在实际经营过程中,身处小农经济的汪洋大海之中,经营效益的实现和保持十分艰难。与资本进入农业生产领域相比,小农经营首先不用支付土地租金,其次因其不计成本的劳动投入,且不需监督成本,其单位面积生产率显然高于资本经营。这样,政府在实际过程中,就会采取以政府财政来支持资本下乡,但这样的资本下乡并无助于提高农民组织能力,而是以已经组织起来的资本来挤占本来就不多的、由众多分散小农来分享的农业剩余,把个体小农变成了资本生产的一种纯粹的生产要素,使小农从原来的"劳动者"变成了"劳动力"。资本下乡经营农业只会使农民更加分散,更加分散的小农被从农地里挤出来后,如何保障就业?如何维持一个基本的生活?这都将是政府面临的巨大考验。

资本下乡经营农地既无效率又很危险,其核心不在于经营管理本身,比如企业监督不力、农民懒惰等,而根本原因还是在于中国基本的人地结构。进城务工的农民并没有完全脱离土地,而是在以代际分工为基础的半工半耕基础上,依靠农业收入来维持劳动力再生产。这种半工半耕结构在目前的城市化进程下还要在较长时间内维持,因此农村劳动力剩余的状况并没有得到根本改变,人地关系的紧张也并没有从根本上得到缓解。资本下乡号称是解决农业后继无人的问题,而农民之所以不愿种地,是因为农业生产基础设施薄弱,公共品供给困难,以及面对不断上涨的农资价格,农业生产效益低下等问题。而这些问题并不是资本下乡能够解决的。因此,政府不应当人为地补贴资本下乡,反而应当限制资本下乡进入农业生产环节,应出台一系列政策为小农提供生产生活所必需的基础条件,保持农村的基本稳定。

2012 年 1 月 20 日

## 二　划片承包

共同生产费是当前村组治理的一大乱源,也是农民负担最难说清的项目。荆门是水稻产区,农业用水是制约水稻生产的主要因素,每年抗旱排涝开支巨大,共同生产费居高不下。有些村组共同生产费实际支出平均每亩竟超过150元。共同生产费太高,一些水源条件不好的耕地无人愿种,耕地抛荒;即使水源条件较好的耕地,也因为共同生产费太高而令农民不堪忍受。

高额共同生产费既有自然原因,又有人为原因,归根结底是人为原因。从自然原因来说,一方面,人民公社时期修建的水利设施诸如堤堰渠坝毁损严重,农业抵抗自然灾害的能力大大下降,农业生产越来越受制于气候因素。只要气候稍差,抗旱排涝便要费九牛二虎之力,所需开支自然很大,共同生产费因此升高。另一方面,近年来水费大幅上涨,加之水渠毁损严重,从水库引水过来,中途渗漏很多,灌溉用水开支巨大。从人为原因来看,一方面,自承包制以来农民日益原子化,每户农民都只从自家耕地考虑用水,抗旱排涝中的浪费很多。在荆门农村特别典型的表现,如从堰塘放水灌溉自己田块时,并不是守在堰塘边等自己田块灌溉好即堵住堰塘出水口,而是打开出水口即回家睡觉,放水不止,直至水被流光。等到下次出现旱情再要用水,就只好从外面高价引水过来。再如从水库高价放过来的农业用水,因为并不是某一户农民的利益,中途浪费惊人。在高价引过来的水因水渠损坏白白流掉的时候,很少有农民会主动去堵住水渠的缺口,他们认为自己既不是村组干部,又不是村组雇请的管水员,没有必要管这等闲事。另一方面,当前上级查农民负担查得紧,农业税收和三提五统已到极限,村组便将一些乱七八糟的开支打入共同生产费中。这种非共同生产费的开支约占共同生产费的1/3强,这也是为什么会有的村组共同生产费平均每亩超过150元,而沙洋县共同生产费平均每亩超过65元的原因。

共同生产费太高,农民承担不起,便有人为共同生产费开支想办法。上级的办法是限定村组年初提取共同生产费平均每亩不得超过30元,这样当然限制不住,因为超支的共同生产费年底还得向农民要。农民也会想办法,其中的一个办法就是本文的主题划片承包。这是一个很有创意的办法。

第一次听说划片承包是与一个村主任的聊天。他说划片承包的办法好,好就好在降低了共同生产费。我有些担心划片承包是乡村想出来的以收回农民土地承包使用权为手段的迫使农民交税费的办法。他说不是。他说,划片承包就是根据水系,将同一个水系的数十亩、上百亩耕地划为一个片,由若干农户共同承包,独立核算共同生产费用,并由承包农户推荐一个"片头"负责本片的水费收缴和杂工调配,村组不再干预。划片承包在本片承包土地农产之间建立了强相关关系,无论是共同生产的抗旱排涝,还是修建蓄水保水设施,农户都会精打细算,这样就大大减少了共同生产费的支出。

不久前读沙洋县经管局调查报告,看到了 2001 年拾桥镇丁新一组和沈集镇马院七组、二组划片承包的材料,材料说丁新一组划片承包的当年,共同生产费下降一半有余,马院七组和二组的共同生产费下降得更多,仅为划片承包前的 1/3 稍过一点。沙洋县正考虑将丁新一组和马院七组、二组自发进行的划片承包作为经验在全县推广。

我还未来得及去做划片承包的田野调查,划片承包的创意却深深印入我的脑海,挥之不去。粗粗想来,划片承包的好处的确很多。首先,划片承包通过共同生产费独立核算,堵住了村组将共同生产费当作乱开支的"筐"的弊端;其次,按水系承包,承包农户可以统筹考虑农业用水,在农闲时维修水渠,开挖堰塘,做好蓄水保水工作;再次,承包农田相对较少,责任明确,构成了用水农户的相互监督机制,由承包农户推举出来的"片头"虽然不拿报酬,但显然只有那些承包户信得过的负责任的人才会被推举出来,这个被推举出来的人会真正感受到作为"片头"的荣誉;更妙的是,划片承包是由相互信得过的农户自动组合起来的,他们之间必须有共同承包的责任心。不愿负责和不愿出力的农户不会被人接纳,这就强逼所有农户真正负起责来。换句话说,划片承包可以改造农民的责任心结构,通过制度设计来改变农民原本的原子化状态,从而有效动员农村闲置的劳动力资源,将其用于在农闲时进行本片的水利工程建设,同时减少抗旱排涝中因为责任心不足所造成的大量浪费。这是一个类似"互助组"的创新。

不过,也正是在农户自动组合起来连片承包耕地上面,我十分担心出现的问题是:一方面,划片承包必然引起目前农民的土地使用权的变动,这种变动不仅违反中央赋予农民长期而稳定的土地使用权的政策,而且从改革开放以来的情况看,凡在土地使用权上过多折腾的,大都不是好事。另一方面,划片承包就要对耕地分级分等,由农户组成不同的承包组来相互竞争,相互竞争的农户构造了耕地的价格,乡村很可能趁机将农村税费任务与农民竞争耕地挂起钩来,由出价最高的承包组来承包最好的耕地。本来具有福利性质的耕地,被仅仅当做市场中的生产资料来予以考虑,剥夺了农民事实上的权利。更重要的是,在这种由承包组按水系来划片承包耕地之初,承包组的农户一定是相互关系很好的。时间一长事情就说不清了,关系本来很好的农户之间闹了矛盾,他想到其他承包组与新建立起来的好关系一起承包,这时该如何清算他在旧承包组的权益?或许应该过几年再由农户组成新的承包组,重新对耕地竞争性划片承包一次,这是乡村两级最为欢迎的了,但这样一来,原来划片承包和建设的水利设施如何计价?难以确切计价的水利设施被重新承包,还有谁愿意在此前对之投资?划片承包不能调动村民对水利设施投资的积极性,这种"划片承包"又会有什么重要性呢?

　　划片承包通过构造农户共同的责任心可以提高对共同生产设施投资的积极性,减少共同生产费用。不过,划片承包推广起来还有很长的路要走,一方面是乡村两级在税费提取的巨大压力下念歪经的可能难以避免,另一方面是如何处理好实践中诸如可以自由组合的农户与相对稳定的划片承包耕地之间的关系等问题。

　　看来还是要到实地考察划片承包的具体做法。

2001 年 11 月 29 日

**修订关键词** 集体决策 反公地悲剧

划片承包是被逼出来的一个应急办法。在划片承包之前，因为村组还可以收齐共同生产费，村组干部可以用共同生产费来组织农民灌溉，小农户与大水利就还可以通过村组干部的协调对接。后来因为农民负担越来越重，且乡村借共同生产费收取了很多不该收的费，农民越来越不愿交纳税费，也很难再收得上来共同生产费。没有共同生产费，村组干部就无法协调小农户与大水利的关系，大水利就不再可能为一家一户农户提供灌溉。怎么办？农户只能自救，但一家一户的农户经营规模太小，而且地块还是分散的，自救也很难。有些地方的农村，农民通过调整土地，按水系将耕地调整在一起，划片承包，从而解决灌溉困难。

在实践中，划片承包在一起的几个农户进行合作仍然很难，因为水利仍然没有保障，合作成本很高。这些合作很快就解体了，代之以农户通过打机井抽地下水来解决水稻的灌溉问题。到2009年，一个乡镇打机井竟可以有7000口，几乎每户一口机井。打井灌溉的好处是可以适应一家一户小规模经营，坏处是成本极高且不可持续。

中国农户经营规模"人均一亩三分、户均不过十亩"，且地块分散在七、八个甚至上十个地方，这与美国平均400公顷的农场相比，经营规模实在太小。美国农场的私人决策到了中国农村就是几个行政村数千农户的公共决策。如此之小的农户经营规模，产中环节就有很多超出农户规模的共同事务要靠超农户组织来协调解决。

因为农民负担太重，共同生产费收不起来，大水利无法与小农户对接,农户通过划片承包来实行自救成为应急之策。在村组干部得力,群众愿望强烈的地方,划片承包就进行下去了。在一些村组干部不得力,群众有不同意见的地方,划片承包无法进行,因为实行划片承包就得调整全村土地,一户不同意调整,全村都调不动,也就无法划片承包。

取消农业税后不再收取共同生产费,这样,由村社集体组织农户与大水利对接就更加不可能了。同时,十七届三中全会关于土地具体承包关系长久不变的规定进一步强化了农户的土地承包权,集体要调整土地以划片承包就更难。水利如此,其他农业共同生产事务也如此,这样,越是明确有保障的农户土地权利,就越是构成了一个农户反对就足以阻止对所有农户有利的公共决策的格局,由此出现了公共决策的悲剧,这个悲剧被美国法学家黑勒称为"反公地悲剧"。

从划片承包这个事情上可以看出,对于从事农业生产的小规模经营农户来说,农户个体的土地权利越大,农民进行集体行动的谈判成本就越高,行动就越困难,利益就越容易受到损害。

2013 年 1 月 14 日晚

## 三　乡村水利

在农村调查常会涉及水利,不是大水利而是小水利,是大集体时代修建的巨型水利工程因为数十年未能得到维护而被损毁后,农民自发修建的小水利。有小水利比没有好,因为没有水利,农作物就不能高产甚至不能生长。以前因为一直不关心生产而关心社会,忽视了农田水利本身的问题。

2002年底,日本驻华大使馆有意在我的家乡荆门无偿援助兴建村庄公共事业,我很荣幸参加了这个事业的具体设计。按我的期待,当前农村村一级因为农民还比较贫困,村庄并无多少公共收益,村庄公共工程诸如水、电、路各方面的问题都多,需要兴修的与农民生活和农业生产有关的公共事业也多。究竟农民最需要什么样的公共物品,我以为还是农民自己最清楚。征得日本驻华大使馆的同意,我们设计在5个村每年援助4万元人民币,连续援助5年,由村民通过村民代表会议讨论兴建什么公共工程、由谁来建、建在何处及如何建等问题,提供无偿援助的日本驻华大使馆只管援助款是否真正用到了公共工程上而不是被一些人贪污掉了。

出乎预料又合乎情理的是,5个村分别召开村民代表大会讨论兴建何种公共工程时,竟一致决定修建水利,特别是依原来的小河修建拦水坝和打灌溉机井，5个村总共报来10个具体工程项目，没有一个村的一个工程例外于水利工程。我曾问5个村的村民代表，为什么不修建水利工程以外的其他与生活关系更密切的工程，他们说，没有水利就不能生产，不能生产还谈什么生活？他们不是不需要修建村庄其他公共工程，而是更需要修建迫在眉睫的水利工程。

为什么水利工程会如此迫在眉睫？因为新中国成立后大集体时代修建的大水利已被严重破坏，以前依托大水利的农田无水可灌，就必须修建小水利。小水利也是水利，水利是一项只有组织起来才可以建设的事业，这些年村级组织普遍负债，小水利也组织不起来，有些农户已经不得不在过去可灌溉的耕地里种植旱作物了。有了一笔外来的无偿援助款，他们当然会选择修建小水利。村级组织也只组织得起小水利。4万元也只够修小水利。

问题在于，这5个受援村以前并非没有大水利。一是自1958年开始，历时8年，调集4县10万民工（高峰期达到13万人）施工修建的漳河水库，最高可以灌溉200万亩以上农田，也可以直接灌溉此次日本大使馆无偿援助的5个村的几乎所有农田，但现在漳河水库的灌溉能力不足百万亩，以上5村已经十多年没有见到漳河水了。二是1976年修建的可以灌溉1.4万亩农田的新贺泵站，曾经为以上5村中4村的耕地供水，因为河道长期得不到清淤，水渠被毁，现在可灌溉耕地不足千亩。

大水利一旦被破坏，依靠承包着小块农田的农户甚至依靠作为双层经营集体层的村级组织，都是没有办法的。有的办法是兴修小水利，诸如建拦水坝、打机井、建更小规模的泵站等。

但是，水利是一项需要在庞大规模上进行规划与组织实施的事业，小水利不能解决户与户、村与村的水利平衡及水的来源问题。打一口机井，提水只能灌溉数十亩农田，并会影响周边农户水井的用水，上游的拦水坝与下游的拦水坝要相互竞争水资源。这个村的小型泵站刚刚建成，那个村就已将河水拦走。最终，不仅农田水利的建设成本居高不下，而且居高不下的水利成本仍然不能解决用水的矛盾与困难。离开大水利的小水利只有着极有限的前途。

水利是天然的集体事业，组织起来兴建的大水利不仅成本低，而且效果好，可以在很远的地方将水蓄起来，在农田需要用水时调过来，从而从根本上解决农田水利问题。但是，目前乡村仍然没有一个完善的水利建设机制，乡村水利问题不仅是一个技术性问题，而且成了困扰整个农村发展与农民生活生产的极其关键的问题。

回顾历史，说水利是农业的命脉，一点没有夸张。中国数千年来为害最烈的自然灾害是水旱灾害，尤其是旱灾。水旱灾害的频繁发生与中国地处季风气候区有关，能否战胜水旱灾害，都有赖于水利建设的状况。1959年至1961年三年自然灾害，就是为害甚烈的旱灾。特别是中部及北方地区旱情之烈，达到了百年一遇的强度，再加上连续三年，雪上加霜，终于酿成悲剧性事件。三年自然灾害期间，全国"大跃进"的一项重要内容是兴修水利，而最为遗憾的是，这些水利工程刚开始兴建，还没有来得及发挥作用。"人定胜天"还需要一个过程。

三年自然灾害进一步强化了当时国家兴修水利的战略决心，在接下来20年左右的时间，全国江河整治、水库修建、堰塘渠坝建设、梯田建设、农田水利建设，凭借人民公社强有力的组织网络大规模展开,仅仅凭借人力,中国历史上第一次真正有效的"向自然开战"的人定胜天的伟大壮举取得了决定性成功。到了1970年代,全国农田水利建设和江河整治使中国人民第一次可能坦然地面对自然灾害。

以上宏观层面展开的"水利是农业的命脉",具体在微观的乡村层面继续展开。众所周知,水田种植粮食作物的产量普遍是旱地种植作物产量的两倍以上,同为旱作物的北方小麦产量,水浇地产量一般是非水浇地产量的两倍。新中国成立后,中国耕地中可灌溉耕地仅占全部耕地面积的不足20%,到1970年代末,这个比例上升为40%,以前普遍种植的低产的旱作物可以改种高产的水稻。粮食作物,这个由技术而不只是由劳动投入决定的作物的最高产量因此得到大幅上扬的空间。水稻以及小麦等作物对水的需要,具体到乡村场景,就是可以有水引到庄稼地里,让庄稼在劳动投入及其他技术投入的基础上达到可能的最高产量。引不过来水,如果一切都指望风调雨顺,就会出大问题。

在1980年代,因为有前20年大规模水利建设的成就,所以没有人感到水利的重要。水可以凭借20年水利建设的成就,从人工筑成的水库通过如血管一样的水渠一直引到每一块农田。风调雨顺不用说是好年景,出现水旱灾害,因为有完整的水利设施,灾情也会大为缓解。1980年代是一个吃老本的年代,但没有人感觉到老本的存在,水利特别是农田水利这个庞大的事业被整个社会忽视了,也被国家忽视了。

遗憾的是水利并不是一个可以一朝得到即可朝朝享用的事业,而是一个需要人们不断维护建设的事业。国家长期对水利的忽视,终于在1990年代使微观层面的水利成为严重困扰农业的大问题。在 1990 年代的农村调查中，纠纷最多、矛盾最大、工作最难做、效果最差的事情大都与水利特别是农田水利有关。新中国成立后修建的水利设施被大规模破坏，以前可以廉价将水灌到农田的水渠不是渗水严重，就是已被毁损；以前可以灌溉 10 万亩的水库现在可能只能灌溉 1 万亩，因为水库库容变小了，而且水渠没有了。农田水利将农田与水利联系在一起。一家一户承包制下的农田不可能与成千上万亩土地之上的水利建设有力地联系起来，每一块农田对水的渴望并不能自然带来建设大水利的合作，即使以前有的庞大水利工程建设，也与当前分散的农户组织生产的方式发生冲突，农户提供不了使用大水利时的组织成本。新中国成立后数十年由国家组织起来建成的庞大的大水利一旦被破坏，小块农田对水利的渴望便导致农户修建小水利的理性行动，而小水利会进一步瓦解破坏掉大水利的布局，大水利在小水利的冲击下，提供水利的成本快速上升，这进一步增加了农户修建小水利的热情，大水利则进一步破败、没有出路。小水利的问题是只在局部考虑水利，不仅成本高，而且不可能从根本上解决水利问题。本来抗御自然灾害能力不成问题的水利建设成就，转眼间就被这些乱七八糟的"理性逻辑"搞得没有了影子，曾经在 1970 年代一度被征服的自然灾害特别是水旱灾害又开始猖獗。面对而不是逃避当前乡村水利这种问题，实在是我们要提上日程的大事。

2002 年 11 月 28 日

**修订关键词** "最后一公里"　治理性干旱

（一）

划片承包就是大中型水利设施与农户无法对接时不得已的应对办法。之所以大中型水利设施难以与小农户对接，是因为农户经营规模太小，农户若不能组织起来，就不可能有效使用大中型水利设施进行灌溉，人民公社时期修建的大中型水利设施因此被废弃不用。

取消农业税后，国家投入大量资金维修大中型水利设施，并出钱疏通了渠道，但仍然不能解决农田灌溉问题。水利部门对此颇不理解，将之称为"最后一公里问题"，意即虽然国家投资修建了大中型水利设施，但这些修建的水利设施依然到不了农户承包地里，从工程上讲，就是到耕地最后一公里的水渠没有修通，从而使大中型水利设施不能为农民提供水利灌溉的服务。

我们在湖北农村调研时发现，当政府投资将渠道硬化到农民的田间地头以后，却依然不能解决农民灌溉问题。这说明，看起来是工程问题的最后一公里，其实并非工程问题而是组织问题，即大中型水利设施无法排除在为农户提供灌溉时的搭便车者，因此无法向农民收取灌溉费用。取消农业税前，村庄集体可以半强制地向农户收取共同生产费，防止搭便车，并因此作为农户代表与大中型水利设施形成对接。取消农业税后，村社集体不再可以向农民收取共同生产费，村社集体也就无法再组织农户，代表农户与大中型水利设施谈判对接，由此使大中型水利不能为分散农户提供灌溉服务。这显然是治理问题而非工程问题，申端锋称"最后一公里问题"造成的农业干旱为

"治理性干旱"。

（二）

水利中的"最后一公里问题"，反映了小农生产方式与农业基础设施建设和农业公共服务之间的矛盾。小农生产规模太小，造成水利灌溉不能内部化；过高的交易成本又造成数量众多小农难以合作起来解决公共品供给问题。因此，罗兴佐说，治水需要国家介入与农民合作；桂华认为，解决农田水利问题要依靠自上而下的组织机制。

"最后一公里问题"不仅体现在农田水利上，还体现在农技推广、农技服务、防虫治病等所有的农业公共服务中。离开了超越一家一户小农的能够将千家万户小农组织起来的中间组织，搭便车问题便无法解决。引入市场机制解决这些问题必然是失败的，农田水利市场化改革的失败已经证明了这一点。

传统的村庄集体组织在解决这类"一家办不好和不好办"的事情上发挥了关键作用。这就是毛主席所说的"满头乱发没法抓，编成辫子才好抓"的道理。税费改革后，村组组织虚化，丧失了将农民组织起来的力量，"一盘散沙"的农民无法与水利工程单位对接，无法与提供农业公共服务的"七站八所"对接，"最后一公里问题"会越来越严重，也将成为制约农业发展的命门。

2013 年 1 月 14 日晚

# 四　老人协会

江苏、浙江两省村一级大都设有老人协会。浙江温州地区几乎每一个村都有老人协会,且老人协会活动很多,作用颇大。苏南地区老人协会组织大多是健全的,作用没有温州大。苏中和苏北地区老人协会也是有的,只是大多流于形式。

温州老人协会的确有趣,不仅沿江发达地区老人协会活动频繁,影响极大,而且贫困山区老人协会作用也很大。沿江发达乡镇党委书记和贫困山区乡镇党委书记都用一样的语气对我说,老人协会在某些时候的作用比村支部还大,有些事情,特别是涉及民间纠纷的调解,离开了老人协会就是解决不了。有些发达农村的老人协会的收入竟超过百万元,有些贫困地区老人协会比村级组织发挥的作用更大,一些村里的工作就由老人协会来做了,似乎已经形成惯例。在温州,村中的民间纠纷村干部不插手,而由老人协会来处理,相比之下,没有老人协会的村庄,村干部最头疼的工作之一往往就是民间纠纷的调解。老人协会调解民间纠纷的能力很强,温州村庄内部各种可能出现的纠纷都在老人协会的调解范围之列,这不仅可以迅速化解村庄矛盾,而且可以防止村庄矛盾的产生。

老人协会并不是过去就有,而是改革开放以来产生的新生事物，它不同于新中国成立前以宗族为单位的族老会，而是以村委会为单位建立和活动的。温州老人协会一般都有固定的活动场所，几间房子用于打牌，喝茶聊天，也用于老人协会的办公。老人协会设有会长，选举产生，多为村里有威信的退下来的村干部担任，另外还有 1~2 个管理员，主要是为老人活动提供服务，比如烧水倒茶，打扫卫生。管理人员也是老人，每月有很少一点报酬，会长报酬有的村有，有的村没有。无论有无报酬，想当会长的人都很多，会长的选任因此竞争激烈。老人协会的成员资格一般是年满 60 岁，收入来自老人交纳的会费和捐资，村里一般也会视经济收入多少给一些补贴。发达地区的老人协会通过垄断一些工作来获得收入。温州地区最普遍的是由老人垄断村里的搬运工作，叫"老人搬"，凡是在本村范围的搬运都由老人协会安排老人来做，其搬运价格比较高。有些企业虽不愿让老人搬运，但最终大多会妥协。"老人搬"的收入甚是了得，有的"老人搬"最多一年可以有 200 万元的收入。其中一部分用于老人协会的活动经费，其他付"老人搬"的工资。贫困山区老人协会缺乏获得这种收入的机会，其收入的一个重要来源是捐资。有些老人将做大寿收到的礼金捐给老人协会，高的有 1 万多元。有些老人协会闲散资金很多，他们不会放在银行吃利息，而是向社会上放贷，放贷当然风险大一些，收入却多得多。有趣的是，虽然老人协会普遍有钱，却从来没有老人说老人协会的财务有什么问题。相对来说，几乎每个村庄都有村民抱怨村干部账目不清。

除了日常的打牌娱乐、喝茶聊天以外，每年农历九月初九老人协会都会举行盛大的聚餐宴会，这几乎是所有老人都心向往之的节日。有空闲时间，老人协会还可能请来戏班唱戏。老人协会的会长和其他一些活动积极分子不仅维护老年人权益,调解村内民间纠纷,而且配合村干部的工作,特别是在宣传计划生育、创建文明村庄、提倡殡葬改革等方面的作用很大。老人协会往往还参与对村财务的监督。

老人因为年龄较大,一般不再从事主要的生产活动,闲暇很多。老人协会将这些闲暇很多的老人组织起来自娱自乐,使老人的生活变得充实。老人协会开始时是为了维护老人权益而介入到诸如子女不孝、婆媳不和等家庭矛盾的调解之中。老人协会调解家庭矛盾的能力很强,因为老人空闲时间多,工作可以做得很细,老人们又天天在一起,相互议论,不仅形成而且完全主导了村庄的舆论。在村庄范围,主导了强有力的舆论,还有老人协会调解不了的家庭矛盾?而一旦可以调解家庭矛盾,也就自然可以调解村内其他的民间纠纷,这种调解纠纷的效果自然也会出奇的好,以至于村干部在民间纠纷的调解上无事可做。

老人协会的作用远不止是调解民间纠纷,它还在形成村庄预期方面具有极其关键的作用。村庄预期可以分为两个方面:一是村民对自己未来的预期;二是村民对村庄生活的预期。稳定预期有利于提高村民的责任感,减少机会主义行为。因为有了稳定预期,村民会在年轻时就为未来投资,从而形成长远利益。也因为有了稳定预期,村民会考虑全村人的整体利益。短期的个人的经济利益是重要的,但不是唯一的。与短期的个人经济利益同等重要的还有长远和整体利益,这种长远和整体利益的考虑,就为村民之间的相互信任与合作提供了基础,就为村庄公共工程和公益事业建设提供了基础,就为民主的村级治理提供了基础,也就为提高村庄整体福利提供了基础。在这种可以提高福利的村庄,村民愿意在村里建房子居住,他们年轻时可能不得不外出打工赚取收入,但他们都准备年老时回村居住。村庄是生他养他的地方,也是他将来的归属所在,他离不开这个值得他预期的根的所在。就是那些已经搬出村庄外出工作的人们,他们也无法与自己的村庄割断联系,他们的梦中总有村庄的影子。

正是因为形成了稳定的村庄预期,温州贫困山区的村干部可以在只有极低报酬的情况下尽职尽责地工作。有一个山区贫困乡镇,22个村,主要村干部一年的报酬不过200元,在2002年的村委会选举中,竟然村村竞选都很激烈。这种现象在温州并非个别。在发达地区私营企业主不惜影响企业生产而竞选村干部,有一个当村长的私营企业主对我说,他每年从村里拿的报酬还不够抽烟,而当村干部每年带来的企业利润损失不低于数十万元,仅仅聘请一个管理人员的年薪就是8万元。还有一个村的村主任对我说:"我当村主任图个心安,图将来别人在我儿子面前说'你爸爸还不错,还是为村里做了贡献的'。"温州村委会选举竞争普遍激烈,有一种说法叫做"争气不争财",就是说,当村干部不是为了得到经济上的好处,而是为了争气。村干部"争气"就很好,这些"争气"的村干部比"不争气"的村干部有更多治理好村庄的心愿与决心。以村为单位的老人协会是建构起来的,这种建构在1980年代,大都只是为了老年人的自娱自乐。全国很多地方都建了这样的老人协会,以及其他各种协会、理事会,如红白喜事理事会,但全国大部分地方的这类自上而下建立起来的协会、理事会都走了过场。温州这个地方具有深厚的民间传统基础,这个地方建立的老人协会与传统相结合,就茁壮地成长起来了。苏南的老人协会似乎缺乏像温州一样的传统资源,而更多依赖于村集体的拨款。苏北地区的老人协会得不到村集体的拨款,就发挥不了作用,仅仅留下一个招牌。重要的是拥有传统资源的温州老人协会的有效活动,又大大增加了传统本身的资源量,也就是增加了村庄的社会资本。这样一来,老人协会就越来越向良性的方向发展,村庄治理也就越来越有希望。

那些缺乏传统民间资源地区的农村呢？老人是很多的,他们的闲暇时间也很多,自娱自乐的事情当然也有,但要形成有组织的活动,就需要有来自外面资源的注入。这个注入资源的数量不一定大,就可以保证老人协会的活动向良性方向发展。而向良性方向发展的老人协会的活动,又会在形成村庄预期、调解村庄矛盾方面发挥作用。村庄的社会资本增加了,良性村级治理的希望也就会有。

谁来注入这一笔来自外面的资源呢？

2002 年 8 月 16 日

**修订关键词** "低消费、高福利"

2002 年开始,笔者一直在湖北洪湖和湖北荆门的 4 个村进行老年人协会建设的实验。在 4 个村,笔者主持成立了老年人协会,凡本村 60 岁以上老年人都是协会的当然成员。协会选举会长、副会长和理事,成立了各种小组。协会经费由笔者按每个老年人每天 5 分钱来筹集,4 个村,每个村每年大约是 5 000 元运转经费。荆门 3 个村,由笔者筹资建了独立的老年人活动中心,建筑面积大约200平方米,洪湖老年人协会至今仍依靠村部一个大会议室活动。

4个村老年人协会成立以后,主要活动是打牌、看电视,电视主要是播放地方戏曲,打牌主要是打纸牌,有时也打麻将。这是自由的活动,每个老年人活动中心每天有30~40个人在协会活动,主要就是看电视和打牌。其实,看电视和打牌只是手段,老年人到老年人活动中心来的主要目的是聊天,是要散散心,交流一下,了解一下国内、国际上的事情和家长里短。说说话,日子就好过多了。

老年人协会还有一些常规活动,是老年人协会领导必须要做的事情,比如有老年人去世,老年人协会领导就必须到场送别,要送花圈和鞭纸。老年人过寿,老年人协会领导也一定要到场祝寿。无论是送葬还是祝寿,老年人协会的领导必须到场,且地位很高,总是处在中心位置。若有老年人生病,老年人协会领导也要去看望,礼物可能只有10元钱,但礼轻情重,被看望老人无不热泪盈眶。

老年人协会还有一件事情是每年重阳节召开全村老年人的庆祝大会,全村所有老年人到场,老年人协会组织文艺表演,有些表演就是由老年人协会文艺组策划,老年人自己表演的。比如老年人的腰鼓、健美操、小品、相声,以及鼓乐独奏或合奏。每个老年人都会发一双袜子、一块香皂等,也是礼轻情重,象征意义极大。

老年人协会还会组织一些不常规的活动,比如组织年节玩龙灯,组织腰鼓队参加县里比赛,或参与村里婆媳纠纷的调解;等等。有时还参与到村支部和村委会的换届选举中去。

总之,10年来,4个村的老年人协会,只获得了极少的按每个老年人每天5分钱的外来资源作为活动经费,却一直运转良好,老年人协会的领导没有任何报酬,但他们都十分敬业,十分热爱自己的岗位,他们特别珍惜老年人自己组织的荣誉,他们时时处处都意识到自己是"领导"的责任。

老年人协会的老年人,到活动中心并没有特别目的,而是习惯了。不能总是待在家里憋着,每天到活动中心看看有什么事情没有,有没有新闻。要说说话,散散心,也散散步。我们在农村调研农民信教活动时发现,老年人参加地下教会的目的也多在于此。给老人们生活"盼头"的,倒不是他们难以理解的"上帝",定期的教会礼拜活动,让老人们能够碰碰头、见见面,生活就有了"节奏感",就像厌倦学校生活的小孩子期盼周末一样。有了老年人协会,地下教会自然就发展得比较慢了。

村中每个老年人都是老年人协会的当家成员,因此,每个人都受到老年人协会的关心,生老病死是自然规律,但对这些自然规律完全可以做得更加人性。因为有老年人协会这个组织的关心,每个人都可以活得更踏实。

老年人协会每年都会对其成员进行登记,有些老人已经去世了,也就不可能再参加协会组织的活动了;有些人已满60岁,从此可以参加老年人协会的活动。

老年人协会成立已10年,4个村老年人的一致意见是,自从有了老年人协会,老年人觉得时间过得快了,身体好了,上吊自杀的少了。总之,有了老年人协会,让老年人可以有一个讲讲话的场所,就有了老年人相互的关切关心,使每个老年人都多了一份依靠。讲话了就不憋气,有人关心就有了正能量,就会心情舒畅。心情舒畅,时间当然过得快,身体也会好。

老年人是进行经济建设的边缘力量,但老有所乐很重要,老年人的状况给所有中青年人以示范。老年人良好的精神风貌可以让中青年人对未来有一个好的预期。

老年人不是经济建设的主力,他们却有大量的闲暇要有意义地度过。老年人协会主要是让老年人老有所乐,甚至老有所为。这样,不用花钱的老年人的生活质量却有大幅度提高,这是"低消费、高福利"的生活!

2013 年 1 月 14 日晚

# 五　村民小组长

余秋雨的《文化苦旅》中谈到的天柱山我也去过，但没有到山里去，仅在进山前的大沙河边的两村庄做了一番访谈，很受启发。其中关于村组干部中的组干部即村民小组长的访谈最为有趣。

风景村再次当选的村委会主任姓江，他说税费改革以后，村干部的报酬每年可以达到 5 000 元以上，有了保障，但村民小组长是没有报酬的，至多一年有 100～200 元的误工补贴。村民小组长不是可要可不要，而是非要不可的。村民小组长不仅要协助乡村干部办理各种上面交办下来的事情，比如协助收取税费和计划生育，而且需要处理大量村民小组内的事务，诸如维修水利，调解纠纷，甚至主持办理红白喜事等。我想村民小组长这种没有报酬却有很多麻烦事的职务，一定不会有人愿当。江主任说，听说有的村因为没有人愿当村民小组长而抓阄轮流当，一户一年或半年，但这种情况在他们村并不存在，不仅不存在，而且村民还很愿意当村民小组长，村民小组长也是由村民选举产生的。

我很奇怪竟会有这样的事情。中国传统社会的宗族族长是不拿报酬却又管事的人，天柱山的村民小组长似乎与宗族族长有些相似,然而,村民小组分明又是由人民公社时期"三级所有,队为基础"的生产队转化而来,是国家政权向下延伸的行政建制的产物,这种行政建制的产物未必也会发展到与地方传统洽合吧?

不仅村民小组长,而且村民代表也显得很重要。一个村民小组的村民代表很自豪地说,自己从人民公社解体以来就是村民代表,相当于原来队委会的成员。我很奇怪天柱山的村民代表怎么会在人民公社一解体就有。他说人民公社时选举生产队长和队委会,每年一选,生产队长每年较一般村民多记十几个或几十个误工,队委会成员也有几个到十几个误工。人民公社解体以后,生产队变为村民小组,队委会是不需要了,村民小组长还是要的。村民小组长有时事情也多,特别是涉及村民小组集体利益的事情,必须召开村民小组会议讨论。之前,村民小组长必须找几个在本组内有威望和影响的人共同商量决策,起码这些人可以为村民小组长作证说他办事情时没有谋私。村民小组长找去商量事情的这些有些威望和影响的村民,就是他说的自然而然的村民代表。这个很自豪的村民代表自1980年代开始一直参加组长决策。1998年修订的《村民委员会组织法》,对村民代表的选任作了规定。这位一直是由组长找去的自然而然的村民代表被选为本组的两个发了代表证的正式代表。这些正式的和以前那些自然的村民代表与村民小组长一道来商量村民小组的大小事情,代表村民小组来处理村民小组的产权问题、兴修村民小组的水利和道路问题,有时还商量村民小组困难户的生活、申报和红白喜事的操办。前不久,这个自豪的村民代表与本组组长和另一个村民代表商量了一件重要的事情,就是将村民小组的沙场以4 000元作价卖给外地经营户经营,整个谈判都是由村民组长和村民代表一起与经营户进行的。

问题是为什么天柱山的村民小组长和村民代表会热心于这些无酬的义务劳动。风景村江主任以村民小组长操办红白喜事为例说,这可能是村民小组长得到了荣誉。他举例说,他的外婆去世后,村民小组长安排了整个丧事,三天没有休息,办事认真负责,根本未得好处。办丧事比较麻烦,且需要相当人力,村民小组长要安排通知亲友,安排管账人员,安排购物和酒席的档次,安排做饭、烧菜勤杂人员,安排经堂人员,安排挖坟抬重,等等。办婚礼相对容易些,村民小组长的参与程度较丧事为轻。有些村民小组长在安排红白喜事时并不处于最核心的位置,一些关键环节需要由德高望重的老人出面,但整个过程离不开村民小组长。在离天柱山很远的另一个乡镇,村民小组长参与红白喜事的情况与天柱山没有不同。

风景村的江主任还说,据他观察,村民小组长参与红白喜事如此频繁而深入,这是1990年代以来的新现象,在1980年代还是很少的。1980年代那些德高望重的老人还在,宗族组织似乎恢复得很快,特别是办丧事,大都由本宗族德高望重的老人出面主持,到了1990年代,宗族力量似乎再次弱了下去,但村民小组内人情循环的惯例仍在,特别如办丧事这类需要相当人力的大事,就必须由一个有权威的人来主持。在宗族衰落的同时,老年人的地位越来越边缘化,德高望重说话算数的老人很难找了,而红白喜事等需要大量人力协作的事情需要有人出头召集,村民小组长自然要负起这个责来。

村民小组长主持红白喜事是不需要事主支付报酬的,当然在主事期间他会在事主家吃喝。他还要事主还上人情。红白喜事特别是丧事是村庄的大事,也一直是民间的大事情。因为传统宗族的衰落,这类事情自1990年代以来,发生了主事者由传统人物向行政建制负责人的转移,但这种转移并未造成这些事务的行政化,也未支付报酬,仍然用民间的办法来解决。其实,以前诸如民间纠纷的调解、村庄道德的维护和村庄治安的保持也都是民间的,只是现在这些民间的事情越来越不能由民间来处理而需要行政来插手其中。

这些民间的事情,乡镇不是很清楚的。与风景村所在天柱山镇的领导讨论村民小组长的作用时,他们大都认为村民小组长在红白喜事中不起作用。"红白喜事是宗族的事情,与村民小组长有什么关系呢?"甚至一些村干部也没有注意到近些年来越来越多的丧事是由村民小组长来主持,或至少离不开村民小组长这一趋势。在与村民和村民代表座谈时,他们似乎也认为村民小组长没有什么作用。然而,一旦让他们仔细想想村民小组长在诸如办红白喜事上的作用,他们都说,是的,村民小组离不开一个出头的人来主持事情。村民小组一直是一个重要的人情单位、生活单位,是一个真正的熟人社会,离开村民小组这个熟人社会,村庄的生活组织不起来,民间力量也就失去了基础。

回到前面的问题,之所以还有人愿在无酬的情况下当村民小组长乃至村民代表,不是因为他们可以得到多少经济上的好处,而是他们在诸如主持红白喜事中与事主深厚的情感与人情的交换,这种交换带来了村民小组长的威信、尊严和体面,他们获得了文化上的优势。正是这些为乡镇甚至为村干部所忽视了的无痕的民间交换,构造了中国传统社会的基础,也构成了当前一些地区村庄秩序的基础。

税费改革之后,因为村级经费紧张,很多地区试图通过合村并组和取消村民小组长来节约村级管理费用,这样做能否节约管理费用暂且不论,它会进一步破坏村庄仍然存在的民间资源却是无疑的。在进行相关决策时,如何更为细致地考虑村庄秩序的民间基础,恐怕不可缺少。

2002 年 5 月 24 日

## 修订关键词　抻头办事

（一）

取消农业税前,村民小组长的工作无非两件:一是协助乡村干部收取税费,完成国家任务;二是协调办理村民小组的事务。村民小组是一个熟人社会,且村民小组往往还是土地集体所有的所有者主体。人民公社"三级所有、队为基础"的生产队就是现在的村民小组,生产队是基本的生产单位和分配单位,人民公社时期修建农业基础设施大都是以生产队为单位进行安排。人民公社解体后,村民小组仍然是农民最基本的集体,土地承包权大都是在村民组内分享和调整。村民组不仅是一个为农业生产提供基础设施条件的单位,比如一般是与大水利相对接的最小水利单元,而且是最基本的土地集体所有的所有者。因此,村民小组是当前农村社会最基本的生产、生活和人情共同体。

正是因为村民小组的以上特征,使得村民小组的治理非常重要,村民小组内的各类日常事务需要有一个代表性人物出来抻头办理。只有村民小组有了人格化的代表,村民小组事务可以汇聚落实到一个具体人上面,村民小组的各种公共事务才可以顺利决策和落实。

取消农业税前,村民小组长非常重要,因为上级要找村民小组长协助完成上级交办的各项任务。取消农业税后,不再有诸如向农民收取税费等难办的事务,村民小组长似乎不再有用,在作为税费改革的配套改革中取消了村民小组长。

一旦取消村民小组长,村民小组就失去了人格化的代表,就没有一个抻头的人出来,这就使村民小组不再能有效凝聚村民意愿,难以召开会议,无法有效治理,而村民小组可以为农户提供的公共服务也就越来越不可能。

取消农业税后,之前依靠农业税费养活的庞大乡村组织就不再有养活的资源,因此税费改革引致乡村体制改革,许多地方进行了撤乡并镇、合村并组、减少乡村干部、取消村民小组长的改革,湖北省甚至将乡镇"七站八所"由事业单位推向市场,改为"民办非企业"单位,搞所谓"以钱养事"。这样一来,虽然乡村支出减少了,却因为村民小组长的取消,农民在村民小组一级的组织能力进一步降低,应对生产生活等共同事务的能力进一步减弱,农民利益受到了远超过去的损失。

(二)

村民小组长取消了,但并不等于以前需要村民小组长发挥作用的事情就没有了。很多事情依然存在,而且村民小组长的角色无可替代,甚至一般认为是完全由市场决定或社会发挥作用的某些事情和领域,离开村民小组长就很难办。如资本下乡,没有村民小组长联系农户,做农户工作,资本也是寸步难行。

在有些已经取消村民小组长的地方,因为无法面对村民,乡村不得不再在村民小组新设"信息员"或"联络员"一类职务。这些职务的工作类似于村民小组长,起到勾连农户与村干部的作用。但是这些职务与村民小组长又有实质性的区别。村民小组长是正式职务,它是由村民推选产生,属于"体制内"人员,在村民小组抻头办事,名正言顺;信息员则因为名不正言不顺,很难起到之前村民小组长的作用。

2013年1月13日上午

# 六　文化与性格

在荆门调查,发现在农村人与人之间的传统联系正在解体,现代联系又未建立起来,由此形成了低度社会关联的村庄类型。低度社会关联村庄,村民缺乏一致的行动能力,不仅与村民利益密切相关的村庄公共工程和公益事业无法组织起来,村民的正当权益也得不到保护。明显的如减轻农民负担的政策得不到落实,地痞骚扰村庄十分普遍,老人受到虐待时有所闻,农村非正常死亡率特别是自杀率异乎寻常地高。

2000年到吉林金村调查,发现金村也如荆门农村一样,传统的人际联系正在解体,现代联系又未建立,是一个典型的低度社会关联村庄。不过金村的村治状况却与荆门农村有着天壤之别,特别在社会治安、村屯建设、邻里关系、尊老爱幼以及低自杀率方面,做得尤其好。从农民负担方面看,金村农民负担也很轻,金村所在乡竟然一直没有开征农业特产税和屠宰税这两项荆门农民最为不满却无可奈何的平摊下来的税收。

从低自杀率开始讲起比较好。金村是一个3 000人的大村,自分田到户以来,全村仅有一个妇女自杀,金村所在乡最近5年无一例自杀事件,自杀率之低可谓惊人。我在荆门一个小山村调查,不足600人的村,分田到户以来,先后有近20人非正常死亡,尤其是老年人和年轻妇女自杀率实在太高。

自杀与文化和信念的失落有关系。当一个人认为人生是有价值的时候,他不会选择自杀行为。而当一个人不仅生活艰苦,而且感到人生没有价值时,他选择自杀的可能性就大。在江西宗族村庄调查也很少发现自杀事件,原因在于宗族文化和传统信仰(比如信仰地方神等),使他们觉得人生是有价值和目的的,所谓"不孝有三,无后为大",江西宗族村庄超生多育屡禁不绝,计划生育至今仍是地方政府最为头痛的事情。而荆门农村和金村这类缺乏记忆村庄,人们已摆脱传统文化的影响,想通了,生一个养一个,生男生女都一样,就很少有超生多育的事情发生。据说山东齐鲁文化与江西的宗族文化很不相同,但都追求精神层面的生活,关心终极价值的实现,这种文化对村治的影响,很有研究的必要。荆门和金村这类缺乏传统的村庄就与那些有文化传统的村庄大为不同。

问题在于,同样为缺乏记忆或传统断裂的村庄,金村为什么自杀率如此之低?金村所在乡派出所所长分析说,东北人的性格直爽,有话不闷在心里而直接讲出来,可能是金村所在乡自杀率低的原因。此话很有道理。金村经济虽然不很富裕,但温饱问题早已解决,因为生活困窘而自杀的基本上没有。东北人性格外向,有话直说,为人仗义,脾气强悍以及不善诡计的个性,使他们在生产生活中产生的摩擦和压力,很快就通过人与人之间的唠叨释放出来。金村人习惯聊天,他们见面习惯"唠唠嗑",就是聊聊天的意思。东北有漫长而严寒的冬天,野外作业是不可能了,做什么?大家就围坐在坑上"唠唠嗑"。在金村调查,发现每个村民都是唠嗑的好手,也有表演的天才。难怪东北出了那么多演小品的天才。

与东北人的外向性格相反,荆门农村善于聊天的村民是不多的,内向的性格使其在生产生活中产生的郁闷无法释放出来,这种越积越多的郁闷,便借一个一个特殊的机会爆发。尤其是荆门农村年轻妇女自杀率特别高,她们内向性格造成的内心郁闷长期无法排解,在有些特殊时期或偶然吵架时,就一死了之。

金村所在乡派出所所长打比方说,他总是看到报纸上讲关内两三个歹徒将一车旅客洗劫一空的报道。他说这种事情在关外极少发生,原因是,东北人性格直爽,他们面对歹徒洗劫时,不甘受辱,而会反抗。一人反抗,其他人都上,两三个歹徒如何可以将一车人洗劫一空?而在关内,每个旅客都在算计自己反抗时别人会不会跟上,自己会不会吃了亏。每个人都如此算计,最终让一车互不相识的旅客成为毫无组织和能力的原子而被歹徒洗劫。

性格直爽的人讲究原则,什么事情都放在桌面上说。我在荆门农村调查中发现,所有人包括村民和乡村干部,都认为农民人均收入不足 1 500 元,但上报人均纯收入大都在 3 000 元以上。金村较一般荆门农村要富裕,上报农民人均纯收入 2 200 元,村民和乡村干部都认为这个数字比较合乎实际。上报农民人均纯收入与农民的利益关系密切,因为中央规定"三提五统"不得超过上年农民人均纯收入的 5%。荆门为了多向农民提取"三提五统"款,大大地虚报了农民人均纯收入。金村所在县乡政府当然也希望多向农民提取"三提五统"款,但他们知道,过高虚报农民人均纯收入,农民不会答应,农民会让乡村干部计算农民人均纯收入,算不出,农民就认为乡村干部搞了鬼,不仅农民会以此为由拒交税费,而且乡村干部也会为自己说话办事不直率而不好意思,有羞耻感。分税制以后,作为地方税种的屠宰税和农业特产税归地方政府征收使用。在荆门和全国大部分地区的农村,屠宰税和农业特产税征收都是大大高于实际税率,且事实上都是按人头征税的。按人头征收屠宰税和农业特产税的好处是可以减少征税成本,但按人头征税不仅税费不公,而且往往严重超过农民应缴税收数额。比如我在荆门农村调查时发现,大多数村并无农业特产,却每年都按人头摊越来越多的农业特产税,且农业税不减免。屠宰税更是高达一户数十元近百元,达到了相当于每户一年要杀 10 头猪自食这样荒谬的程度。农民知道这样的收税不合理,乡村干部也知道,新闻联播和焦点访谈天天播,农民还会不知道?但他们至今还如此收税。农民气愤不平,都认为是没有办法的事,认命而已。乡村干部面对农民的气愤不平,并无心理上的障碍:管它合不合政策,反正上面安排这样收,我就这样收了,无理可讲。内向而认命的农民说,这样收税又不是针对我一个人,别人交得起我就交得起。乡村干部也是如此对愤恨不平的农民讲,这又不是针对你一户的,何必气愤。这种极不合理且村民和乡村干部都知道不合理的事情,因为面对所有农户,而成为农民认可的理由,并成为一直延续至今的事实。

金村农民负担较荆门低一半还多。构成荆门农民负担重要部分的屠宰税和农业特产税,金村所在乡竟没有开征。乡财政所所长讲,他们乡财政极为困难,但开征屠宰税和农业特产税并不合算。他举例说,全乡共有 5 000 多农户,以每户一年杀一头猪,每头猪征收 5 元屠宰税计算,全年可征收不足 3 万元屠宰税。因为屠宰税是据实征收的,要一户一户统计农民杀猪的头数并征税,不是一件容易的事情,其成本很可能会高于

3万元。再以农业特产税为例,征收特产税,就要减去农业税,虽然特产税税率高于农业税,但据实征收所需花费的成本之高,远远抵消了征收特产税高出的那一点收益。金村所在乡财政所所长的话是有道理的,不过,他为什么不想到按户平摊屠宰税和农业特产税,将之变为人头税且大大提高税率呢?我相信,不是财政所所长没有想到如此征收,而是知道,以东北人直爽豪侠的性格,这样明目张胆地违反中央政策的土政策很难实施下去。性格豪侠的东北村民不会因为不是专门针对自己的不公而忍声吞气,他们会针对一切不公正而抗议和上访。这样,乡村干部在每户村民那里征收这种明显违背中央政策的税费时,都会遇到巨大阻力,而导致征收成本高到难以承受,从而无法开征这两项税收。性格同样直爽的乡村干部是如何向村民解释这种明显不合理的收税的,他们会如关内乡村干部那样对村民讲"又不是专门针对你的收税,你何必计较"这种不讲道理的理由吗?应该不会。

**修订关键词**　行为模式　农民自杀

(一)

广义上讲,上文讨论的问题是关于中国人的人格问题。就我的阅读来看,自许烺光系统研究了传统社会中宗族对中国人人格形成的影响外,迄今很少有类似的经验研究成果。

这些年来,随着研究领域的不断拓展,我们对这个问题形成了一些认识,其中最为重要的就是发现了村庄社会结构与农民性格之间的关联,也就是说,我们首先发现的不是同一的中国农民的性格形象,而是其区域差异。我们发现,南方农民性格大多比较内敛,不擅长待人接物的技巧;中部农民性格则大多比较爽快,直来直去敢说敢做,与陌生人也很容易打成一片;华北农民性格则比较谨慎,擅长察言观色这类待人接物的技巧。类似的对比还可以列出很多,这些差异如何解释呢?

简单说来,中国人为人处世的基本逻辑之一是内外有别,内与外也就是自己人与外人的区别,对中国人来说,最重要的自己人就是血缘性的宗亲关系,也就是我所说的认同与行动单位中的宗族、小亲族。与自己人关系的交往方式同外人是不同的,社会交往中处理的内外关系越复杂,则对人的为人处世能力要求越高。所以,团结型村庄和分散型村庄的为人处世都比较简单,前者处理的都是自己人的关系,自己人内部不需要太多交往技巧来维持关系,故而村民比较不擅长与外人打交道;后者处理的都是外人关系,故而村民比较在乎处关系,对外人也比较开放。分裂型村庄中,因为要同时处理这两种关系,频繁、经常性的进行内外区分锻炼了这些村庄的村民相对较高的为人处世能力。上文所提到的荆门农民与东北农民性格上的差异并没有根本性的不同,这些差异或许可以从两地早期移民来源不同中得到部分解释:荆门农民是近代"江西填湖广"的宗族型村庄的移民后代,东北农民则大多是华北小亲族村庄的移民后代,故乡的文化与社会本能一定程度上影响了移民在新的居住地的为人处世方式。

(二)

还有一项与之相关的重要发现,那就是农民自杀的区域差异。2008年笔者主持一项全国调查,得出如下重要发现:中部地区多老年人自杀,北方农村中青年男子自杀率显著偏高,南方农村多青年妇女尤其是青年媳妇自杀。南方农村青年媳妇自杀的原因比较好理解,就是在团结型的宗族村庄,一个外来媳妇要在村庄中立足并非易事,搞得不好,村庄不接纳这个外来媳妇,外来媳妇就很难再有出路了;北方村庄内部往往有多个不同小亲族,村庄内部竞争激烈,激烈竞争的承担者是中年男子,是当家人,中年男子在村庄竞争中可能心力交瘁,一死了之;中部原子化村庄村民也有竞争,这种竞争的压力往往转向老年人,老年人一旦年老多病,不再能为家庭提供经济收入,老年人就会觉得自己是家庭负担、子女的拖累,他们就可能以选择自杀来减轻子女负担。对于自杀的区域差异,刘燕舞的博士论文《中国农民自杀问题研究(1980—2009)》中有更为详细的讨论,值得一读。

2013年1月15日上午

## 七  动员与分配

如果将村民自治看做是一种民主化的村级治理制度,一定不要以为所有村庄的民主表达形式都是一个样子。具体来说,在当前的民主化村级治理制度中,我们可以区分出两种不同的村民自治形式:一种是村集体掌握着大量资源特别是经济资源的村级治理,可以称之为分配型村治;另一种是村集体缺乏资源的治理,可以称之为动员型村治。

将村民自治作以上两分,源于对两种不同类型村庄的调查。1996年我在湖北姚周村调查,当时的村支书说,他每年都主持召开1~2次一事一议的村民议事会,参加议事会的人包括村组干部、全村党员和一些他认为重要的指定的村民代表。在这些指定的村民代表中,既有反对者,又有赞成者,但都是有头脑、喜欢议论且在村中有一定影响的人。这种一事一议的村民议事会对于解决重大疑难村务特别是向村民收费,效果很好。指定的村民代表也十分愿意参加议事会的讨论,认为参加这种讨论是村干部看得起自己,即使是反对者,也愿意在议事会上心平气和地讲清道理。这样一来,村民议事会通过的决定因为吸纳了村中有影响的关键人物的意见,在村中实施的阻力较小。村政的实施因为民主议事会这样一种并不规范的民主制度，而变得容易多了。

后来我在荆门农村访谈了40多位村支部书记，发现姚周村支书召开一事一议的村民议事会的办法，是一些有经验的村支书的治村法宝。有一个村支书甚至在1980年代初就用这种办法来进行重大村务的决策。这种村民议事会，因为代表是指定的，随意性很大，每次会议的参加者可能都不一样。这种会议也不会用表决的办法来通过决定。有反对意见，无论是一个人还是很多人，就进行讨论、说理、协商、妥协，直到所有人一致通过这个决定。

本来以为村务决策都需要达成一致协议，在温州市郊双桥村的调查改变了我的看法：双桥村是一个相当发达的村，只有1 000多村民，却有超过2万人的外来打工者。双桥村的女支书是村经济繁荣的功臣，也是全国、省、市各级劳模。2000年双桥村却为买村办公大楼闹得不可开交。事情是这样的：在双桥村中心地段，建有一栋五层的相当漂亮的大楼。村两委班子多次研究认为，这栋大楼随着地价的上涨，市值会快速上涨，于是决定将这栋大楼买下来做村办公大楼。村两委班子认为大楼会增值是决定买楼的关键，这种买楼的事情就不应该在大范围内讨论，不然不好与大楼所有者谈价。村两委班子决定下来后，没有召开村民代表会议讨论，即分期付款将大楼买了下来。不久，一些村民听说村里买的大楼有支书哥哥的股份，认为买大楼的背后有经济问题而上访告状。上级下来调查此事，女支书被隔离审查很长一段时间。上级调查的结果，是村干部没有经济贪污问题，买大楼的决策也是对的，因为到2001年大楼市值已上涨数百万元之多。唯一的问题是如此重大的决策没有通过村民代表会议讨论。

调查结束后,女支书还是当书记。她对我们诉苦说:我们村这么大的集体资产,投资时当然需要商业保密,在两委班子的会议上还可以保密,在村民代表会议上一讨论,还能保什么密?说是说,女支书自买大楼风波后,一下子重视起村民代表会议来,仅 2000 年下半年就召开村民代表会议 10 次之多,2001 年上半年同样如此。事事经过村民代表会议讨论,做规范的会议记录,进行会议表决,让参加会议的代表在表决结果上签名,等等。如此一来,村务决策经过了完全合法的决策程序,责任就不再由支书个人承担。

双桥村的例子不是唯一的例子。在发达的农村地区调查,大都可以发现完善的档案制度,完整的会议记录,规范的决策机制。比较双桥村与姚周村,可以清晰地看到,姚周村村级治理关注的焦点是如何通过民主的办法,将掌握在村民手中的资源提取出来,用于举办村庄公共工程和公益事业。虽然公共工程和公益事业于每个村民都有好处,却并非每个村民都愿意出钱出力。村干部将村中有影响力的村民集中在一起讨论,特别是通过这种讨论,让反对者摆事实,讲道理,最后形成妥协后的村务决定。这样的决定因为村中有影响村民的支持(反对者不再反对)而得以实施。通过村民代表会议或村民议事会等民主决策机制提高村庄资源动员能力,以办好村中公共工程和公益事业的村级治理制度,就是一种"动员型村治"制度。这种制度关注的焦点问题不是村务的决策,而是村务决策的实施。在村集体经济薄弱,村干部有求于村民而不是村民有求于村干部的中西部地区的大多数农村,动员是其村治的主要特征。

与动员型村治相反的是双桥村的村治类型。双桥村因村集体掌握有大量经济资源,不需要向村民提取经济资源,所以在村务办理的过程中,村干部并不需要村民的人、财、物支持就可以凭村集体掌握的资源把事情办好。双桥村的问题是需要由村民来决策,这是村务决策合法的关键。因此,双桥村的民主化村级治理制度关注的焦点,不是村务决策的实施,而是村务决策本身的合法性。只要村务决策合法,事情总可以办好。合法的决策不需要全体村民或村民代表一致通过,妥协也没有理由。因此,在村民代表会议中,强调会议表决和少数服从多数,就理所当然。村庄决策可以不顾少数村民反对与抗议的声音。有了多数人决定的尚方宝剑,村干部就不再承担决策不合法的责任,他就可以大胆地去实施这些决策所勾画出来的村治蓝图。也因此,我们可以在诸如双桥村一类村庄看到,村民代表会议通过出嫁或招婿的女儿一律不再享受村民福利,而完全不顾少数村民激烈地抗议。

构成动员型村治和分配型村治不同的核心是村集体占有资源的不同。较多的村集体资源不仅减少了办理村务时向村民提取资源的需要,而且提供了村庄大多数人压制少数村民的手段。在这种村庄,起决定作用的是村庄决策的合法性,这种合法性建立在少数服从多数、规范的形式民主以及漠视反对者声音的基础上。较少集体资源村庄的情况相反,在这些村庄中,真正决定村庄公共工程和公益事业状况的,不是形成决策,而是如何可以将决策顺利实施。决策的顺利实施必须建立在充分尊重反对者、协商且一致通过村务决策,以及实质民主的基础上。

2001 年 8 月 19 日

**修订关键词**　农民需求偏好

为建设公共事业向农民收费,并开会以动员,就必须要达成共识,不能有人反对。一个人反对,就会引起连锁反应,钱就收不上来,事业也就办不成。凡是村庄内开会吵得一塌糊涂甚至会都开不起来的村庄,要形成收费建设事业的机制是不可能的,因为这种动员是失败的。村庄层面的社会动员一定要是协商一致的。

分配则完全不同。分配不怕反对者,因为反对无效。分配最重要的是程序合法,少数服从多数,决策出来了,反对者不影响决策的执行。因此,在分配型的村治中,程序很重要,说服不重要,协商一致也不重要。

取消农业税前,农业型地区村庄公共事业建设需要向农民收费。村干部召开的会议就是动员型的,村干部要耐心做村民工作,要回应村民要求,要做到实质正义。村干部乃至乡镇干部就要与村民"打成一片",甚至联成一体。

取消农业税后,国家不再向农民收税,乡村干部不再能够向农民收费,乡村干部与农民之间的动员关系不复存在,由此导致乡村干部更加没有回应农民要求的积极性,乡村与农民之间的联系开始断裂。

在取消农业税后,国家有越来越多向农村的转移支付,但效果不好,其中一个原因是转移支付重在物质方面,忽视了通过转移支付来组织农民。

具体地说,国家通过转移支付,替农民出钱搞合作医疗、办义务教育、建养老保险、修各种公共设施,等等,都是国家在办,而农民则消极地等待根本就没有参与。结果,国家办得越多,农民就越是被动,越是消极,越是与己无关。农民成了"国家帮助农民"的旁观者。

问题是,国家其实不可能解决农民所有的问题,尤其是不同农村地区差异极大,农民的公共品需求完全不同,离开农民的主体性及其需求偏好的有效表达,国家为农民提供的公共品就可能无效。

国家向下转移资源应该通过村社组织,经过村民讨论,在转移资源建设公共品的过程中激发农民的参与积极性,形成农民的主体性和提高农民的组织化程度,从而使农民有能力主动回应他们生产生活中的各种公共性问题。

在当前自上而下的资源分配中,形成农民的主体性和主动性,提高农村基层社会的动员能力,应是取消农业税后农村政策的重点。

2013年1月15日上午

# 八　少数人决定

村民自治是一种民主化的村级治理制度。民主的核心是少数服从多数，由多数人决定。原以为村民自治也是由多数人决定，到农村调查时间一长，就发现现实比单纯的多数人决定复杂一些。举例来说，有一次我旁听黛村六组讨论税费分摊合同方案的户主会，会议由六组组长主持。为了慎重，承包六组的村妇女主任将村支书等人请来参加会议。组长讲了一通有话好好说的道理，结合本组的实际情况，将税费分摊方案分解为9个具体问题，然后一一提出讨论。不巧的是，因为每一个具体问题都涉及某个村民的利益而争论不休。每一个具体问题都引起一个或一些村民的不满与愤怒。讨论到第二个问题，有3个反对者拂袖而去；讨论到第三个问题，又有两个不满的村民离去。每一个具体问题都引起一些村民离去，讨论的问题没有过半，参加会议的多数村民都已经走掉了，最后剩下几个村组干部。组长发愁地说：每次开会都开不下去，怎么办？

怎么办？民主协商的办法看来行不通。参加会议的村会计说，会开不成，合同未必不算，惩都要惩下去的。意思是税费分摊的办法由村组定下来后强制分解到户。

村民小组的情况如此，村里的情况也是如此。召开村民代表会议时,若有一两个村民代表反对村里决定,这些决定很可能就面临破产的命运。尤其是在村里决定需要向村民提取经济资源时,反对决定的村民就会拒绝缴纳分摊到他名下的费用。有一个村支部书记对我讲,现在农村的决策,并不是少数服从多数,而是一致通过的,才可以实施下去。他们村里的决策,极少采用表决的办法,而是以协商的办法进行的。换句话说,一件涉及全村所有村民利益的公共工程,假若有少数几个反对者,他们往往可以成功地阻止村庄公共工程决策的实施。这种不是通过少数服从多数,而是少数反对者即可以阻止协商达成关于村庄公共工程决策的现象,就是由村级治理的少数人决定的。

少数人决定是村级治理中的普遍现象。构成少数人决定的理由,大致有以下方面:第一,村民自治是社会民主的一种形式,不具有暴力工具作为后盾,因此,村务决策中的多数原则需要在实施中获得足够支持,才可以施行下去。第二,村庄公共工程往往需要向村民提取人、财、物资源,在缺乏强制措施的情况下,反对公共工程决策的村民可以轻易拒绝这种提取,这会带来其他村民的跟进。换句话说,村民自治的核心问题,不是形成多数人决定的问题,而是如何让少数反对者服从多数人的决定及反对者是否会服从多数人的决定。

构成少数反对者服从和顺应村中大多数人意愿的力量大致有三种:一是村庄舆论压力。二是村干部个人的才干、魄力或强悍,善于说理的村干部更有能力将村民大多数人作出的决定变成全村村民的决定,强悍的村干部则让反对派因为害怕而不得不顺应多数人的意愿。三是村集体占有经济资源和其他资源的数量与质量,较多的村集体资源不仅可以减少举办村中公共工程和公益事业时对村民的依赖,而且增加了村干部奖惩村民的能力。

当前的农村,因为人口流动和迅速变迁,村庄舆论大多解体,所以大多数村民的意愿构不成对少数村民的足够压力。而中国庞大的农业人口和农村的普遍贫困化,造成大多数村集体不仅缺乏经济资源,而且缺乏可以控制村民的其他资源,诸如文化和政治资源。村干部的个人魅力在有些时候可以抑制村中反对派的意愿,但他们似乎缺乏为村里的公共事务动用自己私人资源的理由。因此,在一些村庄,虽然所有村民都可以从修路架桥中获得好处,但由于他们无法阻止少数人的反对而使得村庄决策不能达成,达成的决定也无法实施。其后果是村庄道路破败,公共工程和公益事业无人过问,村级治理处于无序之中。

但在一些传统文化力量较强、村庄舆论较为有力的村庄,或在那些村集体掌握有大量经济资源的村庄,民主化村级治理通过多数人的决定,可以抑制住少数反对派。而当少数本来反对村庄公共事务决策的村民发现自己只是少数后,他们知道自己的反对无效,便以沉默和顺应来对待大多数人所赞同的村务决策。这两种类型的村庄都是多数人专制的村庄。这种村庄在当前中国农村的数量不是很多。

占中国农村最多数的,是前述少数人决定的村庄。在这种村庄的治理中,如果出现一个有魅力的村庄能人来主持村政,他坚决地将某一项于全体村民有益的诸如公共工程建设的决策实施下去,村民又都可以从中得到好处,他就有了进一步抑制村庄少数反对者和实施更多村庄决策的理由。而每一件新的可以为村民带来好处的公共工程决策的实施,都可以进一步增加这个能人的魅力,村庄的动员能力日渐增强,村庄秩序也日渐形成。但若是少数反对者成功地阻止住了一件有益于全体村民的决策的实施,这就会影响村民集体合作的信心,并强化少数反对者对自己能力的信心。在这种情况下,一个能人型的村政主持者,也无法阻止民主与村庄秩序的负反馈。

在大多数舆论压力不足、村集体经济薄弱的村庄,抑制少数人决定并达成公共决策实施下去的办法,是选出魅力型的"村庄领袖"来。但是,魅力型的"村庄领袖"在既无法获得文化价值(与舆论有关),又无法获得较多经济收入(与村集体经济有关)的情况下,他为什么要为村庄的公益而牺牲他与少数反对派村民的私人关系呢?

2001 年 8 月 18 日

**修订关键词**　民主集中制　群众性自治

就全国情况看,村民自治呈现出两种相互对立的情况:有的地方是"少数服从多数",有的地方是"少数决定多数"。原因何在? 村民自治不仅是基层治理问题,也是基层民主问题。国家推动村民自治的一个目标就是希望借此培养农民的民主能力,实现国家民主化。那么,"少数服从多数"与"少数决定多数"和基层民主有什么关系呢?

对民主的理解一般从两个方面展开。一方面,民主被认为是个人自由意志的表达,通过民主的方式所达成的决策应当是自由意志的加总,换言之,民主决策就是自由意志之间所达成的契约。西方学者所讲的社会契约和国家民主正是按照这样的思路推演出来的。依照此理,民主决策的过程正好与行政命令的过程相反,前者排斥强制力而后者则依赖于强制力。另一方面,民主被认为是"少数服从多数"的过程,在民主讨论的过程中,毕竟有不同的意见,只有让少数人服从多数人,民主决策才能够达成。因为民主是个人意志的自由表达,因此"少数服从多数"被认为是一个少数人自愿让步以达成民主决策的过程。按照这套自愿民主的话语,村民自治中的民主决策就是社会契约的达成,其间不应有任何的强制因素。事实上,中国的村民自治就是在这套思路的指导之下展开的。

民主决策的达成显然是需要建立在"少数服从多数"的基础之上,问题是,实践中出现的"少数服从多数"是不是真的完全摒弃了强制因素?从调研的经验来看,答案显然是否定的。在某些村民自治的实践中,"少数服从多数"的原则之所以得到遵守,恰恰是因为背后有强制力量的支持,其中最主要的就是自上而下的行政命令。之所以需要强制力量的支持,理由其实非常简单:生活中的人们并非学者们想象中的完全理性人,少数人往往为了眼前的自我利益而拒绝与多数人达成妥协,这种不妥协的行为往往能够给少数人带来额外的好处,从而会在周围造成示范效应,进一步破坏民主决策的达成。因此,只有施加强制,使得少数人会因为不服从多数人而遭受利益的减损,或者直接越过少数人而按照多数人的意志作出决策,"少数服从多数"才会真正出现。

由此可见,如果将"少数服从多数"视为民主的基础,那么,民主就不纯粹是自由意志的契约,而需要依靠相应的强制力量。如果说民主决策的达成离不开具有强制性的最终决断力量，那么，该决断力量能否选择少数人的意志而非多数人的意志作为决策的依据呢？按照自由意志契约的思路，这显然是不行的，因为民主需要"少数服从多数"。然而从实践来看，有时候真理就掌握在少数人手中，多数人的观点不见得就是正确的。这时候就需要最终的决断力量与多数人展开互动，通过辩论来使真相得以明晰，最终作出正确的决策。这就是具有中国特色的民主制度，"民主集中制"。当然，多数的时候还是"少数服从多数"，民主集中制仅仅是强调民主决策的达成需要有最终的决断力量，以及群众之间、群众与最终决断者之间的充分辩论。

在当前的社会领域，因为缺少具有强制性的决断力量，"少数服从多数"原则越来越难以达成，相反到处是少数人决定。正如上文所言，中国的村民自治是建立在自由意志契约基础上的群众性自治，这与基层政权的自治是完全不同的。基层政权自治的含义是，基层政权的决定是强制性的，是以国家的合法暴力为基础的。中国乡村治理以村民自治为基础，而村民自治是群众性自治，这是把握中国乡村治理特点的关键。正因为没有最终的强制力做保障，少数人为了自身的利益往往置多数人于不顾，结果任何民主决策都因为个别人的反对而泡汤。这就是为什么自愿的"一事一议筹资筹劳"很少有成功案例的内在逻辑。

作为保障基层自治得以实现的决断力量，主要有三种类型。

第一种类型是乡土逻辑，亦即社会内生的边缘化机制，它通过血缘关联、社区舆论、人情往来等对少数人形成了强制约束的作用。如果少数人不服从多数人的意志，那么他就会被视为另类而被家族和社区边缘化;而被边缘化的少数人将丧失各种现实和潜在的利益。从这个意义上讲,传统社会中的家族治理就带有很强的基层自治色彩。

第二种类型是权威机制,亦即自上而下的行政力量,它通过行政命令可以直接越过少数人而支持多数人的意见。只要该行政命令是在充分的民主讨论基础之上作出的,它就具有合法性,少数人的违抗会被视为对国家权威的侵犯而受到应有的制裁。

第三种类型是分配机制,亦即基层组织对自有资源的分配。与动员机制不同,分配机制是对自有资源的分配,它可以在充分讨论之后按照多数人的意见作出决策,少数人反对是没有用的。

随着社会的去魅化和理性化,乡土逻辑正在迅速瓦解;随着国家不断从基层社会中退出,自上而下的权威机制也在不断地弱化。因此,试图通过乡土逻辑和权威机制来提供村民自治所需要的强制力量,显然是不现实的。也许,唯一可以指望的就是分配机制了。从本质上讲,基层组织的分配机制是建立在一定的经济基础之上的,只要基层组织拥有资源,就具备分配的能力,就能够充当村民自治的最终决断力量。从实践来看,基层组织的自有资源主要包括两个方面:一是集体所有的土地制度,只要集体能够调控土地,从土地中获得一定的收益,它就能够为村民自治提供具有强制力的经济基础;二是国家自上而下的转移支付。当前的情况是,集体所有的土地制度正在迅速地萎缩,基层组织基本上丧失了对土地利益的调控能力,土地制度的红利被私有化的改革实践逐渐侵蚀殆尽。唯一令人欣慰的是,随着国家对农业反哺力度的强化,资源下乡的总量越来越多,这是充实基层自治经济基础的重要契机。如果能够将这些资源的一部分转化为基层组织的自有资源,并且必须在集体民主讨论的基础上作出有关资源分配的决策方案,"少数服从多数"的民主原则就容易获得实现,村民自治就能走出少数人决定的困境。

2013 年 1 月 15 日上午

# 九　富裕村的麻烦

山东省微山县的欢城镇盛产优质煤,一些大中型的国有煤矿建在这里。地下挖煤破坏了地上水利,种庄稼的农民因此可以有些经济上的补偿。因为建有多家大中型煤矿,欢城镇的小城镇建设得很有模样,据说已列为山东省重点小城镇建设规划。小城镇建设得好,镇边上村的土地就值钱,这些村就有了因为土地升值而带来的收益。欢城镇李村就是镇边上的一个村,每年可以从煤矿得到60万元的补偿款,还可以得到土地升值的好处,这样的村当然是富裕村。

李村不仅是富裕村,而且有民主选举的制度。1999年村委会选举是透明公开的选举,村民公认的正直且能干的老崔被村民高票选为村委会主任。我见过老崔,这是一个真正人品好有能力的人。他申请过国家专利,他改良的甘薯种至今仍供应周边省市的农民,甚至日本和韩国也有人来向他购买这种改良的甘薯品种。他不谋私到了疾恶如仇的地步,他对法律政策之熟悉,可能超过了专门研究的学者。他当过兵,在部队入了党。这个高票当选的正直且有能力的村委会主任应该可以很好地治理这个富裕的李村了。

很遗憾,从1999年至2002年,老崔当了3年村委会主任,并未能治理好富裕的李村；不仅未能治好村，老崔在2002年举行的村委会预选中的得票也不理想。能否在接下来的村委会选举中当选，老崔自己也没了把握。至于此前的村支部选举，老崔虽然是党员，他也一如既往，连个支部委员也未选上。

老崔选不上村支部委员是他早就清楚的事情，他从来没有指望自己可以从全村党员那里得到支持，因为村里80%的党员"人品不好"。老崔关心的是由全村村民选举的村委会。因为村民是关心自己利益的，他们都希望选出一个正直且有能力的人来为他们说话服务办事情。问题是何以3年前以高票当选的崔主任竟然担心自己不能在村委会主任职上连任。

关键是富裕村和真实的民主选举这两者的结合。老崔解释自己不能得到村中党员支持时说，是因为大部分党员人品不好，这种解释对于他们村来说或许是对的。问题是为什么大部分党员的人品会不好？相对全村1 000多村民来说，10多位党员的数量是很少的。也如村委会民主选举一样，村支部向来是由村党员大会选举村支部委员，再由村支部委员推选产生村支部书记。村中党员之所以都不选举老崔为村支部委员，老崔也知道自己不可能选为村支部委员，并不是村中党员不认可老崔的能力，也不是他们认为老崔这个人不公正、不正直。恰恰是老崔公正、正直疾恶如仇的性格，使老崔失去了被李村党员信任的前提。道理很简单，10多位党员相对于1 000多村民是一个很小的群体，这个群体希望选出来的村支部委员和村支部书记可以从富裕的村集体收入中得到一些一般村民得不到的好处。他们这些希望自从李村富裕以后一直都得到了满足，他们没有理由去选老崔这样一个准备将村集体收入公平分配到全村村民的人来当村支部委员甚或村支部书记。而那些被村中党员选举出来的村支部委员和村支部书记或许不如老崔有能力,也不如老崔正直、公正,但他们可以从富裕的村集体收入中匀出一些特别的好处给村中党员,他们也就没有理由不被村中党员继续选为村支部委员或村支部书记。老崔说村中大部分党员人品不好,并不是这些党员人品生来就不好,而是富裕的村集体收入使然。

党员因为人数少,而可以从1 000多村民之中得到好处。村民人数多,他们不可能从那些无能且人品不好的村干部中获得好处,他们当然希望选出有能力且正直的村干部来。问题是老崔在村委会主任预选中的得票不理想,老崔担心村民也要抛弃他了。为什么会是如此结果?

同样是富裕的村集体收入使然。村民1 000多人是分层次的,其中一些人较普通村民更有影响他人的能力,也比一般村民更精于村中事务,精于策划村中事务。这些人成为村庄精英。能干且正直的老崔想要在村委会选举乃至村级治理中获胜,他就需要有这些村庄精英的支持。

如果没有富裕的村集体收入,老崔在与村党支部书记为首的村支部的竞争中,是可以凭借个人的人格魅力来征服村庄精英并获得他们有力支持的。到目前为止,老崔仍然获得了一些村庄精英的支持。问题是老崔正在失去大部分村庄精英的支持,而以村支书为首的村支部正在获得越来越多村庄精英的支持。村支部可以获得越来越多村庄精英支持的原因在于村里有钱,且村支部书记敢于向支持他的村庄精英许诺各种经济的和其他的利益,他的这些许诺有着强大的物质基础。村支书可以邀请村庄精英来商量村中事情,商量如何将老崔的村委会主任选掉而将另一个与他关系好的人选上去。老崔当然也可以邀请村庄精英来家里商量如何可以保证自己一派继续当选村委会主任,但老崔必须对村民负责,他说自己的财务要透明公开,他正直的特别是疾恶如仇的品性不允许他向村庄精英许诺给他们以特殊的利益,他甚至不愿用村集体收入请这些到他家里商量事情的村庄精英吃一顿饭。他自己家的经济条件不是很好,又不能经常请人在自己家里吃饭,也就不能经常地请人到自己家里商量事情。

当村里经济收入巨大而村集体又有巨大的收入分配权时,敢于许诺且不愿公开村里财务收支的村支部书记便获得大批村庄精英的支持。老崔发现以前支持自己的一些人陆续离开了自己,甚至是"出卖"了自己,因为跟着他得不到什么好处。老崔因此直接与村民互动,不再经过村庄精英这个层次。老崔与村民直接互动的办法主要有两个:一是通过将村中事情写成文字,复印后到处张贴;二是通过村里广播征求村民意见。每个月老崔几乎都会张贴一些复印的文字,也会通过广播来宣布村委会主任的决定,他还十分希望召开村民会议而不是村民代表会议。村民代表中很多人使坏,希望得到个人私利,这样的会议不能形成老崔希望给全体村民好处的决定。村民会议是全体村民参加的会议,这样的会议上正义一方容易占据上风。老崔还发明了一个好的召开村民会议的方式,就是每年搞一次村民对在任村干部的评议,凡是村民评议中信任得票不过半的村干部自动免职。在2002年前的一次评议中,村中5个干部,只有村支书和老崔勉强过半。村中也就只剩下村支书和老崔这两个村干部。

老崔试图越过村庄精英来直接与村民互动的做法进一步疏远了与村庄精英尤其是与一般村干部的关系,村中各种对老崔不利的言论都出来了。不断有人找老崔打架,也不断有人骂老崔。老崔说现在村里有 1/3 的村民是铁定心来支持他的,这些人都是村中的弱者、小姓。他们普遍担心这次村委会选举中老崔落选了会对他们造成损失,被打击报复。崔姓是村中大姓,但崔姓的大多数人都反对他。村中还有 1/3 的村民是铁定心支持村支书的,这些人大都有村庄精英的背景。村中还有 1/3 的村民"五心不定",既希望得到村庄特别的好处,又希望村干部公平待人。

老崔能否当选村委会主任看来还真是一个问题。而这一切又都缘自村集体的富裕。民主与富裕结合也有麻烦的时候。

2002 年 5 月 25 日

**修订关键词**　贿选　富人治村

当前中国的富裕村大致有三种情况:一是沿海发达地区,因为经济快速发展,沿海发达地区已成为沿海工业带和城市带,大量农地非农使用,农村土地获得了农地非农使用的巨额增值收益,村集体因为占有土地,而大都变得富裕;二是大中城市近郊,因为城市的快速发展带动农村土地升值从而产生了大批富裕村;三是有资源的村庄,比如煤炭、水电资源丰富的村庄。

富裕村有钱有资源,这当然是好事,但也正因为富裕有资源,如何治理却颇成问题。目前富裕村治理的首要麻烦是,当富裕与程序民主结合起来时,"贿选"就不可遏制,村庄形成严重的派性和对立。

贿选的原因是,村集体有资源,如何分配资源,首先就决定于谁当村干部,要当村干部就要动员村民支持,动员的最好办法是贿选。贿选有两种形式:第一种是直接出钱买选票,在富裕村,一次选举花费几十万上百万元贿选资金是比较普遍的情况;第二种是平时收买村民,即在与村民的日常交往中,让利于村民,让村民从交往中获得物质上的好处,利益上的帮助,这种让村民"亏欠人情"的做法自然而然地在村内形成等级结构。谁有钱,谁就可以让利,谁就可以仗义,谁就可以在形成的等级结构中占据强势位置。由此,便形成了有利于富人当选村干部的结构。

富人当上村干部,可以利于富人利用村干部的身份来办成更多事情,获取更大利益。比如集体土地的开发与利用、厂房的建造与租赁、物业的经营与增值等。在沿海发达地区、大中城市郊区以及有资源的村庄,村干部就是最好的名片,利用村干部位置可以更容易做成生意赚到钱,更容易拿到工程项目和兴办企业的各种政策性补贴。袁松的博士论文《富人治村——浙中吴镇的权力实践(1996—2011)》对该逻辑有详细的描写。

富裕村的第二个麻烦是丰富的村庄资源使得各种灰黑势力大量兴起。一方面,富人为了当选村干部除了"贿选"之外,请灰黑势力介入摆平是常用的方法;另一方面,有很多富人本身就有灰黑势力的背景,他们希望当选村干部"洗白"自己。在这些资源密集的富裕村,灰黑势力当权,基层治理当然会问题多多。

也许最麻烦的是,在富裕村,一般村民早已被排斥到了村庄权力结构之外,在村庄权力舞台上竞争的只是村庄中最富裕的又愿意在村庄活动的那一群富人。这样的村庄,村民无政治,只有富人在治村。富人,包括富裕的灰黑势力,确实可以在程序上实现民主。但是在金钱主导的村庄社会结构中,富人治村已经成为一种不可逆的政治过程,选举民主沦落为"选主民主"。这显然与我们所期待的经济发达有利于民主发展,富裕村可以成为让农民民主权利更得到保障及村民自治容易落实的判断落空。

2013年1月15日上午

# 十　村庄精英的谱系

考察村庄，不能不考察村庄精英。所谓村庄精英，就是村中掌握优势资源的那些人，因为掌握优势资源，而在村务决定和村庄生活中具有较一般村民大的影响。不理解村庄精英的状况，就很难理解村庄的运作与治理。

我和仝志辉曾将村庄精英进行两分：一是体制内的村组干部，称为体制精英；二是体制外的村庄精英，称为非体制精英。村庄治理的状况往往为体制精英和非体制精英的关系状况所决定。樊平对体制内精英进行过两分：一是代表自上而下的体制性权力的村党支部特别是村党支部书记；二是代表自下而上内生性权力的村委会特别是村委会主任。他认为处理好体制性权力和内生性权力，对于农村发展具有关键性意义。孙龙的"体制吸纳社会模式"则试图说明，村民自治制度正是通过将体制外的精英及他们的意见通过制度性办法（主要是村委会选举和村民代表会议）吸纳到体制之内，使村庄治理得以改善。此外，吴毅通过对村庄无政治村民的考察，说明村庄事务的决定权大都掌握在村庄精英手中。金太军则系统考察了体制内和体制外各种类型精英的状况。

应该对当前村庄的精英进行分析。

从村庄精英在现行组织体制中的位置来看,可以分为体制内的村组干部即体制精英,体制外的村庄精英即非体制精英;从村庄精英在村庄影响力的大小来看,可以分为高大威猛型村庄精英和细小琐碎型村庄精英;从村庄精英在村庄发挥影响所主要借重的资源来看,可以分为经济精英和非经济精英,前者如村中经济能人、个体大户、私营企业老板、种养能手,后者如宗族头人等。因为总的来讲经济资源更具现代社会的特征,因而经济精英被称为现代型精英;非经济精英如宗族头人等更多借用传统作为资源,而被称为传统型精英。从村庄精英主要活动的场所来看,可以分为在村精英与不在村精英;从村庄精英对村庄治理的参与和村庄生活的关注程度来看,可以分为积极精英与消极精英;从村庄精英在乡村之间所持立场来看,可以分为赢利型精英和保护型精英;从村庄精英与政治的关系来看,可以分为政治性精英与非政治性精英。

实践中,村庄中的每一个村民都对村庄事务具有影响,特别是在推行村民自治的背景下,一人一票原则深刻改变着一般村民在村庄事务决定中的无力感。但在进行理论分析中,不可能具体考察每一个村民对村庄事务的影响,而在实践中,少数人往往较多数村民具有对村庄事务更多的影响。有相当一部分村民对于村庄事务具有深刻的无力感,也不关心村务,这些人的投票往往受到村庄少数精英人物鼓动的影响,他们的行为代表了村庄精英的意志。很多时候,仅仅分析村庄精英的状况,就可以大致判断村庄治理的状况。

对精英状况的分析,第一步是划分村庄精英的类型,以前对村庄治理的研究往往忽视了村庄内部精英的结构及不同类型精英之间的关系状况。笼统地说,村庄中的所有村民都是具有某种资源并多少有些影响力的人,这当然不是说所有村民都是村庄精英。村庄精英是指在村庄中拥有相对资源优势,其社会影响力超过一般村民平均影响力的那类村民。超过一般村民平均影响力的人还是太多,又可以划分为几个层次,有的村民可在全村范围呼风唤雨,有的村民只能在邻里中发挥影响。当一个村庄有若干在全村范围内呼风唤雨的高大威猛的村庄精英时,那些只能在邻里中发挥影响的细小琐碎精英的光辉便被淹没了。而如果具有全村影响的村庄精英人数很少或这样的村庄精英不关心村庄事务,那些只能在邻里中发挥影响的精英便出来竞争村庄舆论,主导村务决定。

细小琐碎的村庄精英一定人数众多。人数众多的村庄精英不能达成关于村级治理的共识。这些人进入体制内,成为体制精英之后,他们缺乏与村庄其他精英谈判的足够影响力,他们的威信与能力时时受到同样细小琐碎的非体制精英的挑战。不能进入体制内的非体制精英们谁也不会服气谁。相互不服气的非体制精英之间的竞争,会为体制精英提供发挥影响力的机会,若体制资源较为丰富,那些只是因为某种偶然机会成为体制精英的人变得强大起来,细小琐碎的非体制精英被这个强大起来的体制精英分化收买。

在那些具有高大威猛精英的村庄,村级治理因为只是少数具有全村影响人的博弈,而变得容易起来。乡镇若能够成功地将高大威猛的村庄精英纳入体制之内,且通过体制性或人际联系的办法将进入体制的村庄精英套住,这些村庄精英会成为乡镇在村一级良好的代理人。乡镇最容易套住的那种高大威猛的村庄精英,是经济精英与现代精英。传统的面向村庄的高大威猛的体制精英更关心村民的好评,也更愿意做村民的当家人。这些传统的村庄体制精英若能够抵制乡镇的"诱惑",他会获得村民好评并变得更加强大。他若不能抵制这种"诱惑",便可能在村庄会失去相当部分的影响力。

村庄选举强化了村庄精英之间的互动和村庄精英与村民之间的互动。而村庄精英之间的互动和村庄精英与村民之间的互动,尤其是村庄精英之间的互动,也决定了村庄选举。在村庄选举中,那些密集了传统文化资源与现代经济资源的村庄精英,很容易左右选举的结果。要么这些人自己当选,要么他们支持的人当选。但是,如果具有大的影响力的村庄精英是不和睦的,村庄选举则可能演变成村庄两个精英集团及其影响之下村民的角逐,这就形成了激烈竞选的场面。

现在村级治理的问题在于,革命运动和市场经济的双重冲击,造成了村庄传统的解体,那些传统型的村庄精英越来越少,也越来越失去影响力。竞争于村庄的大多是些希望从村庄获取经济好处的经济精英。国家目前明显偏向城市的现代化建设方略,使得村庄越来越衰败,在村庄竞争的经济精英越来越感到无利可图,从而开始退出村庄竞争。在无利可图的情况下,越是有影响的村庄精英在村庄竞争的机会成本越高,就越早退出村庄竞争。最后,竞争于村庄的,都是些缺乏影响的普通人,最多还有一些凭借身体暴力的村庄地痞。村庄竞争缺乏精英,村庄治理就容易陷入无序。在无序的状态下,任何良好的制度设计都没有意义。这是当前村庄治理中普遍存在却十分麻烦的事情。

2001 年 11 月 15 日

**修订关键词** 村民无政治

村庄精英的分布具有明显的区域特点。从东、中、西部的区域来看，沿海发达的东部地区（以及大中城市近郊），村庄经济发达，经济分化明显，村庄崛起众多高大威猛型的经济精英。中西部地区，因为大量中青年农民外流，即使有人在外面发财，这些发财的村民也与村庄没有多少关系。村庄中因此缺少具有实力的在村经济精英。从南、中、北方的区域来看，南方宗族性的团结型村庄，传统的宗族头人等已经很老也已经很少了，往往是一些还有宗族意识的积极分子在村中活动。南方农村虽然已经很少传统的高大威猛的宗族精英，但村庄仍然具有价值生产能力，这就使得外出务工经商、从政、为学并取得成就的村民仍然要保持与村庄的联系，这些在村庄以外但与村庄治理关系极为密切的取得成就的村民，就成为罗兴佐所说村庄治理的"第三种力量"。北方小亲族主导的分裂型村庄，因为村庄中存在众多分裂的小亲族，每个小亲族都有代表性的人物来维护自己利益，这就使村级治理中出现了"队长不做主，门门得有人"，村庄中有众多具有一定影响力的以血缘为基础的传统精英。中部原子化的分散型村庄，在取消农业税后，大量中青年农民外出务工经商，外出村民往往不愿与村庄建立密切联系，中部农村村庄精英大量流失，无论是传统的精英还是现代的精英都变得罕见。

然而，无论在哪种类型的村庄，村庄政治都越来越与普通农民没有关系。在东部有资源村庄，经济分化产生了众多占据优势经济资源的富人，这些富人具有比一般村民大得多的影响力。因为村集体有资源，高大威猛的经济精英激烈竞争村干部职位。为了获得村民的支持,这样的经济精英在日常交往中常常可以借助其经济上的优势,让村民获得物质上的帮助和好处,从而获得村民的支持。长此以往,高大威猛的经济精英往往容易在选举中占据强势地位,普通村民则被排除在外,失去参与竞争的资格。高大威猛的经济精英逐渐占据主导,也会使村庄利益结构化,有能力、有资格参加村庄选举的变得就是那么几个人,村庄选举于是也不再是普通村民关心得了的事情。相应的,在缺少资源的中部农业型村庄,村集体资源很少,村民对谁当村干部不关心,细小琐碎的村庄精英借村干部职位从自上而下的转移资源中谋利,并因此容易与县乡等上级部门结成新型利益共同体。在这样的村庄,农业税的取消使村干部与村民之间越来越没有关系,而只与上级部门有关联。谁当村干部对村民都没有影响,久而久之,村民也就不再关心村庄政治。

村民无政治,这是一个大问题。

2013 年 1 月 15 日下午

# 十一　村民上访的理由

有两种类型的农民上访：一是针对县、乡政府等村庄之外力量的上访；一是针对村组干部的上访。这两类上访十分不同，发生的区域和产生的理由以及行动的方式都不同。从有关报道来看，河南、河北、山东等省发生农民针对村干部上访的例子较多，江西、浙江等省发生针对县、乡政府上访的例子较多。前不久我到安徽阜阳调查，一个镇竟有80%的村发生过针对村干部的群体上访事件。一个50多岁情绪激动的上访农民说，到上面上访，4~7人是小组上访，10人以上是围攻政府。围攻政府是不对的，他们每次上访都在4~7人之间。

出现针对村干部的村民上访，尤其一个地方竟有80%的村出现这种情况，足以说明这个地方干群关系的紧张。有两种不同的干群关系：一是村民与村庄之外国家干部的关系；二是村民与村干部的关系。村民与村干部关系不好，以至于出现村民的群体上访，至少说明村庄已经失去了自我调解冲突的能力，而不得不到村庄之外寻求调解或解决冲突的力量。村庄冲突发展到不能自我调解的地步，或是有一个巨大的利益等待分配或正在分配，所有希望得到利益的村民都来竞争，弄得面红耳赤以致拳脚相向。这类村庄大多集中在那些得到产权不明收益的城郊地区和经济发达引起土地增值的沿海地区,或是强村庄社会关联业已解体,村庄舆论和道德都失去了调解本来不严重的村庄冲突的功能,以致这些细小琐碎的冲突积累起来成为导致村庄分裂的力量。

在江西宗族农村调查,很少发现农民针对村干部的群体上访。因为江西宗族村庄具有较强的自我调解矛盾的能力,在村生活的村干部不敢冒着被村庄舆论唾骂的危险去为上级办事情,也不敢过于张扬地为自己捞取利益。村民不用群体上访,就可以调用村庄舆论让那些他们不满意的村干部威信扫地,群体上访没有理由。在湖北荆门一类农村调查,也很少发现针对村干部的群体上访,因为荆门农村"缺乏分层与缺失记忆",村民已经原子化,虽然每个村民都深受那些不良村干部的侵害,每个村民却都不愿意上访来得罪村干部,因为"这又不是我一个人的事情"。

也就是说,在安徽阜阳发生广泛的农民针对村干部上访的理由,是阜阳农村强有力的宗族力量已经解体,村庄舆论不足以抑制与调解村干部与村民的矛盾,但村民并非如荆门一类农村原子化,而存在一些强有力的小亲族和类似小亲族的村民行动群体,这些村民行动群体在发现村干部不良行为的确凿证据时,敢于且善于到县乡上访,这种上访很容易将在任的村干部告倒。被告倒的村干部也是有能力的一些人,他们也会组成自己的行动群体,这个行动群体也会寻找新上台村干部的把柄,在可能的时候将他们搞倒。告来搞去,村里分成几派,村级组织也就瘫痪掉了。

强有力的村民行动群体中最有效的是小亲族,即同一个爷爷的叔伯兄弟们,有众多亲兄弟更好。那些叔伯兄弟或亲兄弟众多的小亲族因为血缘关系近，内部认同感强，组织程度高，而在村庄成为一霸，这些霸道的小亲族会占尽村庄的好处。以小亲族为范例，这类村庄各种拟亲族的、同经历的、共利害的人们可以组织起来成为强有力的行动群体，正是这些行动群体成为村民上访的依托，也成为在任村干部敢于不顾村庄舆论和村民反对而捞取私利的后盾。

当小亲族正强有力的时候，村庄生育观念就难以改变，因为生了两个儿子的家庭可以在儿子成年之后在独子家庭面前占尽威风。安徽阜阳小亲族和拟亲族行动群体广泛存在，针对村干部的上访事件众多，农民多生多育的观念就强。江西宗族农村农民的生育观念也强。但在湖北荆门一类农村，当小亲族一类行动群体也已经不再存在之后，农民传统的多子多福的生育观念在当前的现实遭遇中很容易瓦解。虽允许在头胎生女孩之后，隔五年再生一胎，但也没有多少农民愿意再生第二胎。荆门农村当然不是孤立的一案，至少我在吉林的调查可以说明，在强有力的村民行动群体、针对村干部的群体上访和村民的生育观念之间具有极其密切的联系。我所调查的吉林农村是类似湖北荆门这种"缺乏分层与缺失记忆"的农村，这类农村正在成为中国农村的大多数。

农民生育观念容易改变，计划生育工作就好做。计划生育工作好做并不等于诸如湖北荆门一类的农村的情况就会很好。事实可能恰恰相反，因为这类农村不仅失去了那些强有力的宗族力量，而且瓦解了小亲族的行动能力，使村干部可以依托上级做任何对村民有害的事情。这些村干部很善良友好且足够能干的话，他们也可以做很多对村民有益的事情。因为没有村民的反对，那些不很友善的村干部借着上级要求"调整产业结构"、"兴办村办企业"、"普及九年义务教育达标"的东风,向村民收取各种集资,农民负担越减越重。他们还会满足乡镇对村民的各种收税、收费的要求,当不能及时向村民收到足够的上缴款项时,他们以高利贷向社会借贷上缴。在这类村庄,村干部借着各种兴办集体事业的机会发了财,而村民因为负担太重种不起田。不仅如此,这类村庄现在大都有上百万元的债务等着分摊到村民身上。村级债务也与村民群体行动能力有关。江西一个村支书一再担忧说两万元村级债务怎么办,安徽阜阳的一个村支书也担忧说他们村有7万元的巨额村级债务。若他们到诸如荆门一类农村看到村均百万元的村级债务,一定会深感吃惊:怎么会有这么多的债务?这样的村将来怎么办?其实,这样的村级债务很正常,因为这些村的村干部没有人愿意考虑村庄将来怎么办,"反正我任上三年过得去就行"。若他在任上积蓄了足够的钱,他还可以搬到镇上去住。村民不可能都搬走,没有群体行动能力的村民们又能怎么样?

针对县、乡政府等村庄以外力量的村民群体上访,没有理由在诸如阜阳这类穷且只有小群体行动能力的地区发生,更没有理由在荆门这类穷且连小群体行动能力都已丧失的地区发生。这类群体上访要么有江西宗族村庄一类强有力的行动能力,湖南、福建、广东等省也可能有;要么有巨大的经济好处,如那些城郊或沿海发达地区因为土地增值带来巨额村庄经济利益,值得那些不屑于或不愿意去为蝇头小利而团结起来行动的村民团结起来,与村庄以外的力量以及村庄以内的力量作坚决的斗争。

村民群体上访当然还与中央及地方政府的政策有关,还与村民的性格有关。但应该说,最有关的还是农民本身所处的组织状态。农民的群体上访、计划生育状况、村级债务以及农民负担等问题的背后，都有农民组织状况在起作用。

2002 年 5 月 24 日

**修订关键词**　农民上访的三种模式

在取消农业税前，针对高额且不尽合理的农民负担，不同地区农民群体上访的方式呈现出明显的差异。在华北农村，农民上访大多针对村干部，且村庄中往往是轮番上访，正如安徽阜阳农村的情况一样。华南农村的上访，很容易就发展到针对县、乡两级政府，且上访规模巨大。在长江流域的中部地区，针对村干部和县、乡政府的群体上访都很少，农民上访大多只涉及自己的问题。若是政策针对所有人，即使政策有问题，农民也大都觉得既然不是专门针对我一个人的，我为什么要去上访呢？

不同的上访行为塑造出不同的农民负担状况。华南农村规模庞大且往往容易发生暴力的上访，会给县、乡政府极其深刻的记忆，一次上访就足以让县、乡政府很多年不敢加重农民不合理的负担；华北农村针对村干部的轮番上访，至少让村干部不敢随意地额外加重农民负担，且农民负担问题总被摆在那里，可谓家喻户晓；唯长江流域的中部地区，虽然农民负担很重，农民却不上访，外界也不知其所以然。

造成不同地区农民不同上访行为的主要原因在于村庄结构的差异。田先红曾经从农民行动单位的角度系统讨论了农民上访行为逻辑的区域差异问题。在不同地区的农村，村民的一致行动能力和范围存在较大差异，这使得农民集体行动所能获取的资源和支持也大不一样。华南农村多为宗族性的团结型村庄，村干部行为受到村民极大的制约，且村民能够通过家族网络迅速组织和动员起来，拥有强大的集体行动能力。县、乡加重农民负担可能导致严重冲突，华南农民负担因此不重。在华北农村，因为多属分裂型村庄，村庄内存在众多不同的血缘群体，很容易形成不同派系，村庄在野一派总是寻找告倒执政派的机会，一旦抓住加重农民负担的把柄，立即上访。华北农村为农民负担而群体上访的最多，但农民负担却不是最重。农民负担最重的是很少群体上访的长江流域中部地区的原子化村庄，因为农民一致行动能力较弱，无力组织起来上访，大家普遍的想法是上访还不如弃田抛荒外出打工。

取消农业税后，因农民负担而上访的情况大大减少，但农民上访仍然存在区域差异。比如华北农民上访大都是告基层干部贪赃枉法，上访旗号是"为民除害"，上访很容易变成村庄政治斗争的工具，不同的派系通过援引国家力量进行村庄政治的博弈，上访也就在不同派系之间反复重演。中部农村农民上访大都是农民个体利益受损，要求补偿自己的利益，并且由于一般农民不善于通过上访表达诉求，只有见多识广的村庄精英熟知基层政府运作的逻辑，他们才会上访。南方农村农民寓于宗族社会，较为封闭内敛，当他们对基层政权不满时，就会积累怨气，情绪的宣泄往往是群体性的，群体性上访很容易酿成群体性事件。广东"乌坎事件"是典型的南方农村农民的群体性行动，它由具体诉求的表达迅速转化为对基层政权不满情绪的宣泄，给基层政权带来巨大的压力并因此采取措施解决问题。

尽管随着国家权力和市场经济渗透的不断加深,全国各地农村的家族、地方性规范等都正在发生不同程度的解体,村庄社会关联日益削弱,但在短期内,不同地区农村社会结构的差异仍然较为明显,农民上访的区域差异将持续存在。不同时期和不同区域农民上访的差异提醒我们,农民上访问题具有高度复杂性。在没有对农民上访行为机制和逻辑进行深入的分析之前,不宜轻易下结论,否则很容易流于表面。

2013 年 1 月 15 日下午

# 十二 农民抗争的特点

1980年代改革开放以来,农村大致可以划分为两个阶段:一是1980年代农民收入快速增长,农民负担相对较轻的阶段。这一阶段农民对政策的满意程度很高,农村干群关系较为融洽。二是1990年以来农民收入增长缓慢,农民负担日趋沉重的阶段。这一阶段农村经济形势很不景气,农民对政策的满意程度大幅下降,农村干群关系较为紧张,这种紧张大多表现为一种情绪,较少大规模、有组织的抗争。仅就当前农民的抗争来说,具有以下几个特点:

第一,非对抗性。尽管少数地区出现了农民与地方政府较为激烈的冲突,但绝大多数农民抗争都是消极和低组织的非对抗性的抗争,这种抗争的目标是获得经济利益,典型是要求减轻农民负担,清理村组财务。有一些发达地区和城郊农村,农民上访要求补偿集体土地被征用的经济损失。消极抗争比如以拖欠税费抵制负担过重,以不参加村委会或人大代表选举为手段要求上级清理村级财务。低组织性表现为抗争多以个人上访、写匿名信等方式来表达自己的要求。真正形成群体上访或联名告状的情况并不多见。

第二,针对乡村两级。1990年以来农民抗争的重要特点是针对乡村两级干部,认为是乡村干部贪污腐败引起农民负担加重或公共工程投资无效果。中央政策很好,就是乡村干部不执行。在农民抗争中,极少出现针对中央的抗争,农民抗争的依据大多是中央政策和国家法律,李连江称之为"依法抗争"。"依法抗争"指农民期望上访寻找清官,或组织起来学习中央文件,并以乡村干部违反中央政策为由,拒绝交纳税费。乡村两级为了完成税费任务或其他达标升级工程,不得不强制向农民征收。征收过程中,乡村干部的粗暴作风往往成为引发农民激烈抗争的导火索。

第三,区域特点。农民抗争具有明显的区域特点。总的来说,在农民组织程度较高的江西、湖南农村,较低的农民负担就可能引起农民群体性行动,这种群体性行动限制了地方政府的违规行为。而在那些传统组织资源比如宗族解体较为彻底的地区,即使农民负担较重,农民群体行动也不大可能发生,这就会加剧地方政府违规行政的可能性,恶性涉农事件发生的可能性大大增加,比如湖北、河南等省的情况。另一个区域性特点与经济发展程度关系很大。发达地区或城郊农村因为经济发达,土地升值很快,地方政府不需要向农民收取费用,因为农民负担发生的抗争很少。不过,这类发达的城郊农村发生农民抗争的频度远较那些农民负担较重的传统农业型农村为高,其原因多与增值土地收益的分配有关,农民希望通过抗争较多地占有土地增值的好处。

第四,限于经济要求。无论是发达的城郊农村还是传统型农业型农村,农民抗争大都局限于经济要求,基本上没有政治性的权利要求。即使少数地方出现农民为选举权而上访的个案,这些上访的农民也仅局限于"讨个说法"。极少有农民试图通过抗争来达到政治上的目的。

农民抗争所表现出来的以上特征与当前经济发展状况和中央政策有密切关系。具体地说,自1980年代改革开放以来,农民的生存状况用农民自己的话来描述就是"有饭吃没钱花"。"有饭吃"就是当前农民的温饱问题基本解决,这可能是中国历史上第一次比较全面彻底地解决了吃饭问题;"没钱花"与当前农业人口众多,农业产值仅占国民生产总值不足20%的经济结构有关。为了"有钱花",农民必须外出务工经商,据统计,仅到沿海发达地区打工的农村剩余劳动力即近亿人,农村青壮年劳动力和社会精英大量流失。沿海发达地区快速的经济发展也为农村剩余劳动力提供了较多的就业机会。

从中央政策来看,当前赋予农民长期而稳定的土地使用权的土地承包制,使农民可以凭借人均一亩多的土地来养活自己。土地本身的福利功能可能牺牲了劳动生产率,但从中国当前大量过剩的农村劳动力来看,这种均分的土地承包制度的整体产出能力很高,且有效保证了农民的最低收入水平,这是当前中国农民可以普遍地解决温饱问题的前提。也因为均分的土地承包制度,外出务工经商的农民在经营失败或找不到工作时,可以回到农村种地谋生。流出农村的农民并未与农村割断关系,这是与中国历代流民的无根状况完全不同的有根的农民。

虽然总体来讲,1990年代以来农民负担普遍偏重,但中央一直采取了保护农民的政策,比如自1980年代末以来,仅中央一级就下发20多个减轻农民负担的文件,这些文件抑制了农民负担的恶性膨胀,尤其通过多种渠道对涉农恶性案件的大力度查处,有效制止了地方政府走极端的可能,为农村社会稳定提供了减压阀。近年开始的农村税费改革试点,在减轻农民负担的同时也规范了农民负担,从而有望在相当长时期缓解农民因为经济负担过重而产生的抗争行为。

展望未来中国农村的状况,因为农业的弱质特性和农民的弱势地位,农村问题将长期存在,农民通过各种形式的抗争来实现自己经济的社会的要求都会存在。不过,总体来说,只要中央继续稳定当前均分的土地承包制度,逐步减轻和规范农民负担,农民的抗争行为可能成为释放农村社会不满,沟通农民与中央和地方政府关系的减震器。

**修订关键词** 利益博弈

因为农民负担而起的抗争,伴随农业税的取消而销声匿迹。当前的农民抗争集中在沿海经济发达地区和大中城市近郊,起因大都是地方政府征地拆迁,表现出很强的利益博弈特性。

一般来讲,在沿海经济发达地区和大中城市近郊,因为经济发展和城市扩张,需要将农地征收为建设用地。农地一旦变为城市建设用地,往往会产生极大的价值增值。根据现行法律和征地制度安排,农地非农使用的增值收益主要由地方政府以土地财政的形式获取,主要用于城市基础设施建设。

因为农地非农使用的增值收益巨大,农民期望分享更多农地非农使用的增值收益,因此与地方政府之间形成博弈关系。这种博弈关系与维权无关,只与争取更多利益有关。

我们可以看到,当前经济发达地区农村征地拆迁的补偿标准已经大大提高。在征地拆迁过程中，涌现出很多百万、千万富翁。在深圳，甚至出现30万原住民占有深圳大部分土地非农使用增值收益的情况。相比较而言，在中西部的中小城市，因为地方财政能力较弱，征地拆迁给农民的补偿较低，在征地中农民利益容易受损。

当前，中国正处于史无前例的快速城市化进程中，人口的城市化必然要求土地城市化，土地城市化涉及数以千万农民的土地征收和房屋拆迁。在这个过程中，必然会有冲突，有利益博弈。没有利益博弈，甚至希望没有矛盾，这是不现实的。正是在博弈中，城市规模得以扩张，城市人口持续增加。所以，我们不要指望取消或回避博弈和矛盾，而应该着力创造更加公平、公正的博弈平台，制定更为科学合理的征地拆迁补偿分配制度，使中国的城市化步伐能够持续稳步迈进。待20年之后，中国的城市化基本完成，征地的需求大大减少。那时，当然也就不存在只占农民总数5%的征地拆迁农民却占上访和抗争总量50%以上的情况。

依此道理，在农民与政府的各类利益博弈中，就应该承认矛盾和冲突存在的合理性和正当性，要采取主动、积极、果断的措施将矛盾和冲突控制在一定的水平和范围。在矛盾和冲突面前畏首畏尾，为达到"和谐"，甚至牺牲原则和底线，就会导致更加严峻的后果。要辩证看待农民与政府利益博弈过程中的各类矛盾与冲突，要有辩证的"稳定观"。

2013年1月15日下午

# 第五篇 乡村治理

# 一　两委关系

村支部与村委会的关系是当前村级治理中的一个关键问题。《村民委员会组织法》第 3 条规定,"中国共产党在农村的基层组织,按照中国共产党章程进行工作,发挥领导核心作用"。村支部与村委会的关系应是领导与被领导关系,然而,实际情况比法律规定复杂得多。由村民选举出来的村委会可能不服从村支部的领导,认为村支部书记是十几个党员选举出来的,而村委会干部是由 1000 多村民选举出来的。有些地方推行村支部"两票制"的选举办法,即先由村民对村支部候选人投信任票,信任票不过半的村支部委员候选人不能在支部大会上参选,也就当不成村支部书记。"两票制"虽然可以堵住村委会主任说村支书只是由十几个党员选举出来的口,却不能完全解决村支部与村委会的关系。

具体地说,根据党章和《中国共产党农村基层组织工作条例》,村支部接受乡镇党委的领导,服从乡镇党委的安排和要求。也就是说,在制度安排上,乡镇党委和村支部的关系是上下级关系,是命令和服从的关系,村支部是乡镇党委在村级的代理人。根据《村民委员会组织法》的规定,村委会由村民直接选举产生,对村民负责,乡镇政府与村委会的关系是指导与被指导的关系,而不是行政命令关系。这一制度安排使村委会更多成为村民利益的当家人,而非乡镇政府在村一级的代理人。

当乡镇与村的关系比较融洽,村级组织活动空间比较大的时候,村委会和村支部可以处理好当家人与代理人的矛盾。而如果乡村关系比较紧张,村级组织的活动余地很小,当家人与代理人的关系就很难处理。村支部希望首先完成乡镇布置下来的任务,而村委会希望顺应村民要求维护村庄利益,两委关系变得紧张。

以上推论是从制度上说的。韩德强说,当资源不足时,就会出现要么是干群关系紧张,要么是干干关系紧张,要么是干群关系与干干关系都紧张。当前农村经济形势普遍不景气,乡村财政状况恶化,乡村两级资源严重不足,这样出现干群关系及干干关系紧张,就没有什么奇怪的。不过,实际情况比以上推理还要复杂一些,因为农村社会本身的不平衡,会决定干群及干干关系紧张的不同突破口和不同侧重面,只有对农村社会本身作出区分,我们才可以更为精细地理解两委关系的不同面相。

可以将两委关系简化为村支部书记与村委会主任两个人的关系。实践中,往往是村支书与村主任两个人的关系状况决定了村两委的关系状况。虽然根据制度安排,在乡村关系紧张的情况下,村两委会出现因为代理人与当家人的角色矛盾而产生的关系紧张,但在实践中,村支书和村主任作为代理人和当家人的角色矛盾只是为他们的关系提供了基调或行动的框架,具体的村两委关系还必须考虑村庄的性质及村干部职位对村庄精英的吸引力,或者说必须考虑村支书和村主任这两个人的主观动机及这种动机支配下的行动。

村干部,无论是村支书还是村主任,他们行动的主观动机必然受制于以下一些因素的作用:第一,虽然村主任是由村民选举产生的,但作为上级的乡镇行政有足够的办法和资源来让村主任服从自己。第二,虽然村支书更有服从乡镇行政的理由,但村支书大都是本村人,他们现在和将来都还要在本村生活下去,他们也不愿充当不受村民欢迎的上级代理人,而希望指挥村主任去得罪村民。第三,经济状况也是一个关键。不明确的产权规定使丰富的集体经济资源成为村支书和村主任及他们背后各自利益群体相互竞争乃至冲突的导火索。贫弱的集体经济甚至让人失去了当村干部的积极性,村支书和村主任缺乏关系紧张的经济理由与内在冲动。第四,村庄本身的性质也会对村支书与村主任关系产生重要影响。在有些地方,民主选举出来的村主任只是村民用以控制权欲膨胀的村支书权力的手段;在另一些地方,村民选举村主任只是为了自己家族或社区的荣耀与面子。

进一步展开,可以考虑有这样一类村庄,即村集体经济较强,或村干部报酬对村庄精英具有较强经济上的吸引力,村庄精英愿当村干部,同时,全村村民依宗族或区域分为几个派别,形成异质村庄。在这样的村庄,村民不仅希望选出一个代表全村村民利益的人来当村干部,而且特别希望选出本族或本片的人来当村干部。这个时候,作为上级乡镇行政更需要做的事情,不仅是从村庄精英中挑选出一个代表自己意志的代理人,而且需要维持村庄内部不同利益群体之间的权力平衡,这个被挑选的人就是村支书。因为在民主选举的背景下,乡镇可以控制的只有村支书这个人。这个由乡镇挑选的村支书会受到支持自己一派利益群体的支持,他与村民选举上来的村主任的关系,并不是或主要不是乡村关系,而是村中不同宗族或其他利益群体的矛盾与冲突。

再设想这样一种村庄类型,即村集体经济实力贫弱,或村干部职位对村庄精英没有吸引力。同时,村庄内部没有明显的宗族或派性的分化,这个时候,村庄精英对村干部职位不屑一顾,而一些村庄地痞对村干部一职趋之若鹜。在这种情况下,无论是由村民选举出来的村主任,还是由乡镇行政安排的村支书,他们都不会对制度负责,他们关心的是自己能否从村干部职位上多捞哪怕一点好处。在这种情况下,村支书和村主任的关系与制度无关,而是一种无序的关系。

还可以设想出种种村庄类型。当前中国农村的实际情况是:一方面,村庄社区记忆迅速消失,传统的依据诸如宗族和地缘关系组织的利益群体迅速瓦解,村庄越来越同质化;另一方面,随着农村经济形势的衰退,村干部职位在经济上对村庄精英的吸引力越来越小,这时候,村支书与村主任的关系,无论用何种制度来规范约束,都会向无序的方向而不是制度规定的方向发展。

这才是当前两委关系中最令人心焦的问题。

2002 年 9 月 1 日

**修订关键词** 制度实践的机制

写作上文时,因为农村衰败,无论何种制度安排,村两委关系都在向不正常的、无序的方向发展,这是最让人担忧的事情。取消农业税后,当前农村的两委关系与之前有了很大的不同,大体可以分为两种情况:一是沿海发达地区,因为村集体有资源,村庄选举竞争激烈,村两委关系中村主任的权力变得重要,村支书与村主任形成村庄权力的两强,甚至出现村主任实权大于村支书的情况;二是在一般农业型农村地区,村集体无资源,村庄公共资源主要来自上级的转移支付。在这种情况下,村委会选举就变得不重要,村干部没有任何与上级对抗的资本,正式制度的规定得到落实,取消农业税前常见的村两委矛盾不复存在。

2013 年 1 月 15 日下午

## 二　党政关系

乡镇一级是国家的基层政权所在,按说其体制应该是比较规范的,其党政关系在不同地区的差异也不会太大。实际情况却并非如此。

第一次感受到乡镇党政关系在不同地区差异巨大是2002年7月在温州做的一次调查。这次调查先后访谈十多位乡镇党委书记,他们一致认为,在温州地区普遍存在党政关系的紧张,这个紧张关系的面之广,在有些县市达到90%以上,并且很多紧张关系都已经表面化了。在这种已经表面化的党政紧张对峙中,乡镇党委书记大多处于劣势。一个乡镇党委书记说,书记若碰上一个素质差、权欲强的乡镇长,这个书记就完蛋了。他的意思是说,只要镇长敢与书记对峙,书记大都会处于劣势。另一个乡镇党委书记说,现行体制下面,镇长可以将书记的全部权力架空,而书记根本不可能管得住镇长。镇长是法人代表,又管财政,他可以用手中的财权向上送礼,向下收买。总之,他可以将书记搞成孤家寡人,搞得灰不溜秋。

我惊诧于乡镇党委书记这个乡镇的一把手竟然会在温州有如此艰难尴尬的处境。不过,乡镇党委书记的这种艰难尴尬处境在我接下来调查的江苏省却不存在。我在苏南、苏中、苏北各调查了两个乡镇,访谈了6位乡镇党委书记,这些乡镇党委书记对党政关系的抱怨完全没有,也似乎没有谁感受到了乡镇长对他们权力的挑战。当然也有关系紧张的,苏北一个乡镇党委书记说他的前任书记与镇长的关系就很紧张。书记是新来的,而镇长则在本镇工作数十年,在镇里的根基很深,书记终于没能搞得过这个根基很深的镇长。这种关系紧张的例子在江苏农村是例外。

苏南与苏中和苏北还是有很大不同。苏中和苏北的乡镇党委书记为了控制乡镇长,或为了占据党政关系中的主导位置,他们当然不可能改变造成温州地区书记尴尬处境的乡镇长作为法人代表的制度,他们只是想方设法弱化乡镇长法人代表的权力,特别是他的财权。作为一种普遍现象,苏中和苏北地区有经验的乡镇党委书记的一项重要的权力技术是:将党委、人大、政府三套班子的联席会议作为全镇实际上的最高决策机构。单独的镇长办公会要么干脆就不开,要么仅仅是讨论如何执行三套班子联席会议的决策。没有镇长办公会,镇长主导乡镇工作的能力大大受损;而在三套班子联席会议上,作为当然主持人的乡镇党委书记则如鱼得水,可以按自己的意愿做自己想做的事情。苏南与苏北和苏中相当不同,因为苏南乡镇一级经济规模一般都比较大,乡镇一级要处理和面对的事情很多,单独召开书记办公会、镇长办公会,单独决策处理各方面的事情就变得必要。这也是温州乡镇一级党政分开,从而导致镇长架空书记的原因。苏南与温州不同,苏南在乡镇企业改制前拥有相当多的集体企业,这些集体企业的利润以及集体企业的管理,都不是乡镇长的事情,而是由乡镇一级农工商总公司来管理。农工商总公司的负责人叫做总经理,总经理在级别上与书记、镇长平级。这样，乡镇党委书记这个一把手就同时有两个有实权的下级。这两个下级的排序，有时总经理排在前面，有时乡镇长排在前面，谁排在书记后当二把手得看资历和实权，尤其是财权。乡镇长是乡镇的法人代表，负责乡镇财政。乡镇财政主要来自税收，这些税收而来的财政收入的支出，大部分被教师和公务员的工资占去了，只有为数很少的钱可供乡镇自由支配，乡镇长这个管财政的法人代表用权的空间并不很大。相对来说，总经理所管的钱是集体企业上交的利润与规费，这些钱的支出比财政支出灵活得多。正是这笔可以灵活支出、数量很多的时候还超过乡镇财政支出的钱，使总经理在苏南的位置往往比乡镇长更为重要。总经理的权力更多要依赖于乡镇党委书记这个一把手的支持，因为农工商总公司的重大事情必须由乡镇集体决策。有了总经理的牵制，乡镇长在与乡镇党委书记的关系中，就自然处于劣势，敢与书记对峙的乡镇长，在苏南也不是没有，但的确极少。

1990年代末以来，苏南集体企业改制以后，农工商总公司取消了，总经理也就没有了。以前乡镇集体企业的土地、厂房、设备等的租金和从企业收取的各种规费还在。这些钱大都没有纳入到乡镇财政中，而是列入农村经济服务中心管理的单独账户，由乡镇安排一个管工业的副书记代理以前总经理的位置。这个管工业的副书记因为掌握着每年不菲的现金支配权而重权在握，但这个副书记在与书记的关系中远不如以前总经理与书记的关系。其原因不是副书记的"副"，而是书记可以在分工中安排由哪个副书记来握有管工业也就是代理以前总经理位置的重权。集体企业的改制不仅没有削弱，反而加强了乡镇党委书记在乡镇中一把手的地位。

苏南和温州都是经济比较发达的地区。发达的经济和与此相关的繁忙政务以及与此相关的对制度负责的意识,使乡镇一级党政开始出现功能分化,功能分化带来结构分化,即是党政各负其责,书记办公会与镇长办公会各尽其职。这种各负其责的制度,使政府可能拥有实际的权力,包括财权,而使党委仅仅拥有一些不着边际的虚权,这进一步增加了镇长摆脱书记这个一把手的控制,建立与书记对峙的独立决策的空间。苏南与温州的不同是在镇长传统制度权力(法人代表及财政权力)以外还有一块与集体经济有关的巨大财权,这种财权使书记在处理与乡镇长的关系时底气十足,因此他们从来没有镇长挑战自己的压力。温州乡镇所有财权都归于财政,乡镇党委书记这个名义上的一把手因为没有财权,在处理与乡镇长的关系时,总是焦躁不安地盯着乡镇长的脸色。温州乡镇党委书记说,党政关系要想好,就得是一男一女,或一老一少来配对,不然党政关系就会紧张。

苏北和苏中的情况还是不错的。因为经济总量比较小,经济事务以及由此衍生的各种政务比较少,乡镇党委书记就有可能通过传统的而不是现行地方政府组织法的办法,来解决好党政关系难题。比较少的政务使党政联席会议运作自如,比较少的经济活动也减少了人们对契约、对制度的期待与重视。乡镇长的确是乡镇的法人代表,但乡镇党委书记历来是乡镇的一把手。在法人代表与一把手之间,对制度(地方政府组织法等)负责的温州感受到了其中的矛盾,就出现了紧张不安。而在苏中和苏北,传统显然占有更多的分量,法人代表与一把手的关系也就似乎没有这种紧张。

今天中国的大部分乡镇都如苏中和苏北,传统在决定乡镇党政关系中占据着决定性地位。这个时候,书记、镇长的紧张关系不会太多,书记仍然可以决定性地支配乡镇的事务。但在那些经济事务越来越多,乡镇长们越来越被期待对制度负责任的时候,这些乡镇的党政关系就会变得复杂起来。

乡镇党政关系与地方经济发展以及地方经济的性质都有关系。

2002 年 8 月 17 日

**修订关键词** 权力制衡

取消农业税后,有一些省市为了减少乡镇党政的矛盾,要求乡镇党政一把手一肩挑,由乡镇党委书记兼镇长,另设常务副镇长。这个办法的好处是党政统一了,行政效率提高了。坏处也非常明显,就是乡镇一级不再有制衡,书记、镇长一肩挑,这个一肩挑的一把手就会搞一言堂。

推而广之,最近几年,有些省区为了显示一些地、市地位的重要性,而安排省委常委出任这些重要地、市的市委书记,结果,到了地、市,这个省委常委的市委书记权力权重极大地高于市长和其他市委常委,也就必然是一言堂了。在转型时期,权力极大、地位极高、一言九鼎、失去制衡的省委常委的市委书记,即使出发点都是好的,要想不作出错误决策也很难。

中国的行政系统本有一套较为成熟的集体决策机制,比如,县以上的行政决策主要靠常委会,基层单位的行政决策主要依靠党政联席会议或班子会议,这不仅有利于对一把手进行权力制衡，更重要的是，它还有利于决策的科学化，可以充分吸取各种意见、进行有效动员、分工合作。欧阳静在《策略主义——桔镇运作的逻辑》一书中对乡镇权力的运作有生动描述，党政关系被形象地形容为"公婆制"，党委书记主外、抓大事，镇长主内、做好后勤，书记、镇长之间相互制衡、分工合作。

在这个意义上讲，当前中国地方行政体系中党政分设、相互制衡的体系是一个相当不错的体系。乡镇一级党政一肩挑，弊大于利。

2013年1月15日下午

## 三　条块关系

乡镇一级是中国的基层政权所在,在乡镇一级,条条块块都有。块是指乡镇政府,条即我们通常所说的"七站八所","所"的性质是政府机构,"站"的性质是行政性事业机构。名义上"站所"都由县和乡镇双重领导,但实际上到目前为止,"站所"大多属于县一级的派出机构,与乡镇构成了复杂的权力关系。只有当站所成为县级财政负担的时候,县一级才会将站所(主要是站)的领导权力放归乡镇。目前这些放归乡镇的机构主要是农口各站,如农技站、农机站、畜牧站、林业站、广播站、文化站和经管站。另外,企业办和计生办、综治办、民政办、司法所也一直以乡镇管理为主。这些机构大都是人员很多,创收无门而又无正当收费项目的机构,下放给乡镇管理,就需要由乡镇财政来养活这些机构和人员。前些年,因为农技站独家垄断销售种子,经管站管理着农村基金会,而被县一级控制在手上,而有些地方的广播站因为发展有线电视收费,成了一个好单位,而被县一级收回为双重领导机构。水利站以前也是放在乡镇管理的,现在水利站可以依照水法收取基本水费,获得足够的收入,而被县一级收回领导权。

在乡镇一级具有执法权和收费能力的站所(主要是所)主

要归县一级领导。例如税务所、派出所、工商所、土管所、规划所等。这些站所是当前乡镇一级面对的主要条条,权力很大,待遇又好,这些站所的人事权和工资都归县里负责,乡镇一级奈何不了这些站所。为了搞好与这些条条的关系,乡镇不得不想办法讨好这些站所的负责人,最经常的办法是借慰问和补贴给这些站所送钱,有的乡镇还为这些站所的各种建设乃至购车掏钱。

财政所的归属比较特殊。一方面,一级政府一级财政,没有财政,乡镇政府的运作就大成问题。另一方面,财政所又是一个有钱的机构,县里舍不得放。在全国的大部分乡镇,财政所都属双重管理,即财政所人员的人事权和工资由县级负责,受县一级领导,但财政所的业务必须适应乡镇政府的要求,为乡镇政府积极理财。因为双重领导,主要是受县级领导,有些乡镇竟然要讨好财政所所长,不能不说是个笑话。在少数乡镇,财政所放归乡镇领导,县一级仅仅是业务指导关系。因为归乡镇领导,财政所就比较听话,可以为乡镇领导操一些心。

设在乡镇一级的机构远不止以上所列的一些,其他如供电所、房管所、保险所、粮管所、邮电所等,大部分已经企业化经营了。还有一些机构在有些乡镇有,另一些乡镇没有,也不再列出。

条块关系的历史在乡镇一级事实上是很清楚的。人民公社时期,乡镇一级党政合一,政社合一,除了农业上的少数几个站如农技站、农机站、畜牧站和文化广播站以外,少有其他站所,如果说有县级下派到人民公社的条的话,至多就是设在公社管委会的助理,这些助理由公社领导,对上主要是业务关系。这种体制的核心是公社一级功能不分化,功能不分化导致结构不分化,结构不分化,后来引起极大麻烦的条块矛盾也就不存在。

撤社建乡之后,县乡关系被定位为复杂的条块关系,由县的职能部门在乡镇设置对口的机构,这样,乡镇一级首先是因为结构分化出"七站八所",导致其功能的复杂化,面对这种错综复杂的功能关系,乡镇无所适从,处处受制,条块关系因此成为条块矛盾,也就成为今天乡镇体制改革的关键和难点。

但至少有相当部分乡镇的"条块矛盾"是虚假的矛盾。在吉林一个乡调查时,发现这个乡里的"七站八所"几乎没有,就是财政所也是内设在乡镇政府内的,独立设置的站所主要是派出所和林业站。因为"七站八所"不健全,乡镇机构就比较小,事情就比较好协调,条块矛盾化于无形。在温州调查时,发现温州很多山区乡镇根本不设县级派出机构,县级派出机构也不是按乡镇设置,而是按片区设置,边远山区乡镇最多安排一个工作人员(专管员)在那里办一办手续,以方便农民办事。我们调查的苍南县的一个海边渔乡,甚至连一个派出所特派员也没有,仅仅是每周派一个人到乡政府办一天户籍。当社会治安出了问题时,片区派出所再派人来处理。这种按片区设置县级派出机构的做法在全国已比较普遍,主要是法院系统按片区设人民法庭和税务机关按片区设置税务分局。而事实上,在那些以农业为主的乡镇,根本就没有必要设立所有这些站所。调查的吉林和温州这些几乎不设"站所"的乡镇,反而社会秩序良好,条块矛盾没有,该做的什么事情都做好了。

条块关系成为问题的是那些经济已经发达起来的大镇。温州一些工业发达乡镇的负责人对当前条块关系的抱怨最多。因为是经济发达的大镇,县里各个机构都在镇上设了派出机构,所以站所众多。一旦有好处,所有站所都想去捞一把;一旦有责任,所有站所都会推卸;站所有什么问题或站所闹出什么问题,又都会留给乡镇政府。这些发达乡镇的条块矛盾当属发展中的问题,可以理解。

奇怪的是那些以农业为主地区不分乡镇大小和产业性质,而盲目在所有乡镇设有同样的"站所"的做法。

2002 年 8 月 19 日

**修订关键词**　以钱养事改革　需求偏好表达

取消农业税前,乡镇一级条块关系的矛盾主要表现在,凡是有实权和有利益的站所都归了部办委局的"条条"管理,凡有责任无利益的站所则归到乡镇管理。归"条条"管理的站所,乡镇指挥不动,又从乡镇政府那里分了权,乡镇当然不满意。归乡镇管理的站所不仅没有利益,而且要发工资,乡镇政府因此颇为头痛却又没有办法。

取消农业税以后不再收取农业税费,乡镇一级天下第一难的工作一下子取消了,乡镇很高兴。接下来,因为不再要帮乡镇向农民收取税费,之前由乡镇管理的那些站所的作用就不是很大,有无站所就不重要了。由乡镇管理的站所一般是为农民提供技术服务的站所如农技站、农机站、水利站、水产站、兽医站、文化站、司法所,等等,这些站所用不着了,且取消农业税后,乡镇财政短缺,也养不活这些站所,乡镇因此很欢迎改革站所。湖北省在乡镇一级事业单位推行"以钱养事"的改革,变之前的事业单位为民办非企业,之前吃财政饭的人推向市场,变为社会人。

湖北省"以钱养事"改革的设计是,由政府代农民向这些改制的民办非企业单位买服务,然后依据服务质量来付费。这当然是办不到的:一是在乡镇一级根本就不可能有完善的市场;二是专业技术信息不对称,根本就无法对服务质量进行评估;三是作为受益对象的农民根本无法表达出自己的需求偏好。总之,在乡镇一级搞专业技术和公共服务的"以钱养事",结果是,"以钱养事"将湖北省之前仍然健全、多少可以发挥一些作用的乡镇事业单位改得完全不成样子:人改没了,事没养成,为农民提供服务的站所基本上不再能发挥作用。

在湖北省"以钱养事"改革前,以及在没有将乡镇站所完全推向市场的省、市、区,乡镇站所也不能完全发挥作用,其中一个原因是,即使乡镇一级有健全的为农民提供服务的站所,这些站所也无法真正深入到村庄,人民公社时期以及税费改革前,乡镇站所可以深入到村庄为农户提供技术服务的前提是,有村社组织为乡镇站所提供深入农户的"脚",正是乡镇站所与村社基层组织结合,站所服务才能进村入户,在村庄扎根。离开村社,乡镇站所到了农户那里两眼一抹黑,什么都不知道,什么也办不成。

村社组织是极其重要的,可惜的是,取消农业税后,县乡两级普遍以为,既然不再向农民收税,村社组织和村组干部也就不重要了,合村并组,取消村民小组长,减少村干部,村干部基本上不再介入村民的生产事务。同时,因为村社集体不仅没有了集体资源,而且几乎所有自上而下的资源都不经过村干部,村干部就是有为农民办事的意愿,也无办事的能力。

村社组织弱化的核心是,在村庄这个块块上,农民不能凝聚起他们的意志,表达他们的偏好,从而使过去一直在乡村治理中发挥骨干作用的块块再难发挥作用。上面千条线,下面一根针,离开有活力的可以有效表达需求偏好的村庄这个块块,国家自上而下的各种惠民政策就缺少了在村庄一级进行对接的能力。

不仅村社这个块块被弱化,而且乡镇这个块块也几乎没有任何资源,也被弱化了。现在各种自上而下的资源通过条条下达到县,然后由条条专政,以项目制的形式来运作。没有乡村这两级的块块来有效表达需求偏好,条条专政就必然是官僚主义的逻辑,中间就一定会因为自上而下资源流动而形成自下而上、上下结合的分利秩序。

只有块块有了活力,并通过块块来表达农民自下而上的公共品需求偏好,且让块块有权力综合运用各种政策工具和技术手段来使用自上而下的资源,农民才可以得益,资源才可以得到有效运用。

条块关系中,如何建设有活力的可以表达农民公共品需求偏好的乡村这两级的块块,是当前的紧要任务。

2013 年 1 月 15 日晚

# 四　干群关系

近几年农村干群关系紧张是普遍的,造成干群关系紧张的原因大致有二:一是收粮派款;二是计划生育。收粮派款和计划生育是国家要求在农村的主要体现,干群矛盾的实质是国家与农民的矛盾,表现为执行国家任务的乡村干部与农民群众的矛盾。其中村干部与村民的矛盾以及乡镇政府在其中所起的作用在不同地区农村有不同表现,值得专门做些讨论。

依徐勇的说法,村干部有双重身份:一是村民的当家人;二是乡镇政府的代理人。作为当家人,村干部需要站在村民利益的立场说话、办事、想问题。作为代理人,村干部需要完成乡镇在村里的政务即收粮派款和计划生育任务。其实,村干部除了以上双重身份,还有一种身份,就是谋取自身利益。村干部也是人,他们有独立于以上双重身份的个人利益所在。正是村干部谋取独立利益的行为,复杂化了干群关系,并使干群关系的区域特征显示了出来。

计划生育作为国策,自1980年代以来即强制实行,这种强制实行的国策与农民生育观念的转变结合起来,在一些地区很快见到了效果,以至于在全国相当多数农村,计划生育已不成为问题,因为计划生育而造成的干群关系紧张让位于因为收粮派款所造成的干群关系紧张。因为收粮派款造成的干群关系紧张首先表现为村干部与村民关系的紧张。

在农村税费改革前,收粮派款一般由村干部向村民收取,村民"皇粮国税"意识普遍都有,但1990年代以来农民负担太重而负担不起,村民想方设法拒绝交粮或拖欠税费。中央知道农民负担过重,一再下发减轻农民负担的文件,这些文件精神通过报纸杂志和电视新闻很快为村民所知道,他们因此有了抵制乡村干部收粮派款的"尚方宝剑"。"皇粮国税"还是要交的,但不能有这么高,之所以现在收这么多钱粮,是乡村干部任意加重农民负担来为自己谋取好处,因此,农民不满的矛头对准着乡村两级。

乡村两级离农民近,他们的不良行为可以很好地为农民找到发泄不满的理由。到目前为止,收粮派款还离不开村干部,村干部不是国家干部,他们生活在村庄中,他们不愿意得罪村民去收那些村民不愿交的粮款。乡镇一级是基层政权所在,作为国家干部的乡镇干部必须完成收粮派款的任务,他们为了让村干部愿意去收那些农民不愿交的粮款,就需要给村干部一些压力,先是行政上的压力,比如对完不成收款任务的村干部进行批评乃至免职。再给村干部以私人感情上的压力,让村干部看在某个乡镇干部的面子上去收钱。当这种行政压力和感情压力都失去作用时,乡镇干部通过两种新的办法来让村干部为完成收粮派款任务而努力:一是让那些地痞式人物出任村干部,这些人不怕得罪村民,也不太顾及村庄舆论的压力,而敢于向村民收取税费。二是给村干部一些特别的好处,让村干部在收款造成村民不满的损失中获得经济的补偿。比如将收上来的税费按一定比例作为村干部的奖金,允许村干部在上级下达任务以外加收一些款项,对村干部的贪污和吃喝行为睁一只眼闭一只眼。尤其是那些地痞式人物当村干部后,他们几乎是迫不及待地来向村民收取超过上级安排的税费。

  地痞式村干部的吃喝贪占成为村民解释自己负担过重的首要理由。若村庄组织能力还有,村庄社会关联尚未完全解体,就会有一些村民联合起来上访。这种上访到了乡镇,乡镇装模作样到村里做些调查,然后不了了之。村民不满,而越级上访到县市。若县市仍然不解决,村民又有组织起来的足够能力,他们会进一步找到省甚至中央,或者"焦点访谈"与新闻媒体。这样的上访有作用,上级到村里调查,村干部加重农民负担的行为和吃喝贪占的问题暴露出来,因此职务被免。那些上访成功的村民成为村里的英雄,他们被任命或选举为村干部。这些被任命或选举为村干部的上访英雄也食人间烟火,他们当上村干部后也不会仅仅工作而不拿报酬,他们也希望有更多的与他们工作难度相一致的报酬。收粮派款的事情他们还得去做,农民负担并未从根本上减轻,村民依然不满。他们因此也需要有与村民对他们不满意所造成精神损失相应的经济补偿,乡镇仍然关注于村干部完成收粮派款的任务,而对村干部想得到额外好处睁一只眼闭一只眼。这些上访英雄终于有一日忍不住向村民多收一些钱来提高自己过低的报酬。而那些被他们上访告下去的村干部仍然在村里,他们不是傻瓜,他们也会去上访。最终,这个村的工作就开展不起来,钱粮就收不上去,村级组织就瘫痪掉了。

  以上因为村干部加重农民负担造成干群关系紧张以至于村级组织瘫痪的例子,在安徽阜阳十分普遍。从报纸上的报道看,河南农村村级组织瘫痪的过程与之十分相似。这类村庄中,一方面是农民还可以组织起来上访,小群体的行动能力是存在的;另一方面是村庄的社会关联已经解体,村干部为了个人利益而不惜破坏与村民生存相依的关系。在这一类村庄,当前进行的农村税费改革会有效,因为税费改革将国家向农民收取钱粮的项目极大地简化了,这种简化使乡村两级不再有浑水摸鱼加重农民负担的空间,或者说,税费改革使村民很容易知道自己应该交多少税,对乡村干部在应交税以外的摊派,村民可以一眼看破,这些可以在小群体内组织起来行动的村民群体很快向上级报告说乡村两级加重了农民负担。乡村两级也知道村民会上访,告他们明目张胆地摊派,他们因此不敢在农民应交税以外加重农民负担。

但是,有些地方的农民甚至已经不再存在小群体内组织起来的行动能力,在这样的农村,乡村干部在税费改革后,仍然敢明目张胆地加重农民负担,这样农村的税费改革会成功吗?农村干群关系会得到缓解吗?

2002年5月25日

**修订关键词** 群众路线

(一)

取消农业税后,农村干群关系发生根本逆转,即由过去"打成一片"变得互不相干。广西富川县县委书记廖立勇发现乡镇干部不愿下到农村与农民交流,其中一个原因是干部下乡没有什么事情,也帮不了农民。过去向农民收税,也同时帮农民解决问题,干部与农民的关系是密切的。现在不再需要下去收税,乡镇干部手上也没有资源,就是有好心下去帮农民解决问题也解决不了。下去不是自讨没趣,自寻烦恼?久而久之,乡镇干部与农民之间久无联系,关系变得生疏起来。

怎么办?廖书记想了一个办法,即要求乡镇干部必须夜访农户,且县财政每年拿出1000万元专项夜访资金,乡镇干部在夜访中发现了农民的实际需求,就可以申请夜访资金。这个办法采用后,乡镇干部有了极大的夜访农户的积极性,农户也很愿意与乡镇干部交流。1000万元小额资金解决了农村大量长期得不到解决的问题。

廖书记试图通过设立夜访资金来重建取消农业税后干群之间脱节的联系,这是一个好办法,但不是唯一办法。近些年来,各地、各行业开展了各种密切联系群众的活动,比如重庆的"三进三同"活动、湖北的"三万"活动、新闻领域的"走基层"活动,效果有待观察。

(二)

群众路线既是根本的政治路线,也是根本的组织路线,它包括两个相互联系的部分:接近群众,关心群众生活;依靠群众,注意工作方法。税费改革前,群众路线的问题主要表现为基层干部工作方法不得当,官僚主义泛滥,干群之间"打成一片",关系紧张。税费改革后,群众路线的问题更为严重,主要表现为基层干部已经脱离群众,干群之间的关系看似得到了缓和,实际上是相互之间已无联系。没有关系是最糟糕的关系。

如何在新形势下重建干部与农民之间的血肉联系,真正实现毛主席所说的"关心群众生活、注意工作方法",是考验各级领导干部智慧的大事。

2013年1月15日晚

# 五　乡村债务

乡村干部目前最为关心的事情恐怕就是乡村债务了。有村干部说，一想到村里那么多债务，就没了当村干部的积极性，更不会有战天斗地的豪情壮志。乡镇负责人应对乡村债务的办法是不闻不问，在一个地方任满3年，赶紧走人。从宏观面上，我们已知道一些乡村债务的情况。李昌平在《我向总理说实话》一书中详细介绍了监利县乡村债务的情况，可谓触目惊心。荆门1 000多个村，村均债务在2001年将近100万元，这些村级债务大多是向农民的高息借款，仅以月息1分计算，每年债务利息就有10万元，平均下来每个农民每年要负担70多元的债务利息。更有一些乡镇村均债务竟超过200万元，每个村民每年负担100多元利息，相当于农村税费改革后农民负担农业税、农业特产税及两税附加的总和。乡镇一级的债务比村级债务好不到哪里去。据国务院发展研究中心估计，全国4.5万个乡镇，乡镇债务平均为400多万元，乡镇债务超过千万元的很普遍。

造成乡村债务的原因很多，其中一个解释是1994年实行分税制以后，中央将好税种收上去，地方政府虽然调动了全部收税积极性，也不能应对财政支出的快速增长，终于出现了严重的乡镇债务及村级债务。这种解释是从地方政府收支不平衡的体制方面作的解释，是有道理的。在一些乡镇，全部财政收入竟不够发放教师和公务员工资，可见当前的分税体制对地方政府的确是有些影响了。

再一种解释是自上而下的达标升级。1990年代以来，从中央到地方，达标升级的冲动强烈，屡禁不止。达标升级与当前的政绩考评办法和目前的行政体制都有关系。上有所好，下必甚焉。乡镇一级借口达标升级，做了很多坏事：修了很多楼堂馆所，办了很多没有收益的"公益事业"和"集体企业"，建了一些一开始就没有发挥作用的城镇设施。当前乡镇债务的主体部分就是办这些没有收益的坏事欠下的。相当部分的村级债务也与乡镇做的这些坏事有关，因为乡镇用行政命令向村级收钱，以将自己的财务危机向村和村民转嫁。村一级也做了很多达标升级的坏事，从而也造成了严重的村级债务。需要说明的是，这里说乡村做坏事形成乡村债务，并不是从乡村干部道德方面解释乡村债务的原因，而是说当前的行政体制和政绩考评办法存在问题，这个问题的主导方面是体制悖论，从属方面是提供了乡村干部不道德行为的机会。

第三种解释涉及乡村干部的道德问题。乡村债务有达标升级兴办事业的原因，这个责任应由上级来负。但不能将乡村干部的责任推卸得一干二净，这不符合事实。自上而下的达标升级要求只是造成了部分的对乡村社会的损害，一些乡村干部借口上级达标升级的要求，去做那些明知不会产生收益却可以为自己带来政绩乃至索贿机会的"事业"，才是造成那些最为严重的乡村债务的原因。那些唯利是图的乡村干部为了中饱私囊而利用了上级的政策或行政命令，在农村调查时到处可见乡村干部为索贿而建设的无效工程。

农民总是受害者，无论是乡镇债务，还是村级债务，总归要与农民的利益产生联系。不过，农民就没有责任吗？看看不同地区不同乡村的债务情况，你就会说，农民自己也应该在严重的乡村债务这枚苦果中承担责任。在安徽阜阳一个镇调查，几乎每个村都有农民为村级债务连续上访，我以为阜阳的村级债务严重得不得了。一问，村均债务才10万元左右，比李昌平书中讲的监利和我家乡荆门村均100万元的债务差得远了。我在荆门农村晃荡多年，没有遇见有农民为村级债务上访，更不用说去连续上访和群体上访了。李昌平讲的监利县也不会有农民为村级债务去上访的，因为村级债务是村里的事情，与我农民有什么关系？阜阳长大的彭大鹏说，村里一个农民上访，就会有一大串农民跟着。村民为村级债务上访，村干部就不敢放肆为谋取个人利益而损害村庄公益，那些明显无益的达标升级工程也就不会去做。乡镇是一定要去做那些无益的达标升级工程的，但乡镇不能将达标升级工程的负担向村庄转嫁。村民按照国家政策和法律来维护村庄利益，面对拿着政策上访的农民，乡镇也无法将负担向农民转嫁。村级债务因此不重，农民负担也比较轻。自上而下的达标升级工程要办，乡镇又不能将负担向村庄和农民转嫁，乡镇一级的负债就可能格外严重。实际情况也是这样。我所调查的阜阳乡镇债务普遍严重，超过千万元债务的乡镇很多。河南农村我还没有去过，从有关报道来看，河南农民也上访，可以推测河南农民负担不会太重，村级债务也不会太多。

荆门农民和监利农民不上访，乡村两级在达标升级时，就会竞相向农民转嫁负担，农民负担因此屡减不轻。不仅农民负担不减轻,那些良心变坏了的乡村干部会想出种种为索贿而建设的工程,会去借各种可以借到的高息贷款,从而做出所有人都知道不该做、做不好但却做了的坏事,从而留下严重的乡村两级债务。先是严重的村级债务,再是严重的乡镇债务。

当前出现的严重乡村债务显然具有区域特点。我在江西农村调查的感受似乎不仅农民负担比较轻,而且村级债务也不太重。安徽阜阳的乡镇债务比较严重,阜阳乡镇干部作风也比较坏。荆门和监利农村则一无是处:农民负担重,村乡债务多。这种区域特点说明,乡村债务不仅与行政体制有关,而且与农村社会本身有密切关系。其中乡村干部的道德问题又大多可以归结为行政体制为乡村干部留下了行动空间和农民对乡村干部违规行为缺乏约束能力。强有力的农民行动可以弥补行政体制的缺陷,这样一来,我们就可以建立一个关于农村政治社会学的分析框架,这个框架以乡村两级为场域,以乡村社会出现的诸如乡村债务之类政治和社会现象为研究对象,以自上而下,下到乡镇乃至村一级的行政体制系统为上层,以自下而上,上到村乃至乡镇甚至更高层的农民行动能力为下层,来展开讨论。

当前学术界对诸如乡村债务等政治社会现象的解释,过于关注自上而下的行政体制和乡村干部个人的道德,而过于忽视了农民自身的行动能力。要理解农民的行动能力,就必须理解村庄的类型和当前村庄的社会处境。正是这些方面,我们希望在"乡村社会性质"的名下展开讨论。

2002 年 9 月 21 日

**修订关键词**　清欠　债务锁定

1990 年代累积形成的乡村债务是加剧"三农"矛盾的一个重要源头。2001 年国家开始进行农村税费改革试点,为了改革顺利,中央要求锁定乡村债务,这个锁定包括不向欠乡村集体税费的农户清收,乡村两级当然也无能力还掉所欠债务。

在税费改革之初,锁定乡村债务是一个不得已的临时办法。不过,这个锁定一直到了 12 年以后的现在,中央继续是锁定。过去欠国家农业税、欠乡村集体"三提五统"的农户,因为中央不准清欠,所欠税费等于是一风吹了。那些按时缴纳税费不欠国家和集体税费的农户,当然不可能向国家和乡村集体要回已缴纳税费。

乡村集体也无力还债,一方面,税费改革和取消农业税后,乡村集体不再有收入来源,上级所有拨款都是专款专用。另一方面,乡村不能向农户清欠,当然就无法还债。

乡村借债无非两个来源:一是向银行、信用社、基金会的借贷,这些借贷,乡村无力去还也没有准备去还,反正归根结底是要由国家承担的,这一部分乡村负债最后都作为银行坏账冲掉了。所有金融机构再也不愿也不敢与乡村集体打交道。二是私人借贷,包括高息借贷。锁定债务时进行了债务清理,过去的高息予以剥离,但就是所借本金,乡村也无力还债。结果,有些债主是农村老年人,得病住院,眼看就要死了,讨债治病,乡村集体却无力还债。最后人已经死了,债还在那里。这种情况在全国十分普遍。

有一次国务院发展研究中心研究员赵树凯问我说,税费改革之初,乡村债务闹得那么凶,现在怎么没有动静了?问题都解决了吗？我说，乡村债务现在仍然锁定在那里，没有动静并非没有问题，乡村债务对乡村治理的负面作用极大。这个问题不解决，乡村善治不可能。

不仅如此，税费改革以后，村级债务还呈现出了"新债生"的情况，更糟糕的是，由于村级组织缺乏集体收入和资金来源，在可预期的时间内，新债可能仍将持续增长。

村级新债产生的主要原因在于税费改革后采用"一事一议"制度与财政奖补政策来达成乡村公共品的供给。税改以后，公共品需求依然存在，按照奖补政策，财政奖补只负责1/3，剩下的需要通过"一事一议"来筹资筹劳进行地方配套。但是，由于"一事一议"筹资筹劳并无强制能力，这笔资金往往只是成为申报项目中的虚假数字，最终还是落在村级组织身上。这在有稳定集体收入的富裕村庄问题不大，对于大部分农业型村庄来说，就只能依靠进一步的借债来应对。

旧债锁、新债生。乡村债务是国家和地方政府必须直面的问题。

2013年1月15日晚

## 六　乡镇财政

乡镇财政是当前乡村治理的核心问题之一，按照一级政府一级财政的原则，1980年撤社建乡之后，普遍建立了乡镇财政。建立乡镇财政的初衷是调动乡镇政府理财积极性，一是积极增收，二是尽量节支。财政的增收节支，为整个社会创造活力。

然而，乡镇财政的实践却与此相距甚远。具体来说，乡镇财政体制是由县市一级决定，一般"一定三年，包死基数，超收分成，缺额不补"。包死基数是指在财政收入基数以下的所有收入全额留成，对超过基数的财政收入进行分成，乡镇因此希望核定的财政收入基数小而留成多。在具体决定财政收入基数和超收分成比重时，县市必须照顾到各个乡镇的历史。对于基础比较差的乡镇，基数就定得比较低，超收分成部分的留成比重就比较高；对于基础比较好的乡镇，基数就定得比较大，超收留成比重也低一些。在决定基数和留成比重时，县市名义上会与乡镇谈判，达成一个共同的协议。但这种谈判，乡镇并无独立的谈判权，而仅仅是向县市示好，说明本乡镇的困难，以获得县市的同情与照顾。这种谈判最有效的办法是搞好与县市领导以及县市财政局负责人的关系，因为最后决定权在县市。

在这个意义上,乡镇没有谁敢得罪县市财政局。

既然基数和留成都是三年一变的,乡镇一级增加财政收入的积极性理论上就会大打折扣,因为前三年财政收入增加得快,在后三年的新财政体制中,财政基数就会提高,超收留成比例就会减少。温州一个乡镇党委书记就说,他们每年财政收入的增长速度都保持在 10% 左右,市一级也是如此,本来财政收入可以增长得更快一些,但没有这个必要。财政收入增长得慢一点,企业和农民负担就轻一点,负担一轻,企业就发展得快,财政收入增长的空间就更大。他还说,如果对企业的收税统统管得严实得不得了,企业发展的优势就少,企业因而发展不起来,企业发展不起来,财政收入增长的空间也就没有。每年只是保持一个适度的财政收入增长速度,而经济增长速度高过这个速度,财政增收空间就会越来越大,这个越来越大的财政增收空间总是不被用尽,这样就可以在与上级谈判的财政体制包死基数中和财政留成中处于有利位置,并且会越来越有利。

在温州这样的发达地区,财政分成体制使地方政府只有比较小的财政增收的积极性,地方倾向于少收税,这是发达地区发达的结果,也是发达地区进一步发达的原因。这一点在乡镇、县市、地市乃至省市各级,情况都是一个样。比较同一层面上发达地区与欠发达地区的经济总量与税收的比重就会发现,越是欠发达地区,同等经济总量所承担的税收越重,税收越重,企业的产品就越没有竞争力,外面的资金就越是进不来,内部的资金也会逃掉。欠发达地区经济总量越来越下降,税收必然跟着下降。发达地区每年财政收入以 10% 的比例在增长,欠发达地区财政收入的年增长率只有 5%,似乎发达地区的税收增加得快,欠发达地区经济承担的税收少,欠发达地区的经济因此讨了大好。殊不知,发达地区每年经济总量在以30%的速度增长,而欠发达地区经济总量的增长速度是在下降,有些地区是负增长。这就使得发达地区的经济进入良性循环,越来越好;而欠发达地区经济陷入恶性循环,越来越糟。这也是西方强国之所以强,发展中国家却总是发展不起来的原因,也是中国沿海越来越发达,中西部越来越不发达的原因。这种马太效应并不是自然的结果,而是我们当前的财政税收体制人为制造出来的。国际上的原因则是经济全球化中按国际规则办事的后果。

在那些以农业为主的欠发达的中西部地区,财政收入体制也只有较小的调动乡镇理财的积极性。从财政增收的角度,因为欠发达,工商企业是很少的,乡镇为了财政增收,必须想出多种办法将所有可以收起来的税都收起来,这样一来,乡镇工商企业的产品就缺乏与发达地区低税收产品的竞争力,迟早要在市场竞争中败下阵来。只有那些纯粹资源型或高污染的企业可以在这些欠发达的中西部地区勉强扎根。欠发达地区乡镇财政增收的另一个渠道是向农民收钱,中西部地区农民负担之所以屡减不轻,就是乡镇财政短缺,从工商业中收不到钱,每年递增的财政支出无法应对,不得已而为之的结果。欠发达地区为了财政增收,还会想出建设"财源基地"强迫农民调整产业结构以多收特产税的办法。中西部地区农村之所以一再出现地方政府强迫农民调整产业结构,除了自上而下行政命令的习惯未改以外,地方政府指望农民种植粮食以外的作物可以多收税,是一个重要原因。想多收税而强迫农民调整产业结构,这样还可能做得出好事?

招商引资似乎是调动地方政府财政增收积极性的一个重

要后果。不过,招商引资即使成功,其对乡镇财政收入增长的好处也得在3年之后。3年是乡镇主要负责人的一个任期,当前全国乡镇主要负责人(书记和乡镇长)的平均任期不足3年,谁愿意为3年以后财政收入的增加而去做那些辛苦得不得了的招商引资工作?当前招商引资之所以风行全国,不是因为地方政府调动了增加财政收入的积极性,而是因为另外一个外在的压力所致,这个外在压力来自自上而下强有力的行政体制,上级给下级分配招商引资指标,并将此作为考核各级官员的主要政绩,谁还不会有招商引资的压力?因此,一些地方乡镇一级之所以有强大的招商引资积极性,不是因为增加乡镇财政收入的内在冲动,而是迫于自上而下下达的完成任务的外在压力。招商引资与调动地方政府增收积极性无关。

再来看节支情况。节支的积极性来自有节支的空间,就是说,在财政体制的安排中,乡镇一级有决定财政如何支出的决定权。前些年,乡镇一级财政支出的决定权相对较大,但随之出现的是教师工资长期被拖欠,应该支出的财政资金未能支出,不应支出的财政资金到处都支。就是在1990年代中后期的中西部地区,一方面教师工资被拖欠,一方面乡镇建办公楼、买小车的支出却很多。中部地区乡镇一级无论多么小的一个乡镇,书记、镇长一人一辆专车的情况相当普遍。为了维持高额的办公费开支(专车支出、招待费支出等),乡镇克扣教育资金、农林水利资金、文化广播资金,已是公开的秘密。不仅如此,乡镇还到处借债务,欠债数千万元。因为乡镇财政该支不支,不该开支的却到处开支的问题实在严重,上级不得不收回乡镇财政支出的权限,先是普遍将教师工资收回县市一级,再是一些地方将公务员工资由县市直达。接下来还会由县市直接下拨乡镇的农林水资金、教育资金,由县市规定乡镇小车使用权限、招待办公费的上限等。逐步取消乡镇财政开支的决定权。乡镇财政节支的积极性事实上也不存在了,因为节支的空间没有了。

换句话说,在中西部地区按一级政府一级财政原则实践的乡镇财政体制是相当不成功的。造成这一后果的原因与我们当前的财政分成体制不确定有关系,更与当前乡镇一级事实上不是一级的完备政府有关系。所谓完备政府,是指乡镇除了一个高效率的乡镇行政以外,还应有一个强有力的乡镇权力机构,也就是真正发挥作用的乡镇人大的存在。当前中国乡镇一级人大绝大多数名存实亡,没有人大的监督,乡镇行政有决定财政开支的决定权的时候,就容易滥用权力。当前决定乡镇行政任免的权力来自县市,县市对乡镇行政因此具有监督能力,但县市与乡镇财政分成,各负其责,县市关心的首要问题是本级的财政困难能否向下级转移,至于下级财政负债累累,困难不堪,与县市有何关系?看一看当前中西部地区乡镇财政普遍负债累累的现状,我们不得不说,设立乡镇财政是一个值得反思的问题。

2002 年 8 月 18 日

**修订关键词**　乡财县管　争资跑项

取消农业税后乡镇财政更加虚化。全国绝大多数地区普遍实行乡财县管,乡镇极少有可以自由支配的财政收入。一些农业型地区的乡镇，由于工商经济基础薄弱，税收很少，乡镇财政空壳化，只能依靠国家自上而下的财政转移支付来维持乡镇的基本开支。乡镇成为所谓的"吃饭财政"，除去乡镇公务人员基本工资开支和办公支出之后，很少有财力用于建设农村公共品，农村公共品建设只能依靠国家对乡村社会的项目投入，"争资跑项"因此成为税费改革以后乡镇的中心工作。

"争资跑项"指的是乡镇向上级政府各部门争取各类资金和项目，具体来说，主要是由乡镇主要领导、一些站所长与上级政府及各个部门之间的互动，其中站所长主要捕捉项目信息，乡镇书记、镇长则扮演"争"与"跑"的角色。乡镇党委书记和镇长的主要时间和精力都用于到上面"争资跑项"了。从向下收取农业税转为向上"争资跑项"，乡镇干部主要精力集中于与上级政府、部门交往应酬。在资源总量有限、上级政府和部门对于乡村社会实际需求信息不对称，使得资源输入与分配受到"政缘关系网络"的极大影响，并在这一"争"和"跑"当中制造了巨大权力寻租空间，且因此若隐若现地出现了一个自上而下的分利集团。

2013 年 1 月 15 日晚

# 七　招商引资

　　江苏省招商引资热情的高涨程度,完全超出了我的预料。2002年夏天在江苏调查时,从苏北到苏南,招商引资似乎已成为市、县和乡镇政府唯一重要的工作,这种招商引资的"大跃进"令人担忧。苏中如皋市每月在报纸上公布各个乡镇招商引资的"实绩",对于招商引资最差的乡镇负责人实行"末位淘汰"。为了招商引资,乡镇到处外出找关系,谈优惠政策,有时一个镇刚刚与投资人谈好条件,隔壁镇知道情况,就过来给更为优惠的条件,从而将投资人抢过去。苏北的沭阳县不仅要求乡镇负责人负责招商引资,而且要求将招商引资任务分解到每一个拿财政工资的公务员和教师,分解到每一个设在镇上的站所,分解到每一个村,甚至在每年年初就要求每个拿财政工资的公务员和教师每人交出数千元的保证金,不能完成招商引资任务的就被扣下。一些刚参加工作的年轻教师叫苦不迭,因为本来工资就不高,保证金一交,生活就有困难。至于在每个镇政府门口"百日招商引资竞赛"中"招商引资企业完成税收任务数"一栏,表明了乡镇为财政所困扰的急切心理。苏南的情况好得多了。昆山市邻近上海,招商引资效果极佳,一个仅有50多万人口的县级市,平均每天可以招来1 000万美元以上的外资,创造1 000万元人民币的财政收入。吴江市的情况差一些,但吴江市招商引资的决心并不小,乡镇主要领导的工作基本上就是到处打听有无投资人,如何做外商工作将他们招来投资。刚好碰上一个第一期工程就要了100亩土地建厂房的台商来投资,镇里书记、镇长鞍前马后,甚至到苏州为这个台商选购住宅和购买私家车,为台商办体检手续(镇长说体检非得台商亲自出面,其他手续都可由镇长代劳)。这个台商在餐桌上大谈广东的投资环境不好,人文环境不好,尤其是到处臭水横流。吴江还不错,他因此正在将以前建在广东的企业搬到吴江这边来。与我一同调查的董磊明听到此话,不无担忧地说:"不知什么时候这些台商和外商又会说吴江投资环境不好,到处臭水横流,而要搬到一个风景如画且可以再免税三年的新地方去。"

昆山和吴江都是苏州市的辖区,苏州是近年来引进外资成绩最好的地区,依靠大量引进的外资,苏州经济彻底上了台阶。2001年苏州GDP、财政收入在全国大中城市排到了第六位。以前苏州是苏南模式的代表,1990年代,集体企业改制后,苏南模式也就不存在了。现在通过招商引资,新的苏南模式在形成。不过,在新的以引进外资为主的苏南模式替代旧的以集体企业为主的苏南模式时,却给苏南农民留下了阵痛。昆山一个镇劳动管理所所长对我们说,以前在乡镇企业工作的当地农民收入还是不错的,每个月不仅可以有比较高的工资,还享受主要由企业交纳的社会保险,这些保险约占工资总额的30%。乡镇企业的制度比较规范,劳动条件也不错,虽然比国有企业差,但却比当前的外资企业与民营企业好不知多少倍。他对我们说,企业转制后,企业就不交社会保险了,而外资企业更是不愿交社会保险。不仅不交社会保险,还大幅度降低工资,延长劳动时间。他对我们说,有一个厂,一个工人1个月的工作时间竟然超过了510小时,平均每天在17小时以上。这些企业还倾向于招外地人而不要本地人到厂工作,外地人廉价好管理。农业一直是不赚钱的,现在到工厂做工也挣不了什么钱,因此,苏南农民的生活水平也好不到哪里去。而以前我一直以为苏南农民富得流油,实在是幼稚得很。

而且这些被优惠招来的外资还会再走,正如董磊明担忧的一样。吴江一个镇的干部对我们说,为了引来外资,土地都是以极低的价钱征来的,这些征来的地可以作为抵押去银行贷款,这些抵押来的贷款作为企业的投入资金。这样,只要带来很少一点投资,就可以办很大一个企业的盘子,投资失败了,风险不归他们承担,而归了地方。外商投资的前三年免税后两年半税,免税期一满,外商就可以拍屁股走人。他说,有些乡镇招商引资,厂房由地方政府来建,外商免税期满后走人,成本更低,也更为容易。外商要走,有太多的地方收留。沭阳县的一个镇党委书记说:"我们这里投资环境比苏南的优势大,一是土地可以不要钱,征地款由财政来出;二是劳动力绝对便宜,当然环保方面也可以放得更松些。从短期看招商,地方政府不仅赚不到钱,还要赔钱。"他没有说的当然还有地方政府配合外商让打工的农民不要社会保险,保持更长的劳动时间和只拿可以维持生存的最低报酬。他等着三年免税期满之后向这些外商收税。

不止一个乡镇干部认为当前自上而下将招商引资作为考核地方政府政绩的最重要指标的做法不理性。吴江一个乡镇干部说:"招商引资本来应该全国一盘棋,地方政府的工作考核,一是依据公务员标准,二是执行国家法律特别是税法和劳动法的状况。现在上面下指标要各地招商引资,最终得好处的是那些老板,尤其太便宜了那些国外的老板。"他认为当前这种做法"极成问题"。

这些乡镇干部的看法很对。只是为什么乡镇干部都可以看到的问题,我们的决策者却一直看不到?招商引资下指标的做法是1990年代以来的普遍现象,由省到地市到县市到乡镇甚至到了村,这种做法之粗糙,让人不可思议。通过考核各级政府招商引资指标来判断各级政府工作实绩,就不仅使得不同省,不同的地市、县市、乡镇以邻为壑,竞相给予优惠,从而形成一个巨大的外商占尽谈判优势的买方市场。在这个巨大的买方市场中,代表中国人民利益的各级政府作为卖方,越来越不值钱;而外商作为买方,占尽了便宜和好处。

人民利益受到的损害还不只是因为卖方自己内部竞价出售,卖不出好的价钱,而且地方政府还会借口改善投资环境来建设若干与当地人民生活无关的工程,这些工程用的是当地人民的钱,服务的或拟服务的却是些外商。苏北沭阳本来是一个贫困县,为了改善投资环境,在城市建设上大手笔投资,几年时间几乎是造了一座新城,苏北的阜宁县也是几年造了一座新城。造新城当然要投资,投资来自哪里?投资得向当地人民要。沭阳前些年农民负担之重就与此有关。若还不够,就到处借债。沭阳随便一个乡镇就是几千万元的债务,就与这种改善投资环境的城镇建设有关。旧城改造,财政没有钱,那些本来住得好好的县城居民的房子被拆掉了,当然不可能得到足够的经济补偿,他们因此被迫到比过去住的更糟的地方去住。是的,新城是建了起来,这样的新城还与当地的人民有关吗?而这种造新城一类的改善投资环境的做法,不是今天中国从南到北的现实吗？近年来全国严重的乡村债务,严重的地方政府的负债,不是正在窒息中国明天发展的空间与希望吗？

招商引资、招商引资,多少腐败多少蠢事假汝之名而行。

2002 年 8 月 17 日

**修订关键词** 工业进园区

目前全国招商引资继续疯狂,即使乡镇也仍在招商引资。略有不同的是,因为工业要进园区,没有工业园区的乡镇所招来的工业项目落户在县级工业园,招商任务则算在招商乡镇,甚至税收也可以算在招商乡镇。

自上而下逐年递增的招商引资任务,往往逼迫乡镇通过变通造假行为和数字游戏来应付,招商引资也就越加变成了一种耗费大量人力、物力、财力的游戏。

2013 年 1 月 15 日晚

# 八　小城镇建设

自从1980年代费孝通先生提出"小城镇大战略"以来，小城镇建设一直是学术界和政策部门关注的焦点问题之一，也是实践多有着笔的地方。费孝通先生考察的是江浙1980年代的小城镇，1980年代正是乡镇企业神话流行的年代，江浙因为具有早期工商传统的地利和占据"卖方市场"的天时，依托小城镇发展出相当规模的乡镇企业，乡镇企业又做大了小城镇本身。依托小城镇来实现工业化，可以离土不离乡，可以以工补农，从而可以走出具有中国特色的工业化和现代化之路。在1980年代，由小城镇大战略到市管县镇管村体制，逐步形成了当前中国农村基层的管理模式。具体到现在，就是以前的县乡体制大量改为市镇体制，县多改为市，乡多改为镇，以致有些县市已经不再有乡，而全部改称为镇了。

之所以说是乡改称为镇，是因为当前在绝大多数地区，由乡改为镇，大多只有名称上的不同，并无实质区别，乡镇有同样的体制，做同样的事情。乡和镇也有不同，镇带有城镇性质，理论上有小城镇建设的任务。小城镇建设可以为工业提供规模效益和聚集效应，可以为工业化提供载体，可以为城镇人口提供安居环境。不仅在东部沿海发达地区，而且在中西部农业型地区,小城镇建设的景观到处都是,一栋栋楼房树立起来,一些公共设施建立起来,下水道通了,路灯装了,影剧院建了,菜市场修了,街道拓宽了,有线电视和无线电话也都有了。不过,没有改称为镇的乡也建设乡政府所在地的集市,也修街道,也装路灯,也建影剧院,乡已不乡了。

小城镇建设当然是有好处的事情。小城镇不仅看起来比一般农村更有城市的味道,而且生活在其中比较方便,公共设施的利用率比较高,自来水和有线电视等容易安装到户。在那些乡镇企业较多的地方,正是小城镇为乡镇企业提供了较方便的场所,成为工业化的载体。集市贸易也容易与大市场联系起来,乡镇政府建在有规模的小城镇,办公也方便很多。

问题是,是不是所有的地方都适合建设小城镇?是不是所有的地方都能够建设小城镇?是不是所有的地方都必须建设小城镇?在当前乡镇一级,特别是中西部农村的乡镇一级,乡镇企业大多破产,通过小城镇建设来实现农村劳动力离土不离乡的希望越来越小。目前,农村剩余劳动力要么在农村游手好闲,要么跑到遥远的东部发达地区或大中城市打工。这些到遥远地方打工的农村剩余劳动力没有离乡,因为他们在城市和沿海打工的收入不足以支付他们在城市安居下来的费用,中国的工业化远快于城市化,在城市就业的大多数农村劳动力仍然得回到农村,打工收入成为农业收入的补充,农村仍然是他们离不开的地方。这样的离土不离乡,显然与小城镇建设一类的离土不离乡有本质的不同。

中西部小城镇大多不仅没有乡镇工业,而且没有像样的商业。传统农业和大宗农产品也不可能产生像样的商业。这样一来,中西部的小城镇便大多成为纯粹消费性的场所。无论从外貌上看这些场所多么像城市,有多少楼房、街道、公共设施,这些场所实质上也不过是一个乡镇政府加上一个农贸市场,而且这个农贸市场主要是满足乡镇政府为主体的乡镇自身消费者需要的规模很小、交易很少的内部市场。因此,这类中西部的小城镇只是消费性的小城镇,并不能生产什么财富出来,这样的小城镇越多,对中国现代化的压力就越大,对国家财政的要求就越强,对农民的索取就越多。这样的小城镇建设,因为没有生产性的工商业,也只能向农民收取税费,农民不多的剩余转化为小城镇消费性的钢筋水泥建筑,本来应该用于农田水利基本建设的钱修了街道,本来可以通过村庄建设为生产的农民提供安居环境的资源被抽取变成镇上一排排住宅楼。

在1980年代确定发展小城镇战略时,以为有了小城镇就不愁没有乡镇企业。今天看来,这种观点想当然的成分多了些,当前乡镇企业在中西部的大规模破产不仅是现时态的,而且是将来时的,资本向产生利润的地方集聚,在1980年代全国市场的支撑下,沿海一些地区的乡镇企业成功地发展起来。进入1990年代,全国市场被瓜分一空。海外市场很大,不过乡镇企业拓展海外市场的能力肯定很糟,在越来越激烈的竞争中,即使没有海外资本的进入,中西部地区乡镇企业对已成规模的东部发达地区具有雄厚实力的企业集团,已没有了市场竞争力。只是在那些运输不便的或资源性的商品生产中,中西部乡镇企业还有一点生存的空间。换句话说,当前中西部农村不仅"村村点火,户户冒烟"的工业化没有了空间,而且绝大多数小城镇发展工商业的空间也没有了。这种硬要进行小城镇建设,就是投资于消费性的小城镇建设,会因为没有经济收益而不能为继,表面上的繁华不能阻止将来的衰退。

在中西部农村调查时,到处是招商引资的热情,乡镇一级也不能免,因为上级安排了乡镇招商引资的任务。招商引资是必然的,因为上级要求各个乡镇将小城镇建设得像样,并用有无"政绩"来予以评价。小城镇建设得有个样子,就是栽了梧桐树,也就要去引凤凰过来。也只有来了凤凰,种下梧桐树才能有收益,才可以维持下去。

梧桐树因为引不来凤凰只能干枯。一个县有10多个乡镇,每个乡镇都进行小城镇建设,所有农民都转移出来成为镇里的居民,每个镇也只有数万人。若一个60万人的县,重点建设3个小城镇,每个小城镇按20万人的规模进行设计,就可以将所有农村人口转移进入本县的城市。而事实上,中西部农村人口的相当部分还会转入东部发达地区和大中城市。这样,花了很多工夫在每一个乡镇建设的小城镇就没有意义,没有人来往,那些冷灰色的水泥建筑仅仅是将本来可以耕种的农田变得不能再做农业用途,而废弃在那里。

2002年5月5日

**修订关键词** 生产性的村庄 消费性的小城镇

有两种完全不同的小城镇,一种是有工商业的小城镇,一种是仅为乡镇政府驻所却并无工商业的小城镇。沿海地区经济发展较早,城乡一体,乡村已成为城市带的一部分,因此不仅乡乡有工商业,甚至村村有工商业。中西部农村经济发展比较缓慢,早期的乡村工业大都倒闭破产,目前在工业进园区的政策条件下,县城以下的大部分小城镇已经不再可能发展工业,因为不再可能办工业园区。

因此,在当前中国的中西部地区,除县城和县城副中心等办有工业园区的小城镇以及极少数商业旅游中心以外,绝大多数乡镇政府驻所的小城镇都已不再可能发展起工商业,这样的小城镇就是消费性的小城镇,这样的小城镇缺少工商就业机会,又离开了农业,这样的小城镇就不应该发展为农民居住中心。2009年,我在河南一个并非区域性工商中心的乡镇调研发现,全镇人口只有3.5万人,最近几年,地方政府大力发展房地产,从原来的3条街道开发到现在的21条街道,目前镇区已经能够容纳6000户居民,约3万人。乡镇的开发确实吸引了一批渴望进城的年轻人在小镇买房,代价却是将农民所有积蓄与未来预期收入都耗费在小镇钢筋混凝土建筑上了。由于缺乏工商就业机会,年轻人依然需要外出打工,留守老人则要回村耕地,这样的小镇只是农民消费的场所,多数时候只是"空城"。不得不说,这样的城镇化不仅不能给农民带来切实的利益,反而带来了耕作不便、收入减少和新城市剥削农村等严重问题。要警惕在这样的小城镇搞房地产开发。

有工业园区可以发展起工商业从而可以为农民进城提供就业机会的县城或县城副中心,就可以发展房地产,引导农民有序进城,但房地产也不要太热,尤其地方政府要防止为获得土地财政而人为推动农民进城。农民在村庄生活尤其是农村家庭中老年人在村庄生活,是可以种地的,村庄是生产性的。村庄的生产性使农民可以获得收入,且有熟人关系存在。

中西部大多数乡镇政府驻所的小城镇将来都会进一步

衰落,农民从村庄直接进到县城。随着交通、通信条件的进一步改善,农民完全没有必要经由乡镇的小城镇走向县城,而是在村庄与县城之间往返,并通过县城走向更加广阔的城市舞台。

2013年1月15日晚

# 九　村干部的报酬

当前学术界似乎遵循"君子不言利"的教导,在研究村民自治时,不大关心村干部和组干部的报酬。开始我也不关心这个问题,只是在农村调查时,经常有村干部特别是村支书和村主任抱怨说,整日为村里奔忙,家里农活顾不上,却几年未拿到报酬。又听一些地方的村民说,村干部吃喝贪占一年"吃"掉五六万元。我想现在不比过去,市场经济了,村干部干工作当然要有报酬,不然谁干?但村干部也实在不应该浪费,用吃喝贪占的办法为自己涨工资。

解决村干部吃喝贪占的最好办法,不是强化上级的监督和规范村级财务,而是实行村民自治。村民自治实行民主选举、民主决策、民主管理和民主监督。不仅村干部由村民选举产生,而且选举产生的村干部在村务决策和管理上都受到村民的监督,这样就可以选那些愿为村民办事的、有办事能力且人品很好的人当村干部。这些村干部受村民的监督,按村民的意愿将与全村村民利益密切相关的村务办好。这当然是很理想的事情。

理想的事情只是在村里讲。对于乡镇来说,乡镇最担心的是村干部只顾村务不管政务。特别是在当前农民负担较重,乡村关系较为紧张的背景下,没有村干部的协助,乡镇要在村一级办成事情,难度太大。乡镇在刚开始村委会选举时,着实为村民选出来的村干部会不会听乡镇的话着急,村委会选举前乡镇如临大敌,组成各种选举领导小组,到村里领导有时就是控制和操纵选举,以便将乡镇满意的人选上来。

乡镇操纵村委会选举的办法后来由于国家不断强化村民自治的努力和村庄内部矛盾的激发,而越来越不能起到作用。乡镇转而控制村干部的报酬。《村民委员会组织法》规定:"村民委员会成员不脱离生产,根据情况,可以给予适当补贴。"这个适当补贴就是我们所要讨论的村干部的报酬,有些地方也称为村干部的工资。

无论叫补贴、报酬还是工资,本来在实行村民自治的情况下,应该由村民会议或村民代表会议讨论决定,但因为传统以来村干部报酬由乡镇决定所致,也因为当前村民自治发展不够,很多村庄还是村干部治理的实际,而继续由乡镇控制着村干部报酬的数量与结构。换句话说,虽然村干部的报酬是由村庄"三提"(公积金、公益金、管理费)支出的,但只有经过乡镇批准的报酬支出,才是合法的支出,否则可以视为贪污。乡镇可以查处贪污的村干部。

由乡镇决定发放报酬的数量与结构,乡镇的事情就好办了。先与村干部签上一纸责任状,然后依据完成责任状的情况来计算村干部实际应得报酬,这就是所谓"村干部的结构报酬制度"。有了结构报酬制度,乡镇就有了控制村干部行为的法宝。当乡镇有求于村一级的事情不是很多的时候,乡镇的结构报酬制度可以做得平均一些。若乡镇有很多事情要求村干部完成,且完成的一些事情有难度时,乡镇便将村干部应得报酬与其完成工作情况挂钩,有些村干部某项任务完成得不好,就得不到这项工作的结构报酬。村与村之间干部报酬的差距就拉开了。这种办法的效果很好。没有报酬谁当村干部?获得当村干部的报酬就要完成乡镇交办的任务,想得到这个报酬的村干部难道还有别的什么选择吗?

一旦明确可以通过调整村干部报酬的数量和结构来控制村干部的行为,乡镇就不如以前那么关心村委会选举了。以前村委会选举前如临大敌的焦虑变成在选举现场怡然自得的心情。选上谁都一样,选上的人是村民公认的人,村民公认的人,办事更有合法性,更有群众基础,也就更有为乡镇办事的能力。只是如果村委会选举过于激烈,以至于候选人的得票都不过半数,才让乡镇操心,不得不再组织一次村委会选举。有的村组织了三次选举还选不出村干部,就真让乡镇有些烦恼。

这类烦恼的事情不会很多,一个乡镇多则一例,多数乡镇根本就没有发生过这类连续三次都选不出一个村干部的事情。真正的烦恼是村干部虽然愿意为乡镇办理政务,村民却不满意村干部只为乡镇办理政务尤其是收粮派款一类的政务。因此有很多村民拒交费税,村干部的工作越来越难。有时候这种工作的难度大到足以让村干部觉得仅得到乡镇确定的那点报酬并不合算,一些村干部便辞职不干。乡镇也知道仅仅凭借村干部应得报酬不足以调动村干部为乡镇收粮派款的积极性。"水至清则无鱼",乡镇便默许村干部在正当的报酬以外得些好处。

得到正当报酬以外好处的村干部逃不过村民的眼睛,村民的不满迅速增长。而在收粮派款中,村干部与很多村民结的怨仇为这种不满的发泄提供了群众基础。不满的村民开始时是希望通过告状让乡镇查处村干部,乡镇知道村干部的问题,但查处一个村干部,就打击一大片村干部。乡镇拖拖拉拉,村民就失去通过乡镇将村干部告下来的信心。一部分村民试图通过下次选举将这些被怀疑经济上有问题的村干部选下来,还有些村民则说,"选谁都一样",他们的意思是说,选上谁谁都会捞好处的,因此对村委会选举不感兴趣。村民自治因此失去了发挥作用的空间。

村干部的报酬是一件小事情,尤其在与村民自治这类可以自下而上推动中国民主化进程的大事相比的时候。不过,这种小事情却可以从根本上决定村民自治的实际状况。这不是一件抽象制度而是一些具体结构,决定着乡村治理的生态。由乡镇决定村干部报酬数量与结构的办法并不是没有合理性的,因为村民自治之初,村民没有动员起来,自主治村的村干部可能会发给自己过高的报酬,这也是"村账乡管"合理性的一部分。问题是,在村民还未动员起来,村民自治还未发展到一定阶段时,实行"村账乡管"和村干部报酬由乡镇来决定的做法,又妨碍了村民自治本身的发展。村干部报酬由谁来决定这件小事,在村民自治制度安排中其实不小。

2001 年 11 月 17 日

**修订关键词**　村干部公务员化　村民自治

税费改革后,国家随即进行了合村并组的改革,村干部报酬也有较大幅度的提高,在全国相当部分省份,村干部报酬较税费改革前甚至增加数倍。但就是这些报酬增加数倍省份的村干部依然抱怨报酬太低。地方政府似乎也认可这样一种观点,试图通过进一步提高村干部报酬来调动村干部的工作积极性。

为什么村干部报酬提高了,村干部还不满意呢?原因有二:一是村干部是按公务员的标准来衡量自己所获报酬的,相对于公务员,村干部报酬的确是不高的;二是相对外出务工收入,村干部报酬也是不多的。

问题恰是,村干部从来都是不脱产干部,村干部报酬不是他们的工资,这就涉及村干部的角色定位。按照《村民委员会组织法》的规定,村民委员会成员是不脱产的非正式干部,报酬也只是给予象征性的补贴。而按照当前不断提高村干部报酬的逻辑,实际上是朝着村干部"公务员化"方向推进,这本质上已经违反了村民自治的内在要求。不仅如此,村干部的公务员化会造成严重后果,即村干部越来越行政化而脱离群众,这样既可能影响行政体系的严肃性,同时又消解了群众自治,无法发挥村干部的应有作用。

还是应回到发展真正的村民自治上来,让村干部能以半正式的身份进行半正式治理,而不是政府将所有事情包办起来。

2013年1月20日

# 十　农民负担的机理

自从1980年代末出现农民负担过重,中央开始采取措施减轻农民负担以来,中央先后下发20多个文件要求减轻农民负担。中央对农民负担的认识高度越来越高,采取的措施越来越具体,也越来越严厉。然而,无可否认的是,至1990年代结束进入21世纪,农民负担越减越重,因为农民负担而积累的各种矛盾和深层次问题越来越多,农业基础地位和农村社会稳定都成为严重问题。从中央到地方,认识到试图在原有农民负担体制内通过一般性治标的办法来解决问题是没有希望的。税费改革被推上前台。

那么,为什么在原有农民负担体制内无法解决农民负担问题呢?我们来看一看农民负担的机理。

农民负担就是农民实际承担的税费提留及出工、出劳负担。农民负担可以分为合理负担和不合理负担。合理负担是指农民应该为国家无偿提供税收,承担与自己有关的公共品分摊成本等。不合理负担是指那些超出农民实际承受能力且不符合中央政策的种种强迫农民出钱、出物、出工的负担。中央减轻农民负担政策并不是说取消农民负担,而是不允许不合理的超出农民实际承受能力的负担。但是,因为两个方面的原因,中央减轻农民负担的政策常常得不到落实。第一,很难区分合理负担与不合理负担。第二,农民是分散的,而乡村组织拥有几乎所有方面的优势资源,乡村组织有足够支使分散农民的能力。两方面原因的相互促成,减轻农民负担很容易就被基层组织化于无形。

具体地说,"上有政策,下有对策":中央要求将农民负担的"三提五统"款控制在农民上年人均纯收入的 5% 以内,乡村两级就提高农民人均纯收入的统计数字;中央要求取消一些向农民收取的集资摊派,乡村两级就生成新的向农民摊派项目;中央要求控制税收和"三提五统",乡村两级就多收共同生产费。这样,在整个 1990 年代,尽管农民通过各种渠道特别是新闻媒体知道中央减轻农民负担的各种政策,却始终因为乡村组织多收、超收而得不到减轻负担的实际好处。农民因此向上级反映乡村组织的不良行为,认为"中央政策很好,就是乡村组织不执行中央政策",乡村两级 1990 年代成为农村矛盾的焦点,乡村干部也就成为农民负担得不到减轻的罪魁祸首。

乡村两级很委屈。一方面,乡村两级让农民出钱出工大都是完成自上而下安排的达标升级任务;另一方面,自上而下的政绩考评体制,使乡村两级有很强的向农民收钱收物以做出"政绩"的冲动。若乡村两级不是将收上来的钱物贪污掉,而是为农民办了些像样的事情,还真没有什么好说的。

换句话说,乡村两级尤其是乡镇一级,面临着双重选择:第一,严格按中央减轻农民负担的政策办事,让农民满意,乡镇因此不会被农民向上级告状,也不用承担因违反减轻农民负担政策而受到处罚的风险;第二,违反中央减轻农民负担的政策(因为农民负担合理与不合理的界限十分模糊,因此可以做得十分巧妙),多让农民出钱出工完成上级安排下来的财政任务、达标升级任务,并在此基础上做出其他乡镇未能做出的"政绩"。在目前"政绩"型考评体制下,作出第二种选择的乡镇领导人无疑是有能力的应该得到"提升"的人。

当农民对负担十分敏感,且农民组织能力较强的时候,加重农民负担的风险很大,乡镇一级在是否加重农民负担上犹豫不定。有机会时,在政策边界不清的地方,试着加重一点负担,看农民的反映。有时候农民反映强烈,便将加重的一点负担减下去。大多数时候农民反映模糊,便将加重的负担固定下来。固定下来的负担越来越多,乡镇财政日子越来越好过,办事能力越来越强,便成为县市表扬的对象,也就成为其他乡镇不得不效仿和学习的榜样。

一些顾忌农民反映的乡镇受到越来越大的加重农民负担的压力,这个压力到一定程度,便顾不得农民的反应,开始是在边界模糊地带加重农民负担,后来发展到明显违反中央政策的负担也试着加重。农民不能容忍明目张胆违反中央减轻农民负担政策的乡镇行为,因此上访告状,上级就下来查处乡镇加重农民负担的行为。

被查处的乡镇是那些加重农民负担最多的乡镇。那些也违反减轻农民负担的政策但并不是最严重的乡镇很难查处。"法不责众",这些乡镇的农民上访告状,上级下来查处时敷衍塞责。农民不满,向更高级政府告状,更高级政府感觉到加重农民负担的情况已不能容忍,而查处那些典型的也是最严重的加重农民负担的行为,媒体随之曝光。未被查处的乡镇松了一口气,原来有些乡镇的情况较我们更严重。农民叹了一口气,我们的负担还不算最重的。那些虽然违反了减轻农民负担政策但未被查处乡镇的农民上访告状无果而终,乡镇便受到鼓励,而告状农民的信心受到打击。有些乡镇通过加重农民负担,完成了上级布置下来的达标升级任务,完成了财税上缴任务,发放了教师工资,有的还做出了"政绩";而那些在加重农民负担中犹豫不决的乡镇,不仅未做出"政绩",也未完成上级布置下来的各种任务。加重农民负担的乡镇受到表扬和领导受到提拔,而未加重农民负担的乡镇受到批评,上级对这类乡镇领导的印象是"没有魄力"、"缺乏开拓精神"。"能者上庸者下",这些在加重农民负担上犹豫不决的乡镇领导退出了乡镇行政舞台。

刚开始越过政策界限加重农民负担时,乡镇一级只是希望可以完成上级布置下来的各种任务。而一旦加重农民负担可以越过政策界限且大多数乡镇都已越过这一界限时,一些乡镇便希望通过加重农民负担来办些事情。办事情不仅有政绩,而且可以为私人谋取好处,而办这些事情不是向上级要钱而是向农民收钱,上级没有理由不满意。当所有乡镇都越过政策界限加重农民负担时,中央很难办。中央一方面重申不允许违反关于减轻农民负担的政策,一方面着手对那些因为加重农民负担而引起恶性事件,特别是农民大规模上访闹事或出现恶性事件的地方负责人进行处理。

中央以下各级政府强调,无论如何不能出现农民负担问题的恶性事件。因为农民负担出现恶性事件的,村、乡镇、县市乃至省级负责人都将受到处分。从省、县市、乡镇各级向下严令,无论如何,不能因为农民负担问题出现恶性事件。

其结果,是否违反中央减轻农民负担政策的底线"不能出现恶性事件",掩盖了违反减轻农民负担的各种行为。只要不出现恶性事件,违反农民负担政策的行为就不受到查处。

这样一来,中央制定的细致而严厉的减轻农民负担政策,在下面变成了将农民负担推至农民可以承受的底线边上。只要农民还有承受能力,乡镇就不会停止违规收费。这就是当前农民负担越减越重的机理。

在加重农民负担之初,农民合理负担与不合理负担的边界十分重要。正是因为合理负担与不合理负担边界不清,使乡镇敢于违反中央减轻农民负担的政策,将一些不合理负担加诸农民身上。但是,一旦农民的不合理负担成为普遍现象时,合理负担与不合理负担的边界便没有意义。假若不合理负担的出现具有必然性的话,则我们就不可能通过划清合理负担与不合理负担的边界来减轻农民负担。如前述农民负担机理分析,恰恰是当前行政体制决定了不合理负担的出现具有必然性,我们就无法通过划清合理负担与不合理负担边界的办法来减轻农民负担。

举例来说,从一开始,中央就强调农业特产税和屠宰税(以下称"两税")应据实征收。但直至今天,大部分农村"两税"仍然是按户或田亩平摊的。按说"税"是很规范的,特别是屠宰税,农民没有杀猪,当然就不应该纳税,杀一头猪,也就应该纳一头猪的税。可是,我们在全国调查,几乎没有农村是据实征收屠宰税的,即使按猪头去征税,也远远超过应纳税额。在江西调查,杀一头猪要据实征收40多元屠宰税,远远超过了实际应纳税额(实际应纳 10~12 元),据实只是你是否杀了猪,而税额是上级分解下来的总额按猪头平摊。在湖北调查,不少村户平摊屠宰税上百元,有的农户未杀猪也得摊这么多税,这是按户头平摊的,离据实征收更远。

第五篇　乡村治理

中央知不知道"两税"平摊？知道的,不然中央文件就不会一再强调"两税"要据实征收了。不仅中央知道,"新闻调查"和"焦点访谈"等媒体总是曝光一些地方猪头税变人头税,谁都知道了。谁都知道按人头平摊"两税"是不对的事,却偏偏在全国很多农村平摊了10余年,直到今天仍然如此,为什么？不是因为乡镇"两税"平摊违反中央减轻农民负担的事实不明显,而是"两税"平摊是全国农村的事实,"两税"平摊还未达至农民承受负担的底线,或者说"两税"平摊还未引起恶性案件。有些"点儿低"的乡镇出现了这种恶性事件,其负责人就要倒霉。在农民组织能力较强的地方,"两税"平摊容易引起群体性事件,如我们调查的江西某乡镇,就因为屠宰税平摊引发数千农民闹事。但全国有组织的农民太少,发生恶性案件的机会要等到农民不堪重负到极限才会出现。

农村费改税的目的是为了将农民合理负担与不合理负担分清楚,乡镇只能征收农业税、农业特产税和"两税附加",其他一律不准征收,农民也有权拒交。但是,以前中央也规定农民有权拒交一切不合理税费,并给每家每户发"农民负担卡",写上可以拒交一切负担卡之外的不合理负担,而实际上大多数农民都交了负担卡以外的不合理负担,因为拒交不了。明明白白的屠宰税,按户平摊,不杀猪也得交,而且交的税额远远超过杀一头猪所应纳的税。那么,我们有什么理由说费改税之后,乡镇就不会向农民收取税以外的费？有什么理由相信农民有能力拒绝乡镇超过规定的收费？又有什么理由相信费改税后国家就会加大力度查处乡镇一级大量的加重农民负担事件？

我的意思是说,如果不改变农民负担加重的机理,税费改革将会变成治标之策。

**修订关键词**　乡村治理内卷化

税费改革速度远比预想得快,2006年国家取消农业税,以城带乡、以工哺农力度不断加大,大量资源输入到农村,"三农"问题得到了有效缓解。

不过,在税费改革取得正面效果的同时,一些之前未曾预料到的负面影响逐渐凸显。过去为农民提供生产生活基本公共品的筹资机制是搭在农业税下收取的,即乡村组织向农民收取农业税时,也一并收取了共同生产费,包括安排"义务工和积累工",从而解决了一家一户小农无法独力解决的公共事务。取消农业税后,乡村干部既不必也不需要再为收取税费苦恼,同时,乡村干部既无力又不愿回应农民共同生产事务的要求。乡村干部成为悬浮于乡村社会之上的特殊群体。

概括而言,税费改革后国家与农民的关系发生了根本性的变化,乡村组织游离社会,农民只讲权利不讲义务,"等靠要"思想越加严重,由此导致乡村治理出现内卷化,农村公共品供给陷入困境。要扭转当前乡村治理的颓势,必须要为村民自治提供经济基础,必须要加强巩固农村基层组织,必须要重建国家与农民的联系纽带。

2013年1月20日

# 十一　积极行政功与过

农民负担过重的成因众说纷纭。较早时期,理论界和政策部门倾向认为是县乡村三级出于私利而加重农民负担,农民负担问题出在县乡村三级不良行为上面。后来有人统计,县乡村三级收上来的税费还不够养人,其中仅教师工资一项就占了乡镇一级财政支出的70%以上,县级财政支出的50%以上,便倾向于认为县乡村三级加重农民负担与当前的财税体制有关。在"中央请客、地方买单"的情况下,县乡村不加重农民负担,实在没有办法完成中央"请客"的"买单"任务,诸如教师和公务员涨工资,自上而下"一票否决"的达标升级任务,等等。因此认为"问题出在下面,根子却在上面",县乡村三级加重农民负担实在是事出有因。

以上说法各有道理,但未触及当前农民负担越减越重的主因。我们认为,造成当前农民负担过重的主因是县乡村三级的积极行政体制,如果不改变目前县乡村三级积极行政体制,即使给县乡村三级足够的财政收入,也会出现入不敷出,并加重农民负担至农民难以承受的底线问题,而在加重农民负担的过程中,谋取私利也会成为当然。

所谓积极行政,是指政府在经济社会诸方面发挥超出一般政府职能作用的那种行政行为。积极行政的核心是积极政府，积极政府就是指在经济社会发展诸方面起主导作用的那种政府。积极政府是近代以来出现的现象。近代以前虽然存在专制政府，却没有积极政府，政府很少直接介入社会生活和经济发展之中，进入近代以后，随着资本主义的发展，国家配合资本的需要，为资本赚取利润提供对内对外的市场开拓。但这时候的国家(政府)仍然不直接参与经济社会具体事务，最好的政府是什么都不管的政府，所谓"政府是守夜人"即此谓也。到了现代社会，随着福利资本主义和凯恩斯主义的兴起，国家在经济社会各方面深度介入，成为典型的积极政府。

不仅发达国家的政府越来越成为积极政府，而且发展中国家的政府也越来越成为积极政府。从本质上说，发展中国家的现代化作为一种外发后生型现代化，需要由接受了现代意识的精英来推动整个国家的现代化进程，政府的职能必然是积极的职能。社会主义国家自苏联始，实行计划经济，由政府制定国民经济及社会发展规划，并按此执行，更是典型的积极政府行为。

积极政府缓和了发达国家的阶级矛盾，对于发展中国家来说，是构成了国家发展的基础条件。但在政府介入经济社会生活应该多深的问题上存有争论。中国自改革开放以来的显著特点是中央向下放权让利，目的是调动地方政府在经济社会发展方面的积极性，措施是给地方政府 定的自主政策空间。这一招很灵，在改革开放的前 10 年时间，中央以下各级政府都积极行政，政府主导型经济发展，政府主动型民主发展，乃至政府主导型社会发展等都成为中国特殊景观，也收到颇好效果。一些地方政府领导人高瞻远瞩，为地方经济超常规发展立下功励。典型如苏南乡镇企业、温州个体私营企业、山东蔬菜产业、珠江三角洲外资企业等的发展,都离不开地方政府领导为"抓住机遇"作出的主动积极决策。地方政府积极性的发挥,为中国1980年代经济腾飞提供了动力。

进入1990年代,理论界和政策部门感到分权让利的思路已不太适合中国的现实。一方面中央已无权可放,无利可让;另一方面放权让利引起中央财力和控制能力的不足。对于发展中国家来说,仅有地方政府的积极性,而没有一个具有积极行政能力的中央政府,就会出现国内经济社会发展中的混乱。"分税制"正是在这一背景下出台的。"分税制"大大提高了国家财政收入能力,同时又通过财政体制调动了地方政府的征税积极性,中央政府与地方政府两种积极性和两个积极政府都出来了。

中央与地方两种积极性和两个积极政府在运行中也存在问题,根本问题是不能解决既缺乏中央监督也缺乏民众监督的地方政府滥用积极性和滥用积极行政的问题。各种"大跨度、超常规"的口号因此喊了出来,并成为几乎所有地方政府的行动指南。政府积极性严重脱离了当地实际,盲目的积极行政造成了严重后果。

回到乡镇一级,在1980年代,乡镇一级的积极性对于地方发展和中国经济奇迹的创造具有重要意义,尤其是被称为奇迹的乡镇企业的发展,离不开乡镇积极的有时是直接的支持。当时乡镇在经济社会方面的主动性或乡镇实行积极行政,有两大有利条件。

一是1980年代中国市场是卖方市场,愁产不愁销。乡镇企业生产的产品虽然质量较差,但价格相对国有企业的产品要低一些，在卖方市场的情况下，办企业很少不赚钱。而办乡镇企业离开当地政府在政策、资金、土地上的支持，也会十分困难。人们将"苏南模式"的运行方式概括为"政府推动型经济"，意即政府在农村经济发展中起着一个主导性的作用。政府推动型经济的核心是资源动员的行政性质。有些地方如温州地区在1980年代初即暗中允许私营企业的发展，在卖方市场的背景下，开办企业都赚了钱。在1980年代卖方市场的背景下，政府对乡镇企业以及私营企业的支持越多，办得越快，经济发展速度就越快，财政收入增长就越快。正是因为1980年代卖方市场的背景，为乡镇积极行政提供了良性发展的空间。

二是1980年代虽然已有经济贪污等经济领域的犯罪和凭借手中行政权力收受好处的行为，但当时全国社会风气尚好，拜金主义尚不严重，无论是握有实权的行政官员还是掌握经济的企业领导，在经济上贪污腐败的情况并不普遍。他们既缺乏贪污的胆量，也没有贪污的思想基础。正是因为1980年代社会道德包括官员道德观尚在，对未来的信念较强，使得乡镇政府主导经济发展时，不是从一己之私来考虑举办企业和调整产业结构，而是真正从市场需要、从本地资源与资金等实际情况出发举办事业。举办事业的良好出发点与卖方市场的背景结合起来，就制造了1980年代地方政府主导乡镇企业发展的奇迹。那时真是办什么事情都可以成功，没有办不到的事，只有想不到的事。

想不到的事情人们逐渐会想到。既然政府主导的经济发展良好，中央政府进一步调动地方政府的积极性，将财政"分灶吃饭"提为"分税制"，希望地方政府通过积极发展地方经济，增加地方财政收入，同时为国民经济的快速增长创造自下而上的速度。

积极行政在1990年代初在全国进一步铺开，"逼民致富"成为时髦，强迫农民调整产业结构受到自上而下的层层鼓励，消灭"空壳村"和乡镇企业第二次创业也提上议事日程。

不巧的是，当全国各级政府都积极行政，用政府力量来推动地方经济发展时，低水平的工业品大量泛滥，一个新名词进入国民包括地方官员的耳中：买方市场。大量乡镇企业发现生产的产品卖不出去，即使卖出去后也不能及时收回货款。不仅乡镇企业，全国所有工业企业都出现了产品卖不出去，或卖出去后收不回货款的困境，三角债成为政府下大决心清理然而仍然理不清的麻烦。不仅工业产品，调整产业结构生产出来的农产品，真是调什么什么跌价，而且不是一般的跌价，是成倍地将价格跌至成本之下。除了那些"人无我有，人有我优，人优我转"占尽先机的少数企业或地区成功地享受了地方政府在经济发展方面积极行政的好处外，很多地区政府主导的经济发展一塌糊涂。

积极行政的地方政府不只是在经济发展方面有着起主导作用的冲动，而且有着强烈的在社会发展诸方面起主导作用的冲动。曹锦清教授1996年在中原大地调查时，见到地方政府为政绩工程劳民伤财的事情，我们调查时也到处见到。在1980年代乡镇企业超常规发展的时候，理论界和政策部门普遍相信"小城镇，大战略"，通过发展小城镇可以实现农民"离土不离乡"的就业和致富。在实际工作中，地方政府似乎认为"乡"不好听，纷纷将"乡"改为"镇"，以至于很多县下不再有"乡"了。镇与乡的不同，在于镇有城镇建设这一任务，城镇建设的初衷是为乡镇企业提供良好的外部条件，但我们在中部数省调查时发现,乡镇一级乡镇企业几乎全部破产,小城镇基本上是一个纯消费性的小城镇,不仅不能实现农民的就业和致富,而且要向农民收很多钱(达标升级之一部分)来进行所谓小城镇建设,在乡镇政府驻地建一些毫无实际用途的消费设施,从而严重加重了农民负担。

1990 年代不仅是买方市场的背景和乡镇企业的普遍破产,而且是地方政府官员和产权模糊企业负责人敢于贪污的年代。相对于 1990 年代地方官员的腐败,1980 年代的地方官员就相当清廉。农村经济形势不景气动摇了地方政府和企业负责人对未来的信心,很多地方出现了地方政府借兴办公共工程和公益事业来贪得个人好处的问题。我们在农村调查时,听一些了解农村情况的人说,几乎所有乡村在兴办公共工程时都有猫腻。而每一任领导上任的第一件事照例是大兴土木,借贷资金也要建楼堂馆所。明眼人知道,只要大兴土木,就有高额回扣可得。在农村调查时,看到乡镇建有那么多劳民伤财却毫无实际用途的"政绩"工程时,除了乡镇负责人可以从工程中得到个人好处的解释,找不出稍有说服力的解释。

1990 年代,在买方市场背景和地方政府负责人操守普遍出现问题的情况下,积极行政的后果必然是乡镇财政入不敷出,加重农民负担的事件层出不穷,其结果不仅是农民不堪重负者越来越多,而且乡村两级债务成为影响农村发展乃至农村稳定和农民安居的毒瘤。

也就是说,我们认为正是县乡村三级积极行政导致了 1990 年代中国的农村问题,屡减不轻的农民负担的主因也是积极行政体制。目前积极行政的后果已通过沉重的农民负担、严重的乡村债务、大面积的土地抛荒,破坏了农民有序生活的基础,农民的基本生存条件正在逐步丧失。当农民因为积极行政而终于不得不普遍离村出走时,中国现代化的前途就堪忧了。

**修订关键词** "特区"不应再特了

中国是后发外生型现代化国家,国家通过积极行政来推动经济发展和社会变迁,是中国实现战略赶超的基本前提。中国不仅有中央一级的积极行政,而且几乎调动了所有层级地方政府推动地方经济发展的积极性。早在1980年代,沿海地区就有所谓"遇到黄灯赶快走,遇到红灯绕道走"的说法,就是说,地方政府要善于打国家政策擦边球,利用政策空当发展地方经济。前不久到湖北一个中等城市考察,副市长讲到发展经验,专门强调市委书记要求全市干部解放思想时说:"在工作中,要先将事情办成,再找政策依据,没有办成事情,有天大的政策依据又有什么用呢?事情办成了,即使没有政策依据,总还可以想办法。"副市长认为沿海地区之所以发展快,就是思想解放,敢作敢为。湖北地处中部,思想保守,不敢作为,这是湖北省落后的原因。甚至当前学界、政策部门也形成这样一种改革思维,对地方"遇到红灯绕道走"变得极其宽容和同情,并进而对中央政策本能地有意见:既然地方遇到红灯绕道走,为什么不取消红灯?没有红灯直接走,至少可以节约汽油,减少资源的浪费。这样的习惯性思维对中央政策本身即设置红灯的合理性不予置评,而对地方政府规避政策却给以充分合理性的认证,最终,地方政府规避政策成了普遍现象。在规避政策的后果已经导致严重问题时,中央就不得不调整政策。这样的调整往往只是补救性的,对全局造成的后果肯定是不好的。

地方政府推动经济发展,可能有两种不同效果:一是一个地方创造出好的发展经验,全国来学,从而可以将好的发展经验上升为国策。二是一个地方发展起来了,从而挤占了其他地方的发展空间。这样的发展经验,全国无法学到。恰恰目前大多数地方的"遇到红灯绕道走"的发展经验,都是要依靠"独特政策"优势来推动经济发展的,这样的经验,全国其他地方无法学到,一旦学到了,全局就完了。

糟糕的是,目前地方政府积极行政的很多方面都是要打中央政策的主意,以为通过打政策擦边球就可以发展经济,因此而要求各种"特区政策"。这样的积极行政实在要不得。

2013 年 1 月 27 日晚

## 十二　乡镇体制改革的方式

在当前农村特定经济社会形势下,究竟应该如何定位乡镇职能,改革乡镇一级现有的弊病？这些问题亟待探索,也有着极大的探索空间。若在乡镇一级花费精力和时间进行适应当前农村形势的改革尝试,可能产生重大社会政治影响。乡镇一级的改革目前有两个不同的方向:一是以扩大乡镇民主为中心线索的方向;一是简化乡镇职能,减少乡镇干部,撤销乡镇政府,建立作为县政府派出机构——乡公所的方向。就理论界的讨论而言,这两个方向都有众多学者的理论支持。

就扩大乡镇民主来说,有两个可以选择的方案:一是试行乡镇长直选;二是强化乡镇人大建设。乡镇长直选的试验最早是1999年四川省步云乡直选乡长的试验,总的来讲,直选试验比较成功,在全国影响很大,海外有很多媒体报道。从高层来看,一部分人抱着试试看的态度,还有人明确反对。《法制日报》发表署名文章,认为直选乡长违反了宪法和地方政府组织法。

步云乡直选乡长试验之后,深圳大鹏镇在2000年搞了镇长直选的试验,影响也很大。大鹏镇镇长直选试验为了不违法,采取了变通的办法,具体地说,大鹏镇通过直选出一个唯一的镇长候选人,再由镇人大投票选举这唯一的镇长候选人为镇长。还有人建议可以将直选出来的唯一镇长候选人由镇人大鼓掌通过即可。

在1999—2001年直选乡镇长的声音很高,理论界有很多人持赞成态度,认为由村一级直选到乡镇一级直选,将造成民主化进程的农村包围城市。也有很多反对的声音,认为乡镇长直选与当前农村的实际情况距离太大,搞不好会出现国家对农村控制能力的弱化。这些反对的理由还认为,扩大民主不一定非得由村到乡镇到县再到中央,是否民主,主要是在中央一级,与地方各级的关系不是很大,例如欧洲一些国家由中央任命地方政府官员,并不影响我们说这些国家是民主国家。一些台湾地区学者也善意提醒,说目前困扰台湾地区的黑金政治,在很大程度上与乡镇长直选有关,目前台湾地区已将乡镇长直选制改为委派制。

强化乡镇人大建设的试验,目前全国还无有影响力的个案,但已有理论界人士与地方政府合作进行尝试。强化乡镇人大的功能,不仅有利于发展基层民主,而且有利于让乡镇兼顾当地农村实际,在对上负责的同时也对下负责。检讨当前乡村出现的严峻形势,起码有一部分原因与乡镇一级缺乏自下而上的监督有关。要强化乡镇人大的作用,可以考虑从以下方面着手:

第一,设立专职的人大主席和副主席,取消当前流行的由乡镇党委书记兼人大主席的做法。乡镇一级是基层政权所在,其范围较小,规模不大,乡镇党委政府高度兼职,重合的程度很高。乡镇党委一般都通过党委成员在乡镇政府中兼任镇长、副镇长,有效地实现了党对政府的领导,乡镇一级的决策大都是由乡镇党委作出的,因此,由乡镇党委书记兼任人大主席,事实上是让自己监督自己,其效果可想而知。而且乡镇党委书记工作很忙,很少有时间精心考虑人大的工作,而人大专职副主席的地位不高,在主持乡镇人大的日常工作中要发挥作用必然感到力不从心。

第二,建议延长乡镇人大的会期,将每年一次、一次一天会期改为每年一到两次、一次三天会期。会期太短,人大代表不能充分地参政议政,也不能真正有效地行使自己的权力,由此造成人大会议走过场的问题。三天会期中,可以要求乡镇正、副镇长和一些主要职能部门的负责人就分管工作作述职报告,并由人大代表当场评议。不能通过的述职报告,必须限期整改,整改仍然通不过,必须撤职待岗。三天会期中,还应对政府工作报告和财政收支预算报告进行讨论表决,对一些重大决策进行讨论表决。

第三,乡镇人大的表决一律实行票决制,并且只允许在秘密投票间写票投票,不允许举手表决或鼓掌通过的形式。目前村委会选举秘密投票深入人心,几乎所有乡村干部和村民都认为秘密投票有利于表达真实意愿,有利于监督政府工作,也有利于强化乡镇政府的责任感。由村一级的票决到乡镇人大的票决,必将推动乡村民主的发展。当前乡村民主的发展,正在于诸如秘密投票这样一些技术性环节的落实到位。在民主大方向确定下来之后,技术性环节就成为关键所在。

第四,建议试行乡镇长和副乡镇长同时差额选举。由组织部门考察确定两位乡镇长候选人,并由他们在人大会议上发表演讲,由人大代表投票选举,过半者当选,落选的乡镇长候选人自动进入副乡镇长候选人,参加副乡镇长的差额选举。

总的来说，发挥乡镇人大作用应是今后发展农村基层民主的一个方向，也是监督约束乡镇政府的一个方向。在调查中发现，有的乡镇政府每年财政预算支出不足100万元，实际支出却超过200万元。乡镇主要负责人越来越多地成为走读干部，乡镇党委书记、乡镇长往往一人一辆专车。强化乡镇人大的作用，这些问题当可以自行消失。

就建立乡公所的试验来说，目前全国尚无试验，但理论界已有很多人论证乡公所的合理性，如温铁军研究员和徐勇教授都曾论证重建乡公所的合理性。

从理论上讲，乡公所特别适宜于当前乡镇一级职能简化、主要职能是协助收取税费和上传下达的农业型农村的实际。一般来讲，一级政府一级财政，政府的功能是通过积极理财为当地提供公共服务，发展地方经济。但从全国绝大多数乡镇的实际情况来看，乡镇政府实际功能已相当简化，不再具有一级独立政府的特征，也不应该具有一级政府的系列功能。据我们调查，县乡两级均认为，特别是在农业型乡镇，政府功能越简单，机构越少，就越好。乡村干部普遍认为，乡村两级目前70%以上精力是协助收税费，乡镇一级大部分站所成为收费养人的地方。若乡村两级不收税，人员还可以大大地减少。这说明撤销乡镇政府建立乡公所并不会影响乡镇一级传统的功能，却可以合并机构，减少人员，节省成本，从而较为有效地应对当前严峻的农村形势，为税费改革之后农村保持稳定提供组织基础。

从具体操作上看，可以先选一个拟撤并的乡镇作建立乡公所的试点。其具体办法如下：

第一，将乡镇政府、党委、人大、政协合并，不再设立人大，仅设人大、政协两个联络员。乡镇党委改为党总支,乡镇政府改为乡公所,设乡长一名,可以由乡党总支书记兼任,副乡长若干名。以下设若干职能办公室,每个副乡长兼一个职能办公室的主任。

第二,撤销乡镇财政所,将其职能一分为二:一部分并入乡公所,起会计作用;一部分并入税务部门,专门征收税费改革后的农业税,或将此职能与乡公所合并。

第三,将属于乡镇管辖的"七站八所"分为两类:一类是中介服务性的站所,逐步推向市场;另一类为具有行政职能的站所,并入乡公所的职能办公室。

第四,由县直部门直管的设在乡镇的站所,一部分仍然由县直部门直管,如税务、工商部门,一部分可以下放到乡公所,并入乡公所职能办公室。

如此大体可以完成建立乡公所的试验。

建立乡公所之后,乡镇一级不再有独立的财政收支预算,其财政收支预算全部纳入到县一级,乡公所作为县一级的派出机构,由县政府安排人事与财政,做到事权与财权的统一。如此一来,乡公所也容易与村委会建立指导与被指导的关系。

一般来讲,除少数具有工商业基础和发展成为中小城市潜力的乡镇以外,乡镇一级均可以改为乡公所,这对于理顺当前农村基层行政关系,简化乡镇职能,减少乡镇经费开支,减轻农民负担以及在乡镇一级做到人权、事权、财权的统一都大有益处。

**修订关键词**　乡镇的衰落

乡镇体制向哪个方向发展,现在应该可以看得很清楚,即具有工商业发展潜力的乡镇,才有进行小城镇建设的条件,从而可以作为一级相对独立政权来予发展,而大部分乡镇因为缺少工商业发展机会,乡镇驻地的小城镇将逐步衰落,乡镇一级越来越没有必要作为一级独立政府,而可以变成县级政府的派出机构。

乡镇体制如何改革首先来自对乡镇本身发展的定位。中国经济发展的不平衡及区域重心的差异,使得沿海发达地区的乡镇以及中西部的一些中心乡镇将来可以作为工商业中心来进一步发展,这些发展需要有一级政府的支持,这个政府就是镇政府。大多数中西部乡镇因缺少发展机会,而最终变成了乡公所建制。

无论是具有独立政权性质的乡镇,还是作为派出机构的乡公所,其社会管理和社会服务的能力都必须加强。在广袤的中国土地上,4万多个乡镇仍然是国家和农民保持联系的有效对接地带。

2013年1月15日晚

# 第六篇 乡村研究方法

# 一　学术对话的理由

当前学术界的对话欲很强。弱者希望引起强者的重视,最好的办法就是将自己做的事情与强者联系起来。当前中国学术界与西方社会科学的对话大致就属这种情况。

能与强者联系起来是很好的事情。这种联系若可以引起强者的注意,尤其好。中国社会科学在新中国成立后与西方社会科学隔得太久,现在去联系,大多联不起来,同时引起强势的西方社会科学重视的中国学者很少。有些人在西方主流社会科学刊物上发表了论文。能在西方主流社会科学刊物上发表论文的学者自然是引起强者重视的学者,这些可以引起强者重视的学者本身也就成为强者。在弱势的中国社会科学研究群体中,这些强者身高丈二,令人仰慕,他们还为中国社会科学争了光,为中国人争了光。

这些为中国人争光的强者的确不容易。社会科学具有明显的意识形态特征,要想进入西方主流社会科学刊物发表论文,不仅要在论文的样式与规范上符合西方社会科学刊物的要求,而且要在意识形态上与西方主流观点靠近。即是说,不仅形式是西方的,而且内容和态度也是西方的。只有那些十分技术性的论文,比如数量经济学的模型,因其细小琐碎,不必在意识形态方面表态。这就尤其难为了那些希望通过总体和宏大研究,不是作为工匠而是作为大师来进行研究的研究者。若有中国学者竟可以在非技术性研究领域在西方主流社会科学刊物上发表论文,这样的研究者就更加不容易。如果有很多中国学者或华人学者可以在西方主流社会科学刊物发表非技术性的论文,中国社会科学就是另一番前景。

不过,中国社会科学的大有希望,并不等于中国社会科学获得西方认可的问题,而是中国的社会科学能否为中国的社会主义现代化建设服务的问题。以与西方社会科学对话为目的并的确获得了西方社会科学认可的中国社会科学,并不一定就能为中国的现代化服务。

在与西方社会科学对话中建立起来的有时竟然获得西方社会科学承认的中国学者的研究,其问题来自西方,其关切的焦点来自西方。这些研究的材料也许来自中国,但中国材料被分割了,中国材料本身不仅是破碎的,而且是手段性的,这种研究对于西方社会科学背后的意识形态关切也许有用,但对于具有5000年文明的中国——有13亿多人口——却大多无用。

对中国无用并不等于这种研究无用。社会科学研究是人类文明的重要结晶,对人类文明有用的研究当然有用。

问题是,这种对人类文明有用的研究不应独占中国社会科学。中国社会科学还需要对中国的社会主义现代化建设有用,这种有用必须以中国本身作为研究的目的和终极目标,要解决中国在现代化建设中存在的问题,面临的挑战与机遇,问答十分中国化的话题。这些中国化的研究是小气了,进入不了西方主流社会科学刊物,西方也不大会认为这种研究是社会科学,也就难以成为人类文明的结晶。不过,这类研究因其对中国有用而具有意义。

在存在经济政治强势的情况下,西方文化包括社会科学的强势便制造出西方社会科学的垄断地位,似乎西方主流学术刊物发表的论文就是科学的论文,这种论文的作者就是真正的社会科学家,而以中国本身为目的的研究反而不是学问,是不"科学"的学问。不仅西方人这样认为,中国人自己也这样认为。这就带来这样一个后果:中国研究本身被边缘化,以解决中国现代化建设中的问题的社会科学研究反而被不断置于中国社会科学的边缘位置,而那些将中国作为手段来研究西方预设的社会科学成为中国社会科学研究的主流。近几年来,中国有越来越多的学者在西方主流刊物上发表论文。这些可以在西方主流刊物上发表论文的学者越多,就越是构造出所谓中国社会科学研究的主流。

假若这个主流不具有侵略性,可以为其他的中国社会科学研究留下空间,假若这个主流只是将自己保留在社会科学的一般讨论之中,这个主流对中国社会主义现代化建设的危害也就不会太大。但目前这个越来越成为主流的得到西方承认的中国社会科学,也随着自己的强势而愈来愈出自己的领域,向中国的社会主义现代化实践提出问题。这种提出问题的态度是明确的,结论是决断的,论证是国际通用的,都是一些"放之四海而皆准"的道理。看一看当前那些可以在西方主流学术刊物上发表论文的中国(华人)经济学家们对中国经济的发言吧!他们是一群真理在握的人,因为他们拥有西方社会科学这一强者的武器。

现在掌握着强者武器的以"放之四海而皆准"的真理来对中国经济进行诊断的人,往往是些只了解一点西方社会科学,有时甚至只是了解西方社会科学中一个极小的技术性问题的人,他们根本不清楚中国农村的实际,因为他们压根就瞧不起中国农村的实际,认为不必要去了解那些实际。他们不仅认为自己真理在握,而且认为只有他们才能够将真理掌握。有一次参加一个会议,一个在美国教书的中国人赌气说,你们真是太不像话了,我们这些海外爱国人士提的政策建议,你们为什么总不采纳?他们希望将农村土地私有化,土地可以自由买卖。我不知道农民土地可以买卖之后,9亿农民怎么办?

在西方社会科学里占有一席之地的确不容易,但千万不要以为在西方社会科学这一强者中占有一席之地,就一定掌握了比以研究中国现代化为目的的人以及实践者高明的普遍真理。有这样的普遍真理吗?中国问题研究专家,是指那些始终致力于中国现代化研究的人。在他们那里,西方社会科学只是手段,是他山之石,这些人为什么要与西方社会科学对话?

香港的社会科学是殖民地时代的产物,这种社会科学与香港没有关系。内地不是香港。中国的社会科学必须为中国的现代化建设事业服务。

### 修订关键词　　华中乡土派

当时年轻,写的文字比较激进。话糙理不糙。中国有5000年文明,有13亿多人口,有960万平方公里土地,有数千所大学,有40多万人文社会科学研究者,我们一定可以形成中国自己的社会科学。我们要借鉴西方的理论和方法来研究自己的问题,在研究自己的问题中,不仅可以深化对中国问题的认识，形成中国自己的社会科学理论，而且可以为人类文明作出自己独特的贡献。这些年来，我以及我所在的学术团队一直秉持这样的学术立场和学术抱负：以经验研究为进路，不断拓展研究领域，深化对农村乃至整个中国问题的认识。

我们是从村民自治研究进入农村研究领域的，在农村调查一段时间后，对实践经验复杂性的体悟使我们认识到制度实践之社会基础的重要性，于是将重心从政策研究转向政策的社会基础研究。此后，我们又将研究视域向各个方面拓展，涉及政治学、政治社会学、农村社会学、人口社会学、法律社会学、文化人类学和农业经济学等学科领域。这些研究的推进并非追随理论热点或前沿的结果，而是经验本身的意外，是在田野中凝练的问题意识促发的。经验本身的全息性和整体性自然使得我们的研究具有了跨学科的特点，我们希望打破学科壁垒和教条束缚，形成一家之言。目前看来，我们的研究还不成熟，但继续坚持自己的路子走下去的决心是坚定不移的。

我们的目标是建立有中国主体性的社会科学，我们的口号是"田野的灵感、野性的思维、直白的文风"，学界称我们的研究团队为华中乡土派，我们很乐意接受这个称呼。

2013 年 1 月 16 日

## 二 实证研究的层面

中国农村研究近年来有越来越多与国际学术界接轨的尝试,不同的人对这种尝试抱有不同的目的。有人希望通过接轨来发展中国的社会科学,有人认为接轨有助于中国农村研究的推进从而有益于农村建设,有人认为接轨是为了修正乃至创新社会科学的主流理论。与以上目的的不同相关,有人认为社会科学需要本土化,有人认为社会科学是没有国界的,不存在社会科学本土化的问题。有人看中了中国庞大农村所蕴有的丰富研究资源,有人研究农村是为了改造农村和中国社会,为中国的现代化提供学术支撑,等等。

以上目的和看法都有自己的道理。问题是,这些做农村研究的人看起来都在研究农村,实际上是有很大区别的。构成这种区别的原因是他们对农村的研究层面不同。

一般来说,可以将当前的农村研究(研究农村的学者们的研究,或以农村为研究对象的研究)划分为三个层面:

一是基础理论研究。这种研究是试图以包括中国农村材料在内的实证资料和理论思考,思考社会科学的一般理论问题,修正和发展社会科学的一般假设,发展社会科学基础理论。这种以基础理论研究为目的的农村研究,的确不存在所谓本土化的问题,这种研究最需要与国际学术界接轨和对话。这种研究的典型是现在香港大学教书的张五常通过对台湾地区土地改革资料的研究,发展了西方制度经济学理论。

二是政策基础研究,即构成中国农村和全局建设方略基础的学术研究。这种研究不是政策研究,但可以为政策研究提供理论基础与学术支撑。这种研究以理解中国农村,不是从表面而是从本质上理解构成当前中国现代化巨大瓶颈的农村经济、政治、社会、文化等方面现状的背后原因,弄清各种现象之间规律性的关系为目的。试图建构一套适合于理解中国农村的概念体系,将中国农村当前特殊的处境与特殊的问题揭示出来,从而为解决农村问题的政策方略提供理论和学术基础。

三是政策研究,包括政策设计、政策解释和政策评价。政策设计是在理解中国农村的特殊处境与问题的基础上,设计出富于远见、具有实效的农村政策。有了足够的政策设计,就可以为政治家的农村决策提供方案。政策解释是对已有的农村政策进行研究,这种研究不仅具有宣传政策的效果,而且这种解释构成了对政策本身的重新阐释,使政策向更为适宜的方向发展。政策评价则是对农村政策效果的评估,为政策的废止或修订提供依据。

从以上三个层面来看中国农村的实证研究,情况会较为明朗。基础理论研究关注的焦点不在农村,而是希望通过农村研究的实证资料,来丰富和发展一般社会科学理论,这种研究当然反对社会科学的本土化问题。政策基础研究试图以中国农村本身为研究对象,关注的焦点是如何将中国农村当做一个需要理论概括的整体,进行概念化的努力。这种研究需要借鉴社会科学的一般理论,但由于社会科学的一般理论不足以构成对中国庞大农村社会特殊性的理解，而需要发展出本土化的中国农村理论来。就是说，政策基础理论不仅以中国农村作为自己的研究对象，以理解中国农村作为自己的归属，而且需要发展出一套自己的中观层次的理论出来。政策研究则以政策本身为研究对象，这种研究谈不上本土化不本土化问题，它研究的问题是中国农村的，但它不需要有一套如何理解中国农村特殊性的概念体系，而是需要一套在这种理解下具体去做的办法。

从农村实证研究以上三个层面的关系来讲，因为基础理论研究将中国农村置于研究的边缘，它的目的是与国际学术界对话，以发展社会科学的一般理论，这种研究与其他两个层面研究的关系很少，在这种意义上，不能认为在西方有名学术刊物上发表关于中国农村研究论文的学者或以中国农村实证资料为依据在基础理论研究上有所发现的学者，就真正是中国农村问题研究的专家。与其说这些学者是中国农村问题研究专家，不如说他们是在存在学术霸权体制下的西方主流社会科学的"边缘学者"。

政策基础研究和政策研究之间则有着很大的亲合关系。政策基础研究就是为政策研究提供理论基础和学术支撑的研究，构成政策研究的上家，而政策研究反过来可以检讨政策基础研究的好坏。在存有诸多相互竞争的政策基础理论研究者乃至学派的情况下，对政策研究影响越大的政策基础研究，越是具有生命力，越是可以获得研究资源，并越有可能成为本土化的中国农村研究的佼佼者。

政策基础研究不以农村实证研究中的那些试图发展社会科学一般理论的基础理论研究为上家，而是以社会科学一般理论作为自己的理论上家。这个上家的资源十分丰富，如何站在中国农村主位的立场来吸取适宜的理论,让这种一般理论与中国农村的特殊实际相结合,从而发展出中国特色的本土化的理论,是问题的关键。与基础理论研究试图通过中国农村实证资料来挑战社会科学一般理论的雄心不同,政策基础研究不准备也无必要去挑战社会科学的一般理论,也就不存在与社会科学一般理论的对话问题,而是如何学习于理解中国农村有益,于建构关于本土化的中国社会科学有益的、适宜的社会科学一般理论。简言之,农村实证研究中的基础理论研究的视野是向外的,而政策基础研究的视野是向内的,向农村本身的。

政策基础研究和政策研究因为目光指向农村本身,它们不追求在社会科学一般理论上的建树,因此,它们的研究不需要与国际学术界接轨,也不需要国际学术界的关注。不过,这两种研究因为以农村本身为研究对象,而成为真正的农村研究专家。它们建构起来的本土化的中国农村研究理论不一定会对国际学术界构成挑战与冲击,却一定会对中国农村的政策和中国现代化道路的选择产生影响。

在这种意义上,中国当前尤其缺少那些不试图与西方学术界对话,而是致力于中国农村本身研究的政策基础研究和政策研究。当前国内学术界这样的农村研究者看来还是少了些。

**修订关键词**　饱和经验法　经验质感　村治模式

研究中国,真正进入经验是极为重要也是相当困难的。进入经验的一个重要前提是通过田野调查训练,形成经验质感。

要有深入、全面、系统的驻村调查经验,及由此形成学术上的熟悉。学术上的熟悉与生活上的熟悉不同,不仅仅是对现象的熟悉,还是一种经过认真反思,对社会内在机制,对不同现象之间关系都有把握的熟悉。

经验质感的训练,重在"训练"。驻村调研的重点并非寻找资料和数据,而是要借调查来训练调查者对农村的熟悉和认识水平。资料是不重要的,重要的是调查者对农村认识的丰富和深化。

训练经验质感的一个办法是"饱和经验法"。"饱和经验法"是笔者对多年调研方法的概括,要点有三:一是整体经验,即尽量将经验当做一个不可分割的有机整体来理解和把握。整体把握经验,才能有效提炼经验,才能真正抽象经验。在具体村庄调研中,饱和调研要求不带课题任务,不以具体学术论文写作为目的,而以了解中国农村为目的,以某个具体村庄为对象,在其中进行政治、经济、文化、法律、宗教、家庭等全面情况的考察。二是海量经验,即通过大量的经验访谈来获得对经验的深刻认识,这个过程中尤其注重面对面的互动式的访谈,而不是重视对资料的收集。资料是死的,经验是活的。海量经验强调调查体验,不怕重复。正是在不断的重复和亲身的访谈体验中,形成对整体经验的有层次的把握。三是经验的意外。每次调研都只有大致的比较笼统的目标,不做或少做问卷调查及结构性访谈,调研时间尤其是面对面访谈时间宽松。在访谈中总是保持全神贯注的状态,注意每一个细节,尤其是注意访谈对象的新说法、新材料和调研中的新感悟,对调研目标之外的发现要刨根问底、紧追不放。调查A,意外发现B很重要,因此调研B;调研B,发现C很重要,因此调研C,如此往复,一直到 Z，经过若干时间，自然又会回到 A，这样就通过经验意外而达到对经验的厚重把握。

饱和调研重在训练研究者整体把握经验的能力，捕获"灵感"的能力。学习语言的最好方法是模仿、重复和实践，形成"语感"；学习游泳的最好办法是多喝几口水，多扑腾几下，熟悉"水性"。真正进入经验的农村研究也是如此，饱和调研就是到农村中去模仿、去重复、去扑腾、去体验、去触摸，有了质感，研究便可做到"如鱼得水"。饱和调研是对学术入门者最基础也是最重要的训练方法。

在全面深入驻村调查基础上撰写的调查报告，我们称之为"村治模式"。在一定意义上，村治模式就是一个村落社区的民族志，其目的是借用人类学社区调查的方法，将主导农民生活和乡村治理的各种结构性因素及其相互关系勾勒出来，以理解个案村及其所在区域乡村治理的特征和内在机制。村治模式调查不仅关注乡村治理的逻辑，而且涉及农民生活的逻辑，注重对村庄经济、政治、社会、文化、宗教等内容及其相关关系的认识，力图从总体上把握村庄社会运行和乡村治理机制。

大约 200 天的驻村调查，每天进行少则六七个小时，多则 10 多个小时的面对面访谈，对村庄经验每个方面都进行深入、细致、全面的思考，且在全国 10 多个省市持续进行饱和调研，就可以形成对中国农村整体的厚重认识，就有了所谓经验的质感。一旦有了经验质感，有了整体认识，专业研究就容易打通学科，就容易找到突破，就常可以做到"眉头一皱、计上心头"，"蓦然回首、恍然大悟"。

有了这个基础，无论是做政策研究，还是做政策基础研究，都可以做好。即使做理论研究,也因为有了自己的主体性,而可以与西方社会科学对话,做到有话可对。

建立在经验质感基础上的中国社会科学研究,就有望形成有中国主体性的社会科学,并可以为基础理论研究作出贡献。

2013 年 1 月 16 日

# 三 学术规范与学术共同体

没有学术规范,就很难有学术的发展。学术规范不是指学者不能抄袭、剽窃,也不是指学者写作论文的语法规范。抄袭、剽窃是不法行为,语法规范则是基本要求。学术规范应该是指学术研究形成知识传递和积累的制度,这种制度的核心是将现在的研究建立在已有研究的基础上,不做低水平的重复劳动,且形成学术一步一个脚印走下去的机制,其表现形式是学术论文应为对前人研究的总结及较为健全的引文注释工作。

从表现形式上看,学术规范与中国传统学术注经制度、教条主义引用马列著作的做法,西方中世纪的经院哲学有相似之处。不过,真正学术规范的核心是形成对话,将自己的研究建立在前人研究的基础上并形成自己的创新,而不是用规范的引文去骗人,更不是用有名人士的话去唬人。

观察国内学术界近年的规范化,做参考文献和引文的工作较10年前要好得多了。问题是,大多数引文并不是对前人研究的综述,而只是引用一些人的话来证明自己,很有些骗人与唬人的嫌疑。以前是引马列,现在引西方的流行学者。这种只言片语的引用,大多不是为了将自己的研究建立在已有研究的基础上,而是用流行学者的话来证明自己的学术正确(有时是政治正确,现在学术界一些人的新的政治正确)。这种规范化不是我们所期待的规范化。

我是做农村研究的,具体是做农村实证研究中的政策基础研究,这种研究试图将社会科学的一般理论与中国农村的实证研究结合起来,形成理解中国农村的本土化的社会科学理论。这种研究需不需要规范化,如何规范化? 的确是一个有趣的问题。以下谈些个人想法。

第一,因为这类农村研究不是为了挑战社会科学的一般理论,不是为了与国际学术界的主流话语对话,也不是为了积累社会科学一般理论知识,因此,这种研究不需要引述社会科学的一般理论来形成一个似乎是与之对话的规范的假象。

第二,做农村政策基础理论研究,需要有社会科学一般理论的方法和知识背景,在知识背景和方法上做些交代,对于研究的展开会有好处。不过,因为这些社会科学的一般理论应是所有进入学术的人的基本功,交代太多不免有画蛇添足之嫌。

第三,当前国外对中国农村的研究虽然有不少具有启发性的成果,但总体来讲,因为对中国农村调查不深,了解不多,且过于细碎,所以研究水平相当有限,并没有形成关于中国农村研究的系统知识积累。况且国外的中国农村研究大多数是服从于学者各自学科背景即社会科学一般理论的知识背景的,他们不过是希望以中国农村的材料去验证或修正西方某个一般理论,这种研究就更加脱离了关于中国农村研究的知识积累,可供借鉴的东西不是很多。

第四,当前国内学术界的农村研究,缺少具有全国影响的研究成果。一些海外留学回来的学者到农村做了些调查,但他们基本上也是以中国农村的材料去验证西方某个社会科学的一般理论,缺乏以中国农村作为中心展开的研究成果,更缺乏具有全国公认影响力的作品。倒是费孝通教授在1947年出版的《乡土中国》,仍然具有较强的学术生命力。全国没有形成在农村研究上具全国影响力的学者,大致有两个原因:一是农村研究刚刚起步,学术积累本来就少,而学者们已有的研究水平又低;二是农村研究仍然没有形成成熟的知识体制,不同学科、不同地区和不同部门的农村研究被分割在各处。较低的研究水平使学术成果缺乏突破学科、地区、部门界限的能力,分割的学科、地区和部门妨碍了农村研究知识积累体制的形成。

如此一来,在当前中国农村政策基础研究领域,学术规范化实在乏善可陈。因为引用社会科学一般理论(现在学术界似乎一般将之等同于西方社会科学),不是为了与之对话,而是期望借以证明自己研究的正确或借鉴一般理论的方法,而不能构成知识和学术积累。西方的中国农村研究水平总体很低,值得引用的文献太少,少数几篇文献被国内学者引来引去,实在是太枯燥。国内的农村研究则因为缺乏有影响力的作品,而较少形成对话的基础,从而难以形成不同学科、不同地区和不同部门农村研究的对话与积累。

说国内的农村研究不引用国内文献,是不真实的,但这种引用或积累,基本上是建立在圈子之内的。圈子,也就是学术共同体。同一个学术共同体内,相互之间研究内容相同,研究方法相近,交流又很充分,就造成这个共同体的每一个成员的每一步研究都建立在圈子其他成员研究基础之上的结果,这样的研究不仅在形式上有对已有研究的综述和引文,而且是建立在已有研究基础上的知识积累。就当前国内农村实证研究来讲,以北京大学社会学系为中心,基本上形成了一个农村社学研究的小圈子;以华中师范大学中国农村问题研究中心为中心,形成了一个农村政治学研究的小圈子。农业经济研究的圈子相对较大,但也大多没有能越出经济学的边界。当然还有其他的圈子,如研究宗族的、文化的、教育的圈子,等等。

问题是,目前这些圈子都还太小,没有形成成熟的相互借鉴、共同研究,在已有研究积累的基础上展开进一步研究的体制。当前农村研究并没有形成一个学术共同体。学术规范因此就缺乏基础,硬性的学术规范只能妨碍农村研究的深入。

如何在现有研究圈子的基础上,增加农村研究的知识积累,打通农村研究的学科、地区和部门界限,扩大圈子范围,形成学术共同体,是一件十分重要的工作。

**修订关键词**　集体学术　学术积累

1. 学术规范的重点应在学术对话、批判和积累上,而不是表面的注释规范、文字规范。

2. 现在学术界在国际化和专业化背景下借规范消解了中国社会科学对中国问题基本的感知能力,在对整个中国问题复杂性缺少基本理解的情况下的专业化和国际化,只会"阉割"中国学术,而很难形成真正有中国主体性的社会科学。目前经济学存在的问题最严重,社会学也正在沦陷。

3. 学术进步的关键是形成学术共同体,是形成可以自己讨论自己问题的学术共同体。

4. 由于中国社会科学没有形成自己的共同体,对话就只好对到西方、对到美国那里去。美国人为中国研究设置的议题,产生于美国社会科学话语体系中。"填空"式的对话,若有贡献，也是增长美国社会科学，于中国社会科学无益。

5. 在缺乏学术共同体的情况下，如果脱离了西方或者美国这样大的学术共同体，散兵游勇式的中国研究，似乎就没有言说的对象，孤家寡人的研究，既没有人愿意听，也没有人听得懂。学术积累、批评和提升，自然无从谈起。

6. 因此，我们不提倡学术研究上的单打独斗，而是倡导搞集体学术。集体学术是指享有共同学术信仰和研究前见，且学者之间有着密切且密集个人交往的学术群体所从事的学术。集体学术是公共学术的前提，只有有了众多可能成气候的集体学术，才可能有高水平的公共学术。

7. 集体学术具有绝对开放而又相对封闭的特征。绝对开放是指开放心态，广泛地吸收前人、他人的理论资源和方法成果，海纳百川，为自己所用。相对封闭是指，要有自己的问题意识，形成自己的研究传统、话语体系，唯此，才具有吸收消化他人优秀成果的能力。

8. 集体学术是十分重要的学术积累机制，发展集体学术不失为建设有主体性中国社会科学的有效手段。

2013 年 1 月 16 日

# 附录：重建中国社会科学主体性

（一）

当前中国社会科学中存在两个针锋相对的研究倾向：一是以解放思想为主要特征的带有比较强人文哲学思考倾向的研

究,主要表现为各种社会思潮。这种倾向的研究以从西方引进大词(包括后现代理论)为基础,对中国现实刀劈斧砍。这种研究深刻地影响了中国社会发展的进程。二是以定量研究为主要方法的社科研究,主要表现在经济学、管理学和社会学等实证科学研究领域,这种倾向的研究谨记马克思"一门学科,只有当它能够成功运用数学的时候,才有可能成为一门真正的科学"的教诲,借鉴西方尤其是美国规范学科研究成果,注重建立模型,强调定量研究,并试图与美国社会科学对话。这种研究正在成为中国社会科学研究的主流。但到目前为止,这种研究很少对中国社会发展进程产生影响。这两种针锋相对的研究倾向有一个共同点,即忽视对中国经验本身的理解。解放思想的研究并不关心经验事实而更关心应该的美好社会是什么。实证主义研究往往未经对中国整体的深入解剖和深刻把握,就直接进入到细节和枝节问题,经验被问卷所拟设问题肢解,无论是证实还是证伪的命题都往往来自经验之外,与真正的中国经验无关。

与此相似,解放思想的研究往往是大词先行,大词下去,经验被碾得粉碎。用数学包装起来的定量化的实证研究则是以七零八落的中国经验验证美国问题,并最终以在美国刊物上发表论文为目标,中国经验是什么,没有人关心,也关心不了。理解中国、以社会科学引领中国发展也就成为空话。

(二)

社会科学具有鲜明时代特征和地域特征,中国社会科学的主要目标是理解中国实践,并回应中国现代化建设事业中的重大现实问题,中国社会科学要有认识中国和引领中国发展的功能。

要达此功能,中国社会科学必须以理解实践为目标,从实践中提出问题,获取灵感,获得材料,经过科学研究,再到实践中检验。在这个过程中,中国社会科学借鉴西方社会科学既有理论和方法成果,为我所用。在这个意义上讲,我们应该破除对社会科学的迷信,要真正深入到中国经验中去,深入到实践中去,深入到田野中去。

具体地,中国社会科学必须要有一个呼啸着走向田野的阶段,要广泛深入到中国经验和实践的各个层面,理解中国经验和实践的逻辑,形成厚重的中国经验感。同时,必须确立中国社会科学为理解中国经验和引领中国实践服务的目标。要以在实践中形成的对中国问题的概括、判断为基础,深入下去,发展中国社会科学。在这个过程中,社会科学研究要由浅入深、由表及里、由现象到本质,形成对中国经验的内核和中国实践逻辑特殊性和一般性的抽象、概括、推理、判断,形成关于中国经验的专门认识,以此为基础形成基于中国经验的社会科学理论。在此基础上,将理论认识应用于中国经验和中国实践,在这一过程中,形成理论认识与经验和实践之间无穷的往返互动,从而使理论认识更为系统深刻,理论可以更好地认识经验,指导实践。这样,中国社会科学就具有了中国的主体性。

(三)

改革开放以来,重建社会科学,引进西方理论,取得了极大的成绩。社会科学是在西方产生的,西方社会科学发展的成熟程度远高于中国。1980年代以来的30年中,中国引进的西方社会科学理论,从翻译理论著作到留学海外取西方真经回国教学研究,可谓是气势宏大,主要是引进了两个不同层面的西方社会科学理论:一是西方社会科学自产生以来的各种理论和方法,西方社会科学理论与方法与一般人文思考有所不同,因为西方社会科学特别注重客观、价值中立和形式逻辑。二是西方当前正在进行的社会科学研究。这两者之间有着颇大的差异。前者是对西方经验的宏大叙事、结构清理和方法总结,后者则是在西方已有社会科学大厦下面的技术清理工作,学科性很强。经过几百年的发展,随着西方社会结构的日渐成熟和稳定,西方社会科学的基本共识已经达成,社会科学研究开始进入到技术化阶段,虽然其间也有声势浩大但大多数时候都是自娱自乐式的后现代思潮的批判。

中国社会科学与西方面临完全不同的形势:一是中国社会结构没有稳定下来,正处在巨变中;二是中国是有5000年文明、13亿多人口和960万平方公里国土的巨型文明国家,中国有自己独特的国情、独特的历史、独特的发展逻辑。这是中国社会科学发展的巨大机遇。中国社会科学当下最亟须的是运用西方社会科学理论和方法来深入研究中国经验和实践。借鉴西方社会科学的观点和方法而非具体结论更非技术化的手段来研究中国,是当前中国社会科学得以发展的前提。

**(四)**

遗憾的是,中国社会科学引进30多年,还没有来得及与中国经验发生强力碰撞以激活对中国实践各个层面的深入研究,即开始向两个方向转化:一是西方社会科学成了抽象教条;二是以定量研究为主要方法的技术性研究被当做最前沿、最先进的西方社会科学引进过来,却没有形成一个运用西方社会科学理论的观点和方法来深耕中国经验和实践的运动。中国社会科学未能形成自己的概念体系、话语权利和学科范式。中国社会科学还没有经历成长,就被"成熟"了。

更糟糕的是,当前从西方留学回来并引入西方"先进"学术标准的"海归"派,在西方尤其是在美国长期的严格博士训练中,形成对西方当下社会科学研究的惯习,其问题意识是美国的,经验资料可能是中国的,中国资料仅仅是回应美国问题的手段,中国是什么这个问题被忘记了。同时,当下美国学术训练是在西方社会科学理论及与之相关西方社会结构均已相对成熟稳定下来的情况下的技术化训练,这种技术化训练,无以回应中国实践中的问题,甚至回国后发现,他们无法找到进行学术研究所需要的统计资料,所以他们会说,根本没有办法研究中国,因为中国没有(美国那样完备的)统计数据。他们只对他们说的可以研究的问题进行研究,对所有中国问题却都以留学博士的专家身份发言。

无法对中国经验进行研究的留学回国人员,却因为留学取得博士学位,到西方取过经,在国际权威刊物(美国学术刊物)发表过论文,可以轻易掌握中国社会科学发展的主导权,中国社会科学因此更加难以形成基于中国经验回应中国实践的研究团队。

这样一来,中国社会科学就越来越无力回应中国发展所面对的重大理论与现实问题,越来越可能成为社会科学研究者自娱自乐的一部分了。

(五)
学习西方社会科学的核心是学习其观点和方法而非具体

结论,这也是毛泽东思想的精髓。毛主席说,学习马列主义的立场观点和方法,而非具体结论。西方社会科学的立场,我们则是不必照搬的,作为发展中国家,中国应有自己的民族立场。学习西方社会科学的观点、方法,是学习西方先进经验的一部分。学习西方社会科学,为我所用,用于理解中国经验,必须以中国实践为立足点、出发点,就必须有一个呼啸着走向田野、不断地从实践中来到实践中去的过程。在从实践中来到实践中去之间,有一个理论建构、理论对话、理论交流和理论积累与发展的过程。这需要有大量的学术共同体进行深刻的脑力劳动。所有这些过程,都是在中国社会科学具有主体性下才能进行的。

当下呼唤中国社会科学主体性,是因为虽然中国实践早已具有强烈需求,而中国社会科学界却反应迟钝,乃至麻木。其中的表现之一,是真正中国经验研究未盛即衰,倒是以大词为特点的用学术包装起来的"公知"和以定量研究为特点的技术派,正成为中国社会科学的主要风景。

2012 年 6 月 15 日下午

# 四 返回常识

——以吴毅著《村治变迁中的权威与秩序》为例

吴毅是我的学兄,一个生长在重庆的城里人,做农村研究以前,一直没有在农村生活过。1993年我们一起在华中师大中国农村问题研究中心读研究生时,他切入到农村研究。一旦切入到农村研究,补农村生活一课便迟早要来。1998年,吴毅到川东双村生活了半年,并写出了这本《村治变迁中的权威与秩序》。读完这本带人类学关怀的书,反观目前国内学术界的状况,感到有话要说,遂写以下数语。

吴毅在反思自己的农村研究时说,他切入农村研究"首先接触的不是现实的农村,而是理论的农村,然而,我却以为那就是现实农村在理论上的反映"。在进入双村调查之前,吴毅参加华中师大中国农村问题研究中心在湖北黄梅县长达两年的村治实验,他的结论是"知识分子的所思所想与农村基层干部和农民的所思所想实在存在着很大的距离",因此开始反思"究竟是实践落后于理论还是理论与现实存在距离,进而我们所具有的理论本身是否也可能存在问题"。

吴毅因此赴双村调查,他认识到,"从整体上看,我们这些生活在20世纪的中国知识分子所具有的理论和思维方式是有些西方化了","我们虽然生活在中国的土地上,接触中国的事物,但是,现代化中潜移默化的文化和学术的殖民却已经使我们这些人不自觉地以一种西方化了的眼光去看待、分析和评价中国经验,乃至于这一经验本身也已经被西方化,然后,这种被西方化了的'中国经验'又被用来论证在实质上也是西方化了的'中国理论'"。

这是一个重要的自觉。展开来说,吴毅认为,当前中国学术界在对中国现实乃至历史的研究中,因为缺乏经验常识,或这种经验常识被西方理论所遮蔽,而成为有问题的研究。就农村研究来说,学术界的农村是理论的农村,并不是真正现实的农村。这种与现实脱离的农村及其理论对于理解更不用说是改造现实,是有些力不从心了。要真正做好农村研究以及其他关于中国的研究,就必须回到常识,回到个案,回到农村和中国经验中来,对农村和中国当下的状况与处境做出理解,在中国问题和农村问题的语境中建构理论。

在全书的叙述中,吴毅的确做到了站在中国农村和农民主位的立场,尽可能抛弃当前学术界已很西化但与中国农村无关的理论,或对这种理论保持了足够的警惕。比如第四章第三节对"家户经济国家化"的考察,即对新中国成立后集体化过程的考察。如果从西方产权理论来看,合作化的过程即是土地产权收归集体的过程,这样一个过程必然发生农民集体抗拒,并由此带来农业生产效率的损失。而吴毅从双村农民的经验中发现:"所谓村庄经济的国家化完全是站在现代经济学理论的宏观立场上进行学理分析的结果,而不一定是地方场域中双村农民的切身体验。在双村农民的历史意识中,从来是不会产生诸如国家的治权与所有权这一类观念的紧张的,他们并不会怀疑集体经济所有制的真实性与完整性。"他进一步推论说:"在很多情况下,中国农民关于国家的公的观念和关于个人的私的观念是能够协调的。"从这样的个案调查反推过来,当前经济学界从产权制度方面说正是集体化导致三年严重经济困难的结论,不如说是因为在农业合作化和人民公社初期,因为管理不适应(经验不足)而产生了效率损失。这样来理解人民公社及人民公社期间取得的巨大农业成就也就自然而然了。

再比如第九章和第十三章对"大社员"的分析。所谓"大社员",双村农民有自己的定义,就是村里有影响、懂策略、敢与干部对抗而干部又拿他没有办法的村民。正是"大社员"的发现,丰富了当前村庄政治的含义,并为村干部治理村庄设置了条件。村干部与"大社员"的关系,而不是村干部与一般村民的关系,构造了当前中国的村庄政治状况。"大社员"在不同地区农村的叫法可能不同,特征与状况也会不同,但正是"大社员"这样一个层次的发现,为当下中国农村政治的大话语,比如村民自治和农民民主这样的大话语,提供了解剖的基础和分析的框架,也为日常的村庄政治运作提供了理解的空间。

正是在回到村庄、回到常识、回到国情上,我认为双村调查是一本好书,是一本对于当前大话语流行的学术界具有价值的好书。在对中国20世纪历史的解读和对当下中国处境的理解上,最近20年的主流声音中充斥着某种草率、粗暴和情绪化的倾向,对外来理论缺乏清醒的认识和完整的理解。作为对过去的一种反拨,这些主流声音的反思也许有益,但当整个中国的实践需要理论指导,中国学术应当为中国当下实践寻找对策时,这种情绪化和道德化的反思就远远不够了。而当整个中国的社会理论被宏大话语霸占着的时候,个案调查这样的小叙事就具有了极其重要的作用,因为大话语"阉割"和失去了常识。当前大话语对中国学术的霸占已经到了这样的程度,以至于在做农村个案调查时,也只能看到大话语所希望看到的东西,而看不到大话语不希望看到的东西。这个时候,强调回到常识、回到中国当下和历史的语境中,就具有特殊重要的意义。吴毅的双村调查正是在这个意义上具有价值。尤其重要的是,即使如吴毅这样有强烈回到常识、站在农民主位和农村主位来阅读双村历史的学者,也常常在离开双村经验时,陷入大话语的陷阱。这就更加提醒我们,个案调查工作或回到常识和国情的工作不是瞬间可以完成得了的。在整个中国现代化转型时期,真正地、不间断地回到个案、回到常识、回到国情,应是所有负责任的中国学者应该具备的基本素养。

**修订关键词**　走向田野　学术常识

（一）

吴毅教授在出版《村治变迁中的权威与秩序》一书后,又对一个乡镇进行了为期两年的深入调研,并出版了《小镇喧嚣——一个乡镇政治运作的演绎与阐释》一书。这种走向田野的精神令人钦佩。

（二）

当下中国,不缺理论,不缺方法,也不缺思潮,而是缺乏常识,缺乏关于中国经验和中国实践的常识。理论先行,掩盖了事物逻辑,"思潮"泛滥,造成了知识分子泛情绪化。

社会科学重建以来的30年,已经经历过了一场"呼啸着走向理论"、"呼啸着走向思潮"的运动。西方一流社会理论已经基本被国内熟知;西方二流社会理论也多被引进;西方三流社会理论正被"贩卖"。

"呼啸着走向理论"的运动,为中国社会科学发展提供了基本架构和基本方法,为中国社会科学高水平发展提供可能性。不过高水平的社会科学并不等于"先进"的方法+新潮的理论,而是意味着对中国社会现实的合理、有效解释。

走向高水平的中国社会科学,还必须经历一个"呼啸着走向田野"的阶段,即将从西方学习到的社会科学基本理念、基本认识、基本方法,与中国国情相结合。共产党人曾经做到了这一点,因而引导中国革命胜利。如果我们未来能够做到这一点,就可以推动中华民族的伟大复兴。

"呼啸着走向田野",就是在我们已经对社会科学基本方法、基本理论有了认识之后,深入到中国社会现实中去,接触现实、理解经验,以"实践论"的态度对待理论。"呼啸着走向理论"所带来的思潮兴起,开放了中国人的思维,也一定程度上造成了中国的思维混乱。"不塞不流,不止不行","思潮"的问题,需由常识解决。

"呼啸着走向田野",便可获得常识。学术常识是个大问题。有些人从来不真正研究中国问题,对中国复杂性缺少基本理解,以几个西方舶来的概念如经济学的市场、产权、交易成本,法学的权利,政治学的宪政、民主等概念来简化理解中国社会,并得出真理般的结论。

我挖苦这些人说,他们以1980年代厉以宁教授主编的《简明西方经济学教程》来得出这些真理般结论,并以此来要求国家和人民按他们的意见去做,这实在太可笑了。

我们一定要有一个呼啸着走向田野,走进中国复杂经验与真实实践的过程,才可以得出一些有含金量的研究成果来。

学者尤其是公共知识分子要低调。

2013 年 1 月 12 日

## 附录:阅读农村,阅读中国

最近 10 年,我几乎每个暑假都会到农村调研,尤其是最近 5 年,不仅自己每年暑假调研,而且组织我所在华中科技大学中国乡村治理研究中心师生利用暑假进行农村调研。今年暑假,我正在组织有 160 人参加的全国四省六县 30 村的大型农村调查。而之所以醉心于每年的暑假调查,是因我认为且越来越认识到,农村调查是阅读农村,认识中国,发展有中国主体性社会科学的必由之路。

每年暑假调查,我们都采用驻村调查的形式,调查时间约为 20~30 天,调查内容涉及农村社会、经济、政治、文化、宗教等各个方面,事无巨细,力图在现象之间找关联,透过现象看本质。驻村调查的好处一是费用低,每天食宿只花 30 元即可;二是调查方便且深入,可以与农民真正地打成一片。暑假驻村调查,一般不是为了某个课题研究任务,功利目的比较少。正是功利目的比较少,将经验本身当做目的,甚至以农村经验为本位,调查可以比较快地对农村整体的经验有较好把握,也比较容易获得来自田野的灵感,可以有比较多的学术"意外"。除暑假调查以外,我个人每年都会利用五一、国庆、元旦的时机,到全国不同农村调查,每年驻村调查时间不少于两个月。10年来,累计驻村调查时间大约有1 000天。有了1 000天的农村调查,就有了真正深入的对中国农村状况和农民生活的熟悉,就可以对每一涉农问题有比较深透的把握,就可以排除那些肤浅流行认识及西方社会科学偏见对自己的不良影响,就不会在农村问题上人云亦云,不知所云。

  暑假组织师生大规模农村调查,形式是集体调查,一般是先分若干大组,每个大组20人左右,一个大组再分4~5个小组,每个小组4~5人,每个小组的人员结构一般是既有调查经验丰富的老师和博士生,也有经验稍差的硕士生及少量本科生。每个小组住在一个村庄开展调查,一个大组的4~5个小组,尽可能集中安排在相邻村庄。调查方式是半结构式访谈,调查没有课题任务,白天分散访谈,晚上小组集中讨论。每隔3~4天,大组再集中讨论一次,一次讨论半天或一天。这样,一个月的暑假调查,基本上是每天白天分散访谈,晚上小组讨论,隔3~4天一次大组研讨。小组讨论不仅可以分享调查获得的信息,而且可以相互启发思路和修正调查方向。大组研讨因具有强烈的现场感,所有参与者都共享同样的调查经验,都可以通过后续调查检验、回应讨论的问题,而使讨论质量极高。可以说,几乎每次大组讨论,都是气氛热烈,灵感纷飞,每个参与者都如享受大餐,一时消化不了,可以留待第二天调查时,边访谈边消化。整个暑假调查结束后,不同大组在开学后以暑假调查为基础,召开高质量调查经验交流会。

除暑假集体调查以外,近年来,我们还尽可能利用其他时间组织规模在 20~30 人之间的集体调查,每次调查时间在 20 天左右,也是效果极好。这样的集体调查,因为没有课题任务,以深化对农村社会认识形成农村经验质感为目的,对缺少农村经验的学生来讲,这样的调查就如久旱遇甘霖,一般有了三五次深入的驻村集体调查,参与调查的学生就会具备从现象之间找关联的能力,就可以透过现象看本质。而若有了两三百天的驻村调查经验,这样的学生往往会在经验研究上变得相当敏锐,学术质感大为增强。可以说,集体调查是培养学生的最好方法。成功的集体调查,除驻村、讨论以外,最为重要的是不能太功利,最好不要带课题任务,而是经验为本,以训练学生对经验的认识为本。

最近 10 年,我几乎每年都要发表大约 10 篇论文,每年出版一部著作,在繁忙的教学和调查之余,能撰写如此多的论文和著作,尤其是能有很多新的灵感,很多人认为不可思议。我则十分清楚自己的灵感大都来自经验,来自对生活的把握,也来自与农民的对话,来自与学生共同驻村调查时的研讨。不仅我每年会撰写大量文字,而且中国乡村治理研究中心的博士生每年也会撰写大量调查报告,也会顺便发表很多论文(之所以说顺便发表,是因为我不鼓励学生发表论文),中心大多数博士生在读博三年都可以发表 10 篇甚至更多论文。中心博士生在读博期间,每个人都要完成 300 天以上的驻村调查,要撰写上百万字的调查报告,还要撰写博士论文和阅读相关研究著作,我们不鼓励他们发表论文,他们却普遍可以在读博期间发表这么多论文,其中的关键是他们在调查中真正有所发现,在集体讨论中,激烈的思想碰撞的火花,变成了他们学术上的灵感,就可以顺便写作有创意的论文并发表出来。同时他们也大都可以写出高质量的博士论文。这恐怕就是所谓"教学相长"吧。

长期的农村调查,还使中国乡村治理研究中心师生因为对经验有深厚把握,可以从经验内在逻辑中去理解农村,又可以通过对中国9亿农民的理解来理解中国,理解中国的复杂性,理解中国国情,可以形成事事自下而上看的习惯,从而可以变得深刻、冷静、不偏激、不偏执。阅读中国农村这部大书,理解中国9亿农民的生活,不仅是农村社会学专业师生应该做的基本功课,而且应是所有试图理解和改造中国的志士仁人们应该切实关心的问题。

2012年3月30日

# 五 大理论与中观理论

——评《黄河边的中国》的方法

读《黄河边的中国》既是一种享受,也是一种"折磨"。曹锦清先生生动形象又不无激情的文字,让人读后有痛快淋漓之感。受到的"折磨"则是黄河边农民当前的困境和作者不时表现出来的对中国农村向何处去的迷茫。相信每个关心中国的人,近年都会受到这种"折磨",因为媒体上到处是农民负担过重的让人不安的消息。笔者近年从事农村调查,心中一直积满郁闷,对曹锦清先生的文字也就有更加切身的感受。

《黄河边的中国》不仅为我们提供了一幅关于黄河边的中国农民生活现状的画卷,而且试图为我们提供一个看农村的视角,即"从下向上看"和"从内向外看"的视角。他说:

> "从内向外看"与"从下往上看",就是站在社会生活本身看在"官语"和"译语"指导下的中国社会,尤其是中国农村社会的实际变化过程。(前言)

他认为,当前社会调查中:

> 一切预设的理论框架差不多直接或间接地来源于"译语"。有了它很可能套裁"事实",从而歪曲真相;没有

它,我们甚至无法发现"社会事实"。为了解决社会调查过程中必然遇到的这个"两难问题",我所采取的方法是:暂时把预设的理论框架"悬置"起来。所谓"悬置",既非"抛弃",又非用以套裁社会事实,而是让一切可供借用、参考的理论、概念处于"待命"状态,调查者本人则时时处于一种"无知"与"好奇"状态,直观社会生活本身……只有"无知"、"陌生"而引起的"好奇",才能让开放的心灵去直接感受来自生活本身的声音,然后去寻找各种表达的概念。调查过程,其实是"理论"与"经验"两个层面往返交流,相互修正、补充的过程。(前言)

正是在如何进行农村调查和关于农村研究的方法上,笔者认为《黄河边的中国》做得不够,以下对此作一讨论。

1.《黄河边的中国》的两个特征

《黄河边的中国》在方法上的明显特征有二:一是走马观花式的调查,共4个月时间,走遍河南"十数县,二十来个乡镇,数十个行政村"。这样大规模的调查,也只能是走马观花了。二是思考大理论,这种思考往往与历史或某些基本的理论资源如小农理论联系在一起。在《黄河边的中国》为期4个月的调查中,曹锦清先生是一直处于巨大的震动之中的,他深受震动的现实有二:一是农民组织能力之弱和农民思维方式之传统;二是农民负担之重、地方干部行为之恶劣和农村干群关系之紧张。这正是他贯穿全书思考农民合作能力与地方政治改革的原因。

《黄河边的中国》大理论的思考表现在以下一些方面:

第一,《黄河边的中国》似乎特别关注作为社会事实本身的"社会情绪",而不很关心造成"社会情绪"的具体事实。社会情绪表现在谈话者激烈的语言里,也表现在饭桌上的民谣中。《黄河边的中国》先后出现10次以上对"社会情绪"的讨论。作者显然是希望通过对"社会情绪"的观察,来把握当前中国农村的现状和中国农民的心态,而对造成这些"社会情绪"的具体原因则不关心,也关心不了。

将"社会情绪"作为一种社会事实来观察,与观察造成"社会情绪"的具体原因,是两种很不同的观察农村的视角。前者关注的焦点是"社会情绪"可能造成的后果,"社会情绪"本身已是事实,是观察的起点,这种观察指向农村以外,构成更大范围观察的一个部分;后者关注的焦点是什么造成了如此的"社会情绪","社会情绪"是观察的终点,这种观察指向构成"社会情绪"的内在理由,是在农村具体背景下的一种讨论。

第二,《黄河边的中国》特别关注历史。4个月的农村调查,涉及历史的讨论竟超过20处。这些历史讨论大都是游历史遗址引出来的,包括游包公祠,参观焦裕禄陵园,访袁世凯墓,参观岳飞故里,阅读县志和参观会馆、关帝庙等。所有这些都构成了作者理解当前农村问题的材料,引起作者对农民合作能力,如由关帝的忠义到晋商的商业伦理到农民的合作能力的讨论和联想(第167—168页、第231—234页);对地方政治制度改革,如由包公到孔繁森到民主政治在第三世界国家的命运,再到"没有能力代表自己"的广大村民只能企盼包青天一类政治家来"替民做主",再到利用社会关系网的"礼尚往来"来"通关节",由此造成"有法不依,执法不严"的弊病的讨论(第237—238页)。

"读史使人明智。"通过对历史的观察,有助于理解当前困

扰人们的那些农村问题的实质。曹锦清写道:

> 为了理解,调查者的思维必须"撤离"调查现场。一是逆流而上,进入历史,在一个历史长时段中去审度经验事实,在表面的观念与制度变化中发现其稳定的因素。二是自下而上,形成理论分析框架,对各类经验事实进行整体分析(第246页)。

抽象地看,这话是不错的,不过,具体在《黄河边的中国》一书中,因为对历史的过分偏爱,使历史不仅提供了理解农村的启示,而且在很多时候还提供了解决农村问题的答案。往往是在每个调查的片断中,作者即引历史作为答案终结了讨论,这就大大妨碍了作者从完整的农村调查本身来获取答案的能力。农村调查成为研究的边缘,成为作者对中国历史思考的一个部分,而不是历史成为作者对农村整体思考的一个部分。换句话说,作者是从历史来看农村现实,而不是从农村现实来看历史资料,历史资料过快地为农村调查中发现的问题提供了答案,农村研究本身的整体性消失了。农村调查与经验成为历史的碎片,这就化解了农村实证研究的价值。

第三,《黄河边的中国》也十分关注哲学层面的思考。比如书中不下10处谈到中国农民善分不善合的特点,并为中国农村不善于合作而气馁。作者在谈到农民特别是农民的合作能力时,一再引用马克思关于小农的理解,认为:

> 小农将自己最大的政治理想寄托于这个凌驾其上的皇权,希望从上面撒下"雨露与阳光"。因此,要考察中国乡村地方政治的变革过程,重点在于考察农民自我代表意识与能力的发育过程(第175页)。

在作者贯穿全书的对农民合作能力的讨论中，农民不再是实证研究的农民，而迅即被提升到含有强烈理论色彩的"小农"上去了。这样，就将农民当下的具体的合作能力问题，变成了一个抽象的关于小农的理论问题，将一个实践中的具体问题，变成了哲学式的抽象思考。

而所有这些指向农村之外的大理论思考，都是与作者走马观花式的调查相联系的。走马观花的调查，使作者难以从农村社会本身的脉络与内在逻辑来理解调查中遇到的诸如农民合作能力和地方政治改革等问题，而大理论式的思考，将农村问题本身的发展脉络切割成为碎片，也使作者失去了从农村内部理解调查中遇到的深受震动的问题的可能。走马观花和深受震动的农村调查，给作者提出了急切进行理论思考的方位。问题是，让作者深受震动的事实如此明显，以至于所有到过农村甚至未到过农村的学者都可以感受到这些问题并进行思考。查诸关于农民合作能力和地方政治改革的文献，难道不正是百年来学界关心的焦点话题吗？远如马克思说"农民是一袋马铃薯"的著名观点和梁漱溟先生关于中国农民缺乏合作协商传统的讨论，近如近年来政学两界津津乐道的村民自治和乡村选举。

2.《黄河边的中国》的悖论

《黄河边的中国》试图通过对农村长期而深入的调查，来提供一个"从下往上看"和"从内向外看"的视角。表面上看，书中提供了大量关于农民生产生活和农村政治社会运作现状的一手调查材料，调查的时间长、地域广，且深入到一家一户算农户收支，看住宅结构这样的细节上了。这些大量而细致的农村调查资料，当然应该让作者有"从下往上看"和"从内向外看"的基础。作者在调查与写作中,也尽可能地避免农村应该民主、农民应该自由、农业应该发展等之类的价值评论。但是,因为作者走马观花式调查本身的原因,《黄河边的中国》不能算是一部真正做到了"从下往上看"和"从内向外看"的著作,而仍然是一部"从上往下看"和"从外向内看"的著作。

依曹锦清先生自己的说法,所谓"从外向内看",就是通过"译语"来考察中国社会的现代化过程;"从上往下看",就是通过"官语"来考察中国社会的现代化过程。"译语"是指西方社会科学的理论与范畴;"官语"指传递、贯彻中央各项现代化政策的行政系统论调。其实,我们可以进一步对"内外"和"上下"进行解释。与"外"和"上"相对应的"内"和"下",实际上就是指农村本身的内在逻辑与发展脉络,而"外"和"上"则是指相对于农村本身逻辑的理论范畴和政策要求。社会科学研究的目的,就是对研究对象的内在逻辑进行把握。农村研究的目的,就是理解当前农村本身的运作逻辑,特别是对于如中国如此庞大的既具有强大历史传统,又处于转型时期的农村研究。只有通过深入细致的农村调查,进入到农村社会内部这个"下"和"内"的结合点上去,才有可能搞清楚当前处于转型期农村社会的内在逻辑。不深入到中国农村本身,而在农村以外,用西方社会科学的理论范畴或国家现代化需要的"应该"立场来看农村,显然是不够的。

以此来看《黄河边的中国》,其大理论思考的特征,便使它将农村本身推至边缘,成为典型的"从外向内看"和"从上往下看"的例子。《黄河边的中国》的确是有意识地回避了西方社会科学的一些理论与范畴,但它从小农理论和历史评论来看农村,实在有很多地方在以自己的既有知识来寻找、割裂农村事实。在一再评说农民缺乏合作能力时,仅仅是从一些具体的农民没有合作的例子,如农民为什么不集中灌溉等来引出语题,然后转向历史或哲学层面的思考,将一个社会科学的话题转换成人文科学的话题。本来应该在此停住,仔细从当地农村情况来讨论为什么农民选择不合作,从而形成一个社会科学的实证研究论题,但《黄河边的中国》在10处以上提到农民合作能力不足时,竟无一处进行了这种细究,其中的哲学式思考和历史联想,不仅在提供启发意义上,而且在提供答案上面起了作用。农村调查因此就仅仅成为一个话题,一个由头,一个思考的起点。作者关心的中心依然在抽象的理论问题上,也就是作者所竭力希望"悬置"却始终没有"悬置"起来的外来理论上。

其实,外来的理论倒没有那么可怕。"从内向外看"和"从下往上看",并不排斥外来的包括西方社会科学的理论与范畴。关键是需要将农村调查置于一个经验研究的领域之中,从理解农村本身的逻辑来把握那些在农村调查中发现的令人震惊的事实,从农民具体的生活生产中,从农民自己的行为脉络里面,找到之所以农民不合作,之所以农民负担重的理由。一句话,"从内向外看"和"从下往上看"的关键,是将农村本身作为一个社会科学的研究对象,在经验层面进行研究。经验层面的研究并不排斥哲学和历史式的思考,但这种思考只能是在提供启示上,而不是在提供答案上起作用。哲学和历史式的思考本身应置于社会科学研究也就是农村本身研究的边缘,而不是中心。

《黄河边的中国》的悖论就在于,它拥有大量调查资料及这些资料的问题意识,但因为作者没能够将理论特别是哲学式的思考"悬置"起来,从而未能从农村本身的逻辑来解释这些问题,更没有能够提出真正有助于哪怕是理解诸如农民合作能力和农村政治体制的理论架构,这样就缺乏在解决农村诸多问题的对策上和理论上的积累。《黄河边的中国》因为有大量的调查资料,从而正确地抓住了问题,但它并没有理解问题,更没有解决问题的有效对策,其原因是具体的调查与对大理论的思考结合在一起,违背了作者自以为的"悬置"原则。

为什么一个真诚的试图"从内向外"、"从下往上"看的学者会出现调查与理论的脱节,而难以从农村调查中获得理论思考的资源?对大理论的关怀或对大问题的关注,在《黄河边的中国》中就是对农民合作能力与地方政治状况的关注。说过于关注大理论有问题,不是说大理论不重要,而是说大理论不根本。以农民合作能力和地方政治状况为例,百年来不仅没有解决这两大问题,而且对构成这两大问题的历史与现实原因仍然缺乏理解。恰恰在构成大理论的理由上,需要学者进行深入调查,在具体的问题中做更为细致长久的研究,而不能只是做走马观花式的调查和大而化之的讨论。

3. 农村研究的中观理论

构成对走马观花式调查和大理论式研究以补充的,是更为具体深入的调查和中观层次的研究。具体深入调查的好处,是可以将问题放置在具体的过程与事件中来理解,因为具体过程事件的背景容易调查清楚。背景清楚,就具有完整理解的可能性。对每一具体问题的完整理解,就可以增添一些学术积累,形成一些中观层次的可以被其他学者所共享的实实在在的问题与理论。大量的中观层次问题的讨论,终于可以给那些一直处在哲学式讨论层面的大理论以冲击,形成对现实及其原因的真理解和真知识,也就为比较可靠的对策研究提供了框架。

中观理论的关键不仅在于从调查中发现问题,而且在于理解问题时，真正将问题置于调查的具体场景中展开，调查不仅成为提出问题的必要环节，也成为理解问题的必要环节。正是置于完整而具体的事件之中，才有了将问题予以解决的从哲学式思考或外来理论中所无法发现的灵感，研究也才有了进一步深入的希望。

因此，我这里所说的中观理论，也就是以问题为导向并且在问题中展开思考的理论。这种理论的特点是坚持在特定的社会政治结构中进行具体的思考，而不是以似是而非的哲学式思考来予替代。问题导向的中观理论的好处，是可以保持要讨论问题本身的中心性，防止被既有的理论体系替代了对问题本身的关怀与思考，在中国农村十分庞大，且中国传统文化十分悠久的情况下，如何建构中国本土化的问题导向的中观理论，就显得特别重要。

以《黄河边的中国》重点讨论的农民合作能力为例，作者发现太多农民"不善合"的例子，他因此感到解决农民合作能力的问题，应是将来农村能否发展甚至中国能否现代化的关键问题。这一点显然看得很准。事实上，正如作者所言，人类自古以来，合作能力及合作方式就是一个根本性的问题，人民公社制度也是在中国农村推行的一种合作制度。但是，若走马观花地调查，可以发现农民合作能力缺乏这一事实，却难以对这一问题有更深入的理解。作者对农民合作能力的理解，大量来自小农理论和宗族理论，但农民的合作能力和合作方式总是具体的，表现在具体的事件上面。缺乏了具体的背景和事件，抽象地谈农民的合作能力，就是一种哲学式的思考，恰恰哲学式的思考不足以理解当前中国非均衡的复杂的农村现实。以《黄河边的中国》所提供的宗族意识为例，在一些地方的农村，宗族势力还是很强大的;在另一些地方,宗族意识甚至已经消失得无影无踪。再以农民的市场意识为例,温州农民与河南农民该有多么大的不同。我们现在不能将农民看做是一统的理论上的小农,而要看到传统本身的遗留和市场经济渗入的不同影响。

在当前中国并不存在一个一统的小农的情况下,构成农民合作能力的因素,便不只是一个传统文化的因素,更不是机械的生产方式所可以决定的宿命,而是与具体社会结构、政治结构安排有极其密切的关系。《黄河边的中国》也讲制度安排对于农民合作能力可以具有决定性影响,其中尤其关注的,一是教育,二是民主制度,比如村民自治。但是,为什么有些地方村民会积极参加村委会选举,有些地方村民对于选举却毫无兴趣? 的确是有村民盼"为民做主"的官的,但给了他们"由民做主"的权利,很多人便将这个给来的权利当作了既得利益,你再来收,他们可能就会"依法抗争"。在当前的既定结构下,如何通过精巧的制度安排来建构农民的合作能力,这本身就是对大理论宿命的挑战。只有在具体的事件和过程中,我们才有进行具体制度安排或教育来改造小农宿命的可能,具体的背景、事件和过程构成了我们所说的中观理论的问题,也就构成了理解乡土中国的基础。将对乡土中国的调查与研究置于这种具体的背景、事件和过程中来予理解,就有希望避开大理论对我们思考的强制,就有可能直面问题,计我们的调查研究切近当前中国农村的实际,就有希望真正理解乡土中国的状况,并为乡土中国的建设开出有用的药方。进一步说,研究以问题导向的中观理论,就是要深入到农村中,将问题具体化在一定背景、事件和过程中进行研究,这种研究当然是以更为深入扎实的调查为基础的,这样,在为理解农村而进行的调查中,可能需要更多的时间、更详尽的细节、更完整的事件以及更多的调查者。中国农村之大及重要,使得理解农村成为关系到中国现代化进程的不可跨越的阶段。《黄河边的中国》为学者提供了很好的深入农村的理由,如何在《黄河边的中国》和其他农村调查的基础上,进行更加广泛的中观层次的调查研究,将成为能否将农村研究推进得更深入、能否理解乡土中国,从而能否为乡土中国的建设提供良药的前提。

再进一步说,农村调查和研究的意图,是通过深入持久的农村调查,来发现农村存在的真问题,找出在学者知识范围内无法理解或难以解释的事实,并从农村调查中获取理解事实的灵感,如此来逐步建立起源自一个一个问题的中观理论,这种方式恰好是《黄河边的中国》的作者主张的将预设理论框架"悬置"起来,直观社会生活,但《黄河边的中国》本身未能彻底贯彻的方法。如何通过更多学者更加深入细致的农村调查,逐步建立起可积累的中观层次的理论研究,并最终建构出理解乡土中国的本土社会科学,实在是亟待努力的方向。

中观理论的另一个重要之处在于,它容许多种对农村现状的解释。正是多种解释的竞争,可能发展出最好的解决农村问题的办法来。

4. 结语

回到《黄河边的中国》,作者主要通过农村调查,发现了农村普遍存在的诸多问题,但作为初步调查,他无法深入理解这些问题的相互关系及其根源,也难以从深入的调查中获得解决这些问题的灵感。事实上,走马观花式调查的必然结果是进入大理论,由大理论再进入到流行的解决问题的办法上来。深入细致的农村调查与此不同,这种调查试图通过对事件与过程的完整叙述,特别是对背景及构成事件的诸种偶然因素的叙述,来寻找灵感,发现问题,并试图将问题的一点一滴解决在具体的情景中,最终发现决定当前农村问题的深层原因。

《黄河边的中国》之所以"言行不一",原因在于他自觉不自觉地对大理论的关注和走马观花式注重事实而忽视构成事实基础的背景的调查。当然,说《黄河边的中国》在中观层次的农村调查研究上存在不足,并不是说《黄河边的中国》这种走马观花式调查没有独立的价值。正如前述,《黄河边的中国》的调查不仅将农村大量触目惊心的现实"采风"回来,而且准确地重提了当前农村存在的问题,这些问题构成了各方面读者了解中国农村的基础。在这篇书评中,我是想说,《黄河边的中国》只是提供了一种进入农村的方式,这种方式有它自身难以克服的缺陷,即因为调查的不深入(忽视了通过对每一事件或过程的细致、全面的描写来发现事件或过程背后原因的方面)和大理论的思考方式,还不足以形成对乡土中国的全面理解。这种不足是任何一项具体研究都无法克服的。

《黄河边的中国》走好了农村研究的第一步,愿有更多的人来走第二步。

**修订关键词**　社会科学本土化　中观理论

(一)

几乎所有中国研究学者,尤其是从事经验研究的学者,都赞同社会科学本土化。可是,非常奇怪,很多热衷于社会科学本土化的研究者最终仍不得不指向"西方化"。曹锦清先生也许是个例外,尽管我在这里批评《黄河边的中国》作为社会科学研究,缺乏中观理论以及对具体经验的机制分析,但这并不影响曹先生及《黄河边的中国》在社会科学本土化上的标杆意义。

具体而言,《黄河边的中国》的标杆意义主要体现在以下三个方面:第一,有强烈的中国立场。研究的是中国问题,甚至可以从其行文中看出其忧国忧民的情怀,这是很多追求"客观"的社会科学研究者所没有的。第二,引入了历史视角,这对于中国这样一个具有深厚传统的大国而言,社会科学研究中的历史视野是必不可少的。第三,有强烈的现实关怀,当前中国学界热衷于在西方理论空白处"填空"的学者尤应学习。

《黄河边的中国》一书好就好在她有情绪,有立场。这是中国社会科学本土化的前提而非敌人。

(二)

有了情绪和立场,便为中国社会科学设定了基本目标。同时,我们又从西方学习到了社会科学基本理论和基本方法。"庖丁"有了牛,又借来刀,剩下的工作就是解剖了。手法有千秋,技术有高下,怎么做到"游刃有余",需要一个长期的摸索过程。我们的观点是,在缺乏对中国基本经验理解的情况下,反对"宏大叙事",也反对无章法、无目的的资料收集,而是主张在社会理论与社会现实之间寻找沟通点和突破点。这便类似于默顿提出的"中层理论"方法,我们称其为"中观理论"。

中观理论的好处,可以践行着"从实践中来,到实践中去"的哲学方法。带着对中国现实的粗略"印象",和对西方理论的理解,深入"田野",经过理论与经验的辩证往复,深化对经验的认识,修正理论,进而做到黄宗智先生提出的"从实践出发的社会科学"研究。我们的路径是做农村研究,以农村研究为突破口,进行农村社会学理论创新,以农村为对象,扩展至对整个中国社会的认识。"中观理论"作为一种研究方法,可以对话理论,也可以拓展经验,上得去,也下得来,接了"地气",又不失"灵气",是个较好的中国研究的切入口。

中观理论强调经验研究的机制分析,核心是通过调查,透过现象看本质,从而形成关于经验的内在机制、规律、逻辑的假设,并验之以经验。深厚的调查,提出问题,验证问题,看起来简单,其实不然。目前中国社会科学存在的问题是,缺少深入调查,无法准确地提出问题,所谓社会科学研究,往往是由西方人依据他们的需要提出问题,中国学者来回应西方学者提出的问题。这就使得中国经验不过是成为西方话语的材料,中国是什么,为什么要研究中国,中国当下应该关注的问题在哪里,都成了糊涂账。

当前还有两种所谓的经验研究需要警惕:一是将经验当做写作和叙述的策略,用的方法是举例说明,这样的经验不过是现象;二是热衷于做问卷调查获取数据,热衷于讨论各种现象的相关关系。因为缺乏对中国经验的厚重研究,没有经验的质感,就往往以极为复杂的数学公式和极为笨拙、费钱的统计数据,来讨论其实极为简单的问题。

真正的经验研究,以深入调查为基础,在厚重经验积累下,形成经验的质感,具有田野的灵感,能够正确地提出问题,恰当地证明问题。提出新概念,形成新解释,找到新逻辑,一个机制一个机制地解剖,一个问题一个问题地分析。日积月累,自然就形成了具有中国主体性的本土社会科学。

2013年1月20日

# 附录:中国社会科学研究方法20条

中国社会科学的发展需要正确认识和处理如下四个方面的问题:一是社会科学的性质问题;二是理论与经验的关系问题;三是中国社会科学的主体性问题;四是中国社会科学建设机制问题。仅以20条分别论述之。

## (一) 社会科学的性质

1. 概念化。将关于事物的朴素印象,上升至对事物必然性和发展规律的认识,需要借助概念。概念化即意味着学术化,是跨越日常经验至学术经验的必须手段。概念化须符合逻辑推演,符合形式逻辑。

2. 理论化。社会科学是对经验的抽象、概括和简化。由表及里,由浅入深,去粗取精,去伪存真,透过现象看本质。就是说,社会科学应当形成对经验更有概括力的认识,应当使人们可以更加深刻地认识社会机制,更加低成本地掌握和运用社会规律。

3. 范式。一套具有共识性的概念、理论和方法构成社会科学范式。社会科学范式提供一整套认识、解释经验现象和理论问题的框架和路径。

4. 学科化。科学范式与教育体制、研究制度及其他科学制度结合形成学科。社会科学的学科化,可以使社会科学相对独立地发展演化,使理论具有相对自主演进的可能,使社会科学研究较低成本地组织起来。理论的重大突破往往是对新经验的回应，而不是理论自我演进的结果。

### （二）经验与理论的关系

1. 社会科学理论是对历史经验的总结提炼，经验构成理论的"本体"。西方社会科学理论是对西方历史经验的总结，中国社会科学理论是对中国历史经验的总结。

2. 发展中国社会科学时，须借鉴西方社会科学的理论和方法。西方已有成熟的社会科学传统，应站在理解中国经验的立场上，对其理论和方法采取"拿来主义"的态度，洋为中用。

3. 理论运用应提倡片面的深刻。理论可以是片面的，但必须是深刻的。不可用现成大词简单地概括表述中国经验，也不可以用没有具体语境也无具体所指的哲学思考来代替对中国问题的研究。

4. 扎根中国经验。长期田野调查形成厚重经验，形成经验质感，重视田野的灵感，经验的意外。理论思考要与经验互动，不断地从经验中吸取营养。理论要反映经验，回应经验，用经验进行检验。理论来自对经验内在逻辑的抽象，又不限于经验。

5. 经验要与理论对话。经验是不分学科的，是有内在逻辑和有独特运转规律的。经验的逻辑要强大到可以与理论对话，与概念对话的地步，成功的概念化要能还原经验的逻辑。所谓经验的逻辑，核心是事物本身发展的规律，社会内在的机制和逻辑。只有悖论的理论，没有悖论的经验。

### （三）中国社会科学的主体性

1. 社会科学与自然科学不同，不具普世性，不可能真正做到"价值中立",作为意识形态的一种,具有鲜明的阶级性和民族性。

2. 社会科学可以构成社会舆论政治正确的一部分,正是简洁深刻的社会科学,使社会意识形态可能与理论有较好的契合度。意识形态领域有着尖锐斗争,我们正在输掉与西方进行的意识形态战争。其中核心是中国社会科学丧失了对中国社会的自主理解,无法为中国人民认识民族利益提供有效力的概念工具。中国社会科学应该构造一套有利于中国发展的意识形态。

3. 西方社会科学正在对中国进行学术殖民。中国社会科学不能只是回应西方问题,一定要在回应当前中国重大问题的过程中产生。

4. 中国社会科学远未确立主体性。当前的社会科学研究,要么停留在解放思想的哲学层面,要么过早技术化,二者皆不能够形成对于中国历史经验的"确信"认识。不能过早进入枝节问题,不要过早技术化和精细化。没有对结构的认识也就不可能理解细节,细节往往是结构的投影。要倡导发展对具体问题认识的"中观理论",积累产生出关于中国历史经验的"宏大理论"。

5. 经验研究是社会科学本土化的有效路径。既不要将社会科学神秘化,搞繁琐哲学,又不能将社会科学现象化,变成朴素经验主义。在中国经验基础上抽象概括,形成判断,建立推论,构建逻辑体系,在反复进行的学术研讨中深化、精确化。社会科学本土化不是口号,也不可能在方法论的瘟疫中完成,只能在一点一滴的经验研究中无限接近。

(四) 中国社会科学发展机制

1. 百花齐放、百家争鸣。在中国社会科学建设阶段,应该具有包容性,应该具有容纳不同取向、不同方法的学术空间。或偏向理论,或偏向经验,或指向历史,或聚焦当下。没有哪一个个体或团队能包揽所有业务,只有分工合作才是正途。分工不是封闭,应加强沟通交流,打破藩篱壁垒。

2. 在术业有专攻的前提下,发展集体学术。中国社会科学一定要有众多可以面对面深入对话且密切接触经验的学术团队,公共学术需在集体学术的基础上发展繁荣。

3. 学科发展要相对封闭并绝对开放,既可以从其他学科吸取营养,又形成相对封闭的话语体系。体系内部要有密集交流,要有对话、批评、发展、积累,要有共识,要逐步形成专门的概念和方法,同时具有广泛共识的学科范式。不是漫无边际的发展,不是到处发展,而是集中于一处,用力去发展,从而形成学科和方法上的突破。相对封闭的话语流的形成,正是为了与外界绝对开放的对话。

4. 注重基础学术训练,倡导经典阅读与广泛接触经验。阅读经典著作而非专业研究文献,是做好中国研究的前提,经典训练是无用之大用。"无用",即这些经典无法直接用到对中国的经验研究上,学习经典不是寻找真理更非寻求信仰;"大用"是指思维训练,逻辑训练,是知识准备和方法准备。唯有长期读经典才能形成理性的、逻辑的思考问题的方式方法,才会遵从形式逻辑。有科学方法,才能更加深刻地认识把握经验,才能从经验中概括、抽象,才能形成社会科学的对话、积累和发展。经验训练也有一个无用之大用的过程,即基础的经验训练不是为了获取资料,也不是为了求解某个具体问题,而是要在与经验的互动中形成质感,在经验中发现问题和解释问题。有了基础性的经典与经验训练,才谈得上具体的社会科学研究。

5. 学术研究要言之有物,反对"洋八股"。要有野性的思维,要敢于提出问题,大胆假设,小心求证。要注重厚重经验中产生的灵感,提出问题不是终结问题,要不怕出错。鼓励创新,不拘一格。不要将社会科学神秘化和繁琐化。要有直白的文风,要有实质内容。在研究中应当做到逻辑严密、思维缜密,而非形式上、方案上、表述上的认真精细。不要拘泥,尤其是不要拘泥成说,拘泥文字,拘泥形式。先大刀阔斧,再精雕细刻。

6. 大国学术。中国是一个大国,有13亿多人口,5000年文明史;中国又是一个发展中国家,处于急剧变迁中,有独特的"中国问题"。因此,中国不可能依附于他国,中国社会科学也不可能是依附性的。社会科学从其诞生之日起就决定了它不是一项业余爱好,而是现代社会体系中的重要一环,中国可以提供众多的研究岗位和经费,因此,中国完全有必要、也有能力建设有主体性的社会科学。经过30年对西方社会科学的引进,中国已经有了比较完整的关于西方社会科学的知识和方法了。这个时候,不是继续依赖西方语境下的抽象大词,而是呼啸着走向田野,真正用西方社会科学的方法来理解中国历史和中国经验,形成真正有中国主体性的本土化的社会科学,可以说是当下中国社会科学最为紧要的使命。

2012年6月

# 结语 从乡村治理到乡村建设

1998年与徐勇老师合写的《村治的涵义及其研究范围》，将村治定义为乡村治理和乡村建设，试图以村治研究来统括当前的农村研究。2002年10月，华中师大中国农村问题研究中心再次讨论中心研究的定位，徐勇老师将乡村治理研究作为中心的核心竞争力，并以乡村建设作为中心研究的目标。乡村治理研究就是从经济、政治、社会、文化各个方面对乡村进行研究，发现乡村治理的逻辑，真正从乡村本身来研究和讨论乡村的出路。这种乡村治理研究从发展和实践的角度来看，其实就是乡村建设，就是如何为9亿中国农民过上有尊严、体面的生活而出主意、想办法。

最近10多年来，我个人梦寐以求的就是为中国9亿农民过上有尊严、体面的生活而想办法，但一直未能想出好办法。在1993年读研究生以前，我一直在做自己的乌托邦的"新乡村建设理论"的建构工作，想了很多，也读了各种书籍。1993年读研究生以后，开始比较正规地进入到学术研究中来，跟随导师——华中师大中国农村问题研究中心的创办人张厚安教授研究乡村政治，特别是村民自治。此后有机会到全国各地农村调查，很快便从乡村政治到乡村社会再到乡村文化，来展开自己的研究。及至写作这本《新乡土中国》的小册子,我与我的一些研究同伴仝志辉、吴毅、董磊明、罗兴佐等将目前这些研究泛称"转型期乡村社会性质研究",其实,这个乡村社会性质的研究,就是乡村治理的研究,也是为乡村建设做准备的研究。从我个人来说,我终于又将当前的研究与1988年刚入大学不久对乡村建设的关注挂起钩来。在我的研究视野里,村治研究、乡村治理研究、乡村社会性质研究以及乡村建设等并没有不同。若要找不同,则乡村治理似乎更关心研究,乡村建设更偏向实践。

那么,我又是如何看待从乡村治理研究到乡村建设实践的意义的呢?以下从三个层面论述我及我的朋友们对乡村治理研究和乡村建设实践的意义的定位。

在中国现代化建设的过程中,在从传统走向现代社会的过程中,农村能否充当劳动力的蓄水池和社会的稳定器,对现代化建设的成败将具有决定性意义。据乐观的估计,中国经济将保持较高增长率和较快的城市化步伐,50年后,城市化人口将从目前占人口总数的30%增长到50%,城市人口由目前约4亿人增长1倍,达到50年后的8亿人。但即使如此,50年后,农村仍将有8亿人口,仅比目前农村9亿人口略有减少。也就是说,在未来50年内,农村人口将相当稳定地保持在8亿至9亿的规模。这8亿至9亿农民的收入将来自两个部分:一是来自农业的收入;二是来自外出务工经商的收入。加入WTO以后,农村来自农业的收入将不可能有突破性增长,而打工收入因为劳动力过剩,劳动力供过于求太多,劳动力价格将长期保持在劳动力再生产的水平线上下,其收入也不可能大幅度增长。换句话说,如果没有合适的措施,即使中国未来50年经济增长保持较高速度,农民也很难从中分享到好处,农民收入与整个社会收入的差距将进一步拉大,农民的出路将越来越成为问题。

在城乡差距进一步扩大,农村城市化却障碍很多的时候,农村能否在中国现代化进程中充当稳定器,或农村能否至少为现代化提供相对有序的稳定条件,对于中国的现代化具有极其关键的作用。

进一步说,在未来 50 年乃至更长时间,一方面农民较低的收入特别是较低的劳动力价格对于保持中国经济的竞争力十分重要,农村充当中国廉价劳动力的蓄水池,在中国经济发展的过程中,源源不断地为城市加工业提供优质廉价的劳动力,是中国成为我们某些经济学家以及社会主流意识所渴望的"世界加工厂"的前提条件。在这个意义上,按我们某些经济学家的意见,让农民收入保持在较低水平对于中国的现代化有利。但这有一个前提,就是在城市需要劳动力时,农民愿意到城市相互竞争劳动机会,从而将劳动力价格竞争到最低水平;当世界性经济衰退,或进城农民远远超出城市的容纳能力,他们中的人部分无法在城市就业时,他们会自愿回到农村,而不是滞留城市,在城市底层干各种因为没有收入而去干的事情。据温铁军的估计,当前农村劳动力和半劳动力合计超过 6 亿人,其中农业仅需要 1.2 亿人,在沿海和城市打工的近 1 亿人,还有 4 亿人口的绝对过剩劳动力,这部分劳动力要是滞留在城市,又找不到正当谋生的职业,作为现代化前提的稳定与秩序就没有保障。因此,在中国现代化过程中,如何让农村充当现代化的稳定器,并将农村人口稳定在农村,成为劳动力的蓄水池,实在是很重要的。

如何才能让农村充当中国现代化的稳定器和蓄水池？乡村治理研究和乡村建设实践的第一重意义即在于此。通过乡村治理研究和乡村建设实践，探讨在农民收入增长速度低于整个社会收入增长速度，城乡差距越来越大，农民相对收入水平越来越低的背景下，如何保持农村社会的相对有序，如何让农民虽然有限但可以持续地改善生存处境，如何让农村劳动力的简单再生产可以延续，对于中国的现代化就具有基础性意义。不理解9亿农民目前所处经济、社会、文化环境的巨大差别，不关心9亿农民对他们生活处境及生存状况的看法，不研究9亿农民目前的生活处境和可以有限改善他们生活处境的办法，不下决心想办法去改善农民越来越恶化的生存处境，我们没有理由对中国的现代化感到乐观。

换句话说，即使中国经济增长及发展可以继续保持较高的速度，中国城市化和现代化有希望顺利实现，也必须有农村社会的稳定与发展。在这个意义上，乡村治理研究和乡村建设实践对于中国的现代化具有基础性意义，是一项重大的战略研究。

问题是，中国的经济增长及城市化和现代化建设是否可以顺利实现，50年以后，中国农村人口是否可以顺利向城市和第二、三产业转移，他们的收入水平是否可以快速得到提高，使他们因此成为整个中国社会有机体的一部分。如果不能顺利实现中国农民由农村向城市的转移，农村的未来之路何在？

具体地说，主要以经济增长为目标的中国现代化本身是13亿人口（50年以后约16亿人口）的现代化，这么规模巨大的现代化，是人类历史上从来没有过的，是对地球资源与环境的巨大挑战，也构成对已经现代化的发达国家和正在现代化的发展中国家的巨大挑战。当前中国现代化之路是步欧美后尘，以物质的大量消耗为前提的。仅仅 300 年时间的世界现代化历史，已经对地球数亿数十亿年来形成的资源与环境构成了极其巨大的改变。300 年在数十亿年的地球史上是极其短暂的一瞬，就这一瞬间，人类彻底改变并且还在进一步改变地球的面貌。据统计，按目前人类消耗石油和煤资源的速度，地球的石油储备不足百年，煤资源的储备也就在百余年。而在所有这些石油和煤资源的消耗中，仅仅美国这个占世界人口不足 5% 的国家，就消耗世界能源的近 30%。西方七国集团人口仅占世界人口的不足 11%，却消耗世界资源的一半以上，这还没有考虑发展中国家实际使用资源中被发达国家通过不公平贸易掠走的部分。资源是有限的，环境是脆弱的，目前人类活动已经构成了对地球环境不可逆转的影响，地球环境系统越来越脆弱，如此下去，很可能在某一关节点上突然产生毁灭性的环境灾难。

中国人口是美国人口的 4 倍多，比西方七国集团人口的总和还多 1 倍有余，并且中国人口增长的速度比西方七国集团人口增长的速度更快。中国现代化的发展只要达到目前美国人均资源和环境消耗量的一半，人类对资源和环境的消耗总量即要增加近 1 倍。何况不仅是中国要实现现代化，而且世界上所有的发展中国家都要实现以增加物质消耗为基础的现代化。这是地球在资源和环境上都不可能承受的，也是已经发展起来的发达国家所不愿接受的。

因此，构成目前中国现代化暗含前提的资源与环境基础，其实并不存在，中国 9 亿农民顺利进入城市并且获得高的有保障收入的前途，几乎没有现实性。在这个意义上，如何确定中国自己的现代化指标与标准,如何以人本身而不是以由时尚和广告所刺激起来的无节制的消费欲望来确定中国自己的发展目标,就具有极其重大的意义。中国农民作为一个整体,没有可能享受到那种富裕的以大量物质消耗为基础的文明,但他们仍然可以过上衣食无忧的、有尊严的、体面的生活,这种生活不是以占有物质多少来确定人的价值,而是以人是否可以与自己的内心世界、与他人之间以及与自然之间的和谐相处来确定自己的价值。这是一种新的生活方式,因为与目前西方的生活方式大异其趣,大不相同;又是一种旧的生活方式,因为它与中国传统的生活方式十分相近,本质上没有不同。它就是中国儒家理念中所一直期待,但因为做到整个社会衣食无忧尚无生产力条件而未能真正实现的那种理想社会。而即使以中国目前的生产力发展水平,也让中国农民有了过上这种理想日子的条件。

从这个意义上,我们不仅考虑到9亿中国农民50年内难以从农村转移出去,过上以大量消耗物质资源为基础的现代生活,而且意识到这9亿农民可能永远也无法从农村转移出去,过上以大量资源消耗为基础的现代生活。我们就应该建立新的现代化生活的标准,确立以人本身为基础的新的发展指标,不是仅仅从物质而且从人的内心和谐、人际关系、人与自然协调相处等这些方面来设计新的治理模式,建设新的乡村文化,这就构成了乡村治理研究和乡村建设实践的第二重意义。

换句话说,因为中国9亿农民在未来50年以后也很难有我们现在预期的现代化的出路,甚至我们整个民族乃至今天发展中国家中的绝大多数都不可能再有美国式以大量物质消耗(尤其是能源与环境)为前提的富裕生活,我们首先就需要在中国9亿农民未来生活的设计上,着重本土化、传统的方面,为中国农民乃至中国人过上自己的幸福生活,过上有尊严的、体面的生活,而做乡村治理的研究,进行乡村建设的实践。这重意义上的乡村治理和乡村建设,关注的核心问题是中国未来的出路。

乡村治理研究和乡村建设实践的第三重意义是,中国9亿农民的乡村治理和乡村建设实践,将与新的不是以广告和时尚(这是跨国公司与西方文化的合谋)而是以人的生活本身为导引的价值观与幸福观的形成联系起来,成为支持新的以人的生活本身为目的,以中国传统乡村生活,以儒家理念为导向的巨大的社会实践。新的文明与中国传统文明结合起来,中华文明的新生也就有了希望。

中华文明的新生当然不能只是中国人民自己的事情,需要等到西方文明的没落与危机的进一步迫近。以美国为代表的西方文明是以消耗物质资源来获得个体价值,以对物质的占有作为目的的文明,这种文明具有疯狂外部性的特征。缺少内省,也不允许内省。个体主义价值观事实上让每一个个人都没有了真实的选择权,而被盲目的物质力量所强制。自由、民主和个人选择权的背后,是垄断利益集团强有力的决定,他们制造出来的消耗物质的欲望和价值,将人性恶的一面发挥出来,而将人性善的一面掩盖起来,控制了整个社会的可能选择,从而自我实现人性本恶的预言。

即使如此,西方有良知和正义感的人们仍然怀着对核战争和环境危机的恐惧,组织起诸如绿色运动的组织,从事全球和平与环境保护的运动,批判以大量物质消耗为基础的西方文明,热切期待回到人本生活中来。绿色运动在欧洲已经产生强大影响,在美国也有一定影响。但这种运动几乎没有社会基础,而是建立在人们对核战争和环境能源危机的心理恐惧之上。相反,欧美发达国家因为可以向发展中国家转嫁能源和环境危机,可以在现代战争中具有绝对强势地位,可以从发展中国家获得超额利润,从而获得人均较高的福利和高水平生活的机会,而使绿色运动的社会基础几近于无。在这个意义上,除非以能源为主体的物质资源接近枯竭,或地球生态灾难突然降临,或核战争大规模发生,不然被跨国公司所操纵的西方文明将难以走出自己的逻辑循环,绿色运动因此不可能获得真正意义上的成功。而一旦能源危机和生态灾难发生了,地球上的人类可能不知所终。

与西方绿色运动不同,中国乡村建设实践是与中国9亿农民目前以及将来的出路有关的一项实践,是一项有着扎扎实实社会基础的巨大的社会实践,这种实践因为具有强大的社会基础,而会在文明的创造上,在价值的形成上,在文化的构建上,自在自洽、自成一体。围绕9亿农民的生活与他们生存价值的重建,乡村建设将具有无比广阔的空间,这样的乡村治理研究和乡村建设实践就不单是一项应对中国现代化挑战的权宜之计,而是关乎中华文明崛起和世界未来出路的庞大工作。

如何不是盲目地推测中国未来经济增长的速度,而是清醒地看到中国现代化前途中可能出现的和已经出现的诸多困难,建立可以分层展开的关于中国未来发展前景的研究框架,如何进一步讨论我们究竟能否现代化和需要什么样的现代化,并结合我们自己当前的处境展开具有战略眼光的研究,如何在前提性条件而不是技术层面进行反思和反省,如何在灾难还未发生前就产生预警性判断,实在是当前中国现代化研究中需要做的一项极其关键的工作。农村研究尤其因为9亿农民没有出路，而可以首先从反省与解构现代化目标来开始我们的研究。

我愿意将乡村治理和乡村建设置于这样一个三重意义的框架中来展开研究，而只要有其中一重意义存在，我们的乡村治理研究和乡村建设实践就有存在的理由。

2002年11月8日

**修订关键词** 乡愁

（一）

写这篇后记时，国家统计局2000年进行的第五次人口普查显示，中国城镇化率为36.09%，城镇化人口包括了进城务工经商农村人口。因为大多数进城务工经商农民未能在城市获得稳定就业和收入，未能在城市安居，扣除这部分未能在城市安居的城镇人口，2000年前后的实际城镇化率只有30%左右。从2000年到现在，国家统计局统计的包括进城农民工在内的城市人口已经超过50%，实际城市化率可能只有40%的水平。不过，无论如何，进入21世纪之后，中国城市化的速度超出了我在2002年时的预料。再过20年，中国城市化率应该可以到60%甚至更高。另外，因为计划生育工作做得非常彻底，原来预计中国最高人口将在2030年达到16亿峰值，现在看来，到2030年，中国最高人口峰值在14亿人左右，远低于之前的预计。也就是说，到2030年，农村人口可能不足5亿人，这个数字远低于以上结语所预期的"8亿至9亿人"。

超出我预料的还有一件事情,就是2006年中央提出"建设社会主义新农村"的战略。我在上面提到从乡村治理到乡村建设,这个乡村建设,当然也就是社会主义的新农村建设。因此,在中央提出建设社会主义新农村战略后,我自然而然地将这个战略理解为既要建设巩固的中国现代化的农村基础,又要建设与消费主义略有差异的社会主义的文化。新农村建设,有可能通过文化建设,建设一种"低消费、高福利"的新的社会主义的生活方式。

如何理解快速的城市化和社会主义新农村建设之间的关系?人口城市化了,为什么还要建设新农村?这可以从四个方面来说:一是只有建设社会主义新农村,我们才能为中国的城市化和现代化提供稳定的农村基础,中国才能顺利实现城市化和现代化;二是即使大量农村人口进城,仍然还有数以亿计的人口留在农村,如何为这一部分留在农村的人口提供生产生活的基础设施,为他们提供体面的生存方式,具有极为重大的现实意义;三是进城人口与农村的关系,即进城的农村人口,他们离开了自己的故乡,可以在城市落地生根吗?他们的故乡在哪里?中国缺少抽象信仰,每个人都需要有自己的故乡,从农村进城了,也在城市获得了稳定的就业与收入条件,但是,他们解决了在城市的物质生存,就可以解决自己精神上的归属了吗?他们如何实现自己的永恒?他们可以魂归何处?四是农村这个与大自然密切联系的、将人与人之间关系建立在长期稳定土地上面的场所,是否可能为一种新的与中华传统智慧结合起来的不同于消费主义的文明的生长提供滋养呢?

(二)

在中国赶超型的现代化过程中,农村构成了中国现代化的稳定器与蓄水池,是中国可以顺利实现现代化最为重要的秘密武器。等到中国在物质领域实现了现代化,中国人民几千年来的文化及中国人民特有的故土观念,特有的家乡观念,特有的宗教观念,可以继续以村庄作为承载吗?可以继续让每个进城中国人保留自己的家乡、故乡吗?他们可以生在城市却能够葬在自己的家乡,让家乡成就自己的永恒吗?

这也许是未来20年,中国人民不得不面临的一个重要选择。

2013年2月3日下午

# 代跋　我的农村研究之路[*]

## 一

1987年考上黄冈师范专科学校(现黄冈师范学院)生物科时,心有不甘,因为我希望自己将来能研究国家和世界大事,生物科的教育目标却是做一个好的中学生物老师。心有不甘,继续努力,误打误撞进入到"三农"研究领域。回头发现,也许正是师范教育,让我懂得做一个好老师的重要性,我现在做好老师的热情甚至高过了做学术研究的热情。

1993年,一个偶然机会,我到华中师范大学跟随张厚安教授读政治学的研究生。张厚安老师是华中师范大学政治学和农村研究的开创者,他主持有国家社科基金重点课题,希望我参加到农村研究课题中去。虽然我出生于农村,对农村生活有一定了解,但这样的生活熟悉与学术何干?犹豫再三,我决定不参加课题,而是先读两年书再说。

因此,读硕士研究生期间,我在图书馆刻苦读了两年多的书,主要读了经济学和政治学的经典著作。所读书籍不算系

---

[*] 本文应《中国社会科学报》之邀而作,发表在《中国社会科学报》2012年总第263期。

统,但一般都按学科和专题进行了细读。两年多时间,大概读了100多部经典著作。现在,所读书籍多数内容都已模糊,但这并不意味着读书作用不大。总结起来,读书的作用大致有三:一是开阔视野;二是训练思维;三是养成性情。尤其是读经典著作,最重要的不在于掌握具体知识,而在于训练思维。我认为,阅读一定要静心、刻苦,一切与读书无关的事情都是读书的大敌。研究生两年多时间的刻苦阅读,对我影响至大。等我指导研究生时,我也大致是如此要求学生,其中我提出了三点原则:一是"两不要一要",即"读研究生期间,不要参加课题,不要发表论文,要读书";二是读各学科的经典著作,尤其是经济学、社会学、政治学、人类学、哲学和历史学的经典,一个学科一个学科地读,一家一家地读;三是读书要一心一意,切不可分心。分散10%的注意力,留下的不是90%而可能只有30%。这三点原则成为我指导硕士研究生的法宝,形成了颇具特色的研究生培养模式。2004年,我和吴毅、董磊明到华中科技大学创办中国乡村治理研究中心之后,中心研究生培养采用了这一模式。几乎所有中心硕士研究生在读研期间都是"早八晚十"在图书馆读书,都可以在读研期间完成150部以上经典著作的阅读。

## 二

临近研究生毕业,张厚安老师要求我的硕士论文选农村题材,我才开始关注农村研究,阅读农村研究论著和进行农村调研。研究生毕业后,分到荆门市委党校工作多年,在教学之余,读书、调查和写作,逐步进入农村研究。

从政治学进入农村研究,一般都是从研究村民自治开始。1990年代,国家层面的政治体制已无讨论空间,村民自治这一涉及9亿农民民主权利的伟大创造当然会引起政治学者的关注。村民自治是民主政治的起点,由村到乡到县,一级一级向上走,逐步由社会民主到国家民主。村委会选举则是对9亿农民最好的民主训练。农民学会了管理好一个村的事,就能逐步学会管好一个乡的事,再到管好一个县乃至管好整个国家的事情。1990年代,我在全国数十个村观察村委会选举,讨论村民自治这一伟大创举的鲜活经验。

带着民主理想到农村观察,发现村民自治实践与民主理想的样子有很大差异,尤其是,1990年代既是全国推行村民自治,村委会选举甚至出现白热化的时期,又是农民负担越来越重、农村干群关系越来越紧张、三农问题越来越严重的时期。这真是令人揪心的矛盾。看来,农村民主并不能有效维护农民的权利,还有比民主制度更加复杂的农村社会的逻辑。因此,从事村民自治研究的学者很快发生分化,一部分人继续研究村民自治的制度及其向上升的空间,一部分人开始研究村民自治制度得以运转的社会基础。2000年前后,我将研究重点转入到乡村治理社会基础的研究,试图回答这样一个问题:同样的村民自治制度在不同地区实践的差异很大,这个差异与农村社会内部的结构差异有无关系,是什么关系。我感到,若不能理解中国农村社会内部的结构及其区域差异,我们就无法理解村民自治。

因此,2000年以后,我主要关注"中国农村是什么"这一问题,其中的一个进路是比较中国农村的区域差异。理解中国农村,才能真正理解村民自治制度的实践,也才能真正理解来自西方的民主对于中国农村意味着什么。

2000年后,我几乎在全国除边疆地区以外的所有省、市、区进行过比较深入的驻村调研,累计驻村调研时间应已超过1 000天。调研时间越长,问题越多,困惑越多。本来调研时关心的问题是A,结果发现还有比A更重要的B,再去调研B,却又发现了C,意外不断,惊奇不断。调查时间越来越多,关心领域越来越广,学科和专业越来越模糊。计划中的写总结性论文、代表性著作的时间越推越后。

随着调研的增多,困惑的增多,也有新的发现。每次调研都会有新情况的出现,新问题的产生,新领域的进入,因此由A到B到C,一直到了Z。在Z之后,又会回到A,这时回到的A,就与之前对A的理解有了大不同,即这个A是以大量具体调研(B→Z)作为背景的A,是具有极大丰富性的A,是一个有了深刻性的A。这样的调研,看起来是绕了大圈子,其实是我们过去对经验的了解和理解太少,水平太低,而必须做的基本功课。只有经过A→Z的全面调研,才能积累起厚重的经验,才能让经验与理论进行强硬对话,才能让经验本身的逻辑去丰富或修改理论的逻辑(及意识形态的逻辑)。一旦有此认识,我在农村调研中,便也有了发现经验意外的期待。每次调研,不是自己的判断被证实或证伪时最兴奋,而是发现了过去研究中未加注意的新经验、新问题时最为兴奋,因为这些新经验和新问题会重建我对农村的认识,会有"蓦然回首、恍然大悟"之感。在不断的恍然大悟中,我们就可以提高农村研究水平。

在此期间,我还发明一个极重要的发现经验意外的好办法,就是"集体调查",所谓"集体调查",就是三五个人汇在一起,白天分开调查,晚上集中讨论,讨论的时间有时甚至超过调查时间,这样集体调查就变成了现场学术研讨,不同视角不同学科的交流可给人以极大启发。目前中国乡村治理研究中心每年都会组织数十次集体调查。

尤其是在中国社会科学基本上是舶来品的情况下,若我们对中国自身的经验没有厚重把握,中国经验很快就会变成西方理论话语中的一个装饰品,一个片断,一个材料,一个论据。西方理论永远是正确的,中国自己是什么就不知道了。不是从中国经验中提炼出理论,而是用西方理论裁剪中国经验,甚至改造中国经验。一旦出现问题,不是西方理论错了,而是中国经验错了。这难道不正是对当前中国学界及知识分子整体现状的写照吗?

大量调研所形成的研究心得,我也用在对学生的培养上。自2003年开始指导博士研究生,我即要求博士生必须大量调研。大致从2006年开始,中国乡村治理研究中心明确规定,在读博士生每年至少要有100天以上驻村调研时间,博士论文开题前,每个博士生必须在全国选定8~10个省,每省1~2个村进行驻村调查,每村调查时间一般不少于20天,且每次调查都需全方位展开,要调查农民政治、经济、社会、文化、宗教等各个方面,要尝试理解农村治理和农民生活的逻辑。这样下来,读博士期间,一般可以有350天左右的驻村调查时间。这么长时间的驻村调查,大致可以形成对中国农村厚重的经验质感,在此基础上再从事学术研究,就不只是作抽象的逻辑推演,而是可以在对经验脉络的深刻把握中进行深入思考。

## 三

有人批评我是"朴素经验主义"。这话也不全错,因为我认为,没有一个"呼啸着走向田野"的阶段,中国引进的社会科学概念就无法着地,就会永远在半空中飞行,就近乎玄想。我是经验主义,但不全是,因为我们希望在厚重经验的基础上形成概念、判断、推理,形成学术对话、学术批评、学术积累和学术传承。我相信,无论目前我们的研究起点多么低,只要贴近经验持续做学术积累的工作,我们最终一定可以形成对中国农村的学术理解,形成对中国的学术理解,我们也就一定可以消化吸收西方社会科学建立具有中国主体性的中国社会科学。

有人说我是"一村一理论"。这话也对。每到一个地方调研,总有新的发现,因此要写下来。调研越多,意外越多,发现越多,日积月累,这些意外和发现就逐步形成了可以贯通的东西。我现在仍然在积累,也许再过10年,我才开始动手撰写自认为成熟的理论,但之前,探索性的也必然是不成熟的写作是重要的。论文不是中央政策,不能怕错。不断试错,不断修正,不断积累,真正的发现就积累下来,错了的部分就改正。且这个过程中不是我一个人在战斗,而是我们一群人在努力。我相信,我们最终一定可以拿出有分量的理论,来成一家之言。

农村研究是我们进入中国研究的切入口,我们的目标不只是要理解中国农村,而且要理解中国。中国是有5000年文明,有13亿多人口的大国,中国有自己特殊的历史和现实,有自己的国情。中国因此一定要有与自己国情相适应并服务于中华民族伟大复兴的社会科学,理解农村,理解中国,这是中国社会科学的目标,也是我所在学术团队的目标。

我所在华中科技大学中国乡村治理研究中心试图通过硕士生阶段大量阅读经典著作和在博士生阶段大量调查经验的"两经"战略,来培养大批具有思考能力又贴近中国现实的学术新人。这些年来,中心培养研究生的效果不错。中国乡村治理研究中心是一个理想主义充盈的地方,硕士生几乎每天"早八晚十"在图书馆读经典,博士生几乎不分寒暑在全国农村调研,这样一群人,怎么可能不为中国社会科学做出点贡献!

2011 年 12 月 26 日

# 后 记

近年从事农村调查,闲时写些笔记,希望记录下一些没来得及细究的想法或偶尔一点灵感(如果算的话)。写作时没有主题,编辑起来却不能没有主线,无奈之下,勉强将这几十篇文字分为几个部分,加了几个标题,成为目录上的样子。

这些笔记取名《新乡土中国》,自然是想沾费老的光。我个人认为,费老用随笔写作的《乡土中国》是对传统中国乡村的最好理解。我因为是在当下中国做的调查,也是试图理解当前处于转型期的中国乡村,就取名为《新乡土中国》。只不过费老是在更抽象层面上理解乡土中国,而我是在具体农村调查中形成的一些随感。这些笔记又是我与仝志辉、吴毅、董磊明、罗兴佐等朋友近年来做的"转型期乡村社会性质研究"的副产品,有些想法还是在与他们的讨论中形成的。他们也写有诸多可以取名《新乡土中国》的笔记。我的先印出来,作为上卷,再等他们的下卷吧。

这些年的农村调查与研究,与我读书和工作的华中师范大学中国农村问题研究中心关系甚多。没有中心和中心负责人徐勇教授和项继权教授对我的关心,就不可能有呈现在读者面前的这本书。

我要感谢我的导师,华中师范大学中国农村问题研究中心创办人张厚安教授。张厚安教授一直保持着他们那个时代特有的关心国家与民族发展命运的强烈感情,今年74岁,仍然一如既往地关心国家大小事情。我希望自己从张厚安教授的言传身教中学到这种对国家和民族的责任感。

我还要感谢北京大学苏力教授。他爽快地答应为我这本小书作序,我知道,他是希望有更多的年轻人来关注中国自己的事情。

在这本很小的册子里,我还要感谢很多一直帮助我和我们研究的老师和朋友,特别是冯小双老师、张宛丽老师、程漱兰老师。当然,我还要感谢帮助本书出版的谢茂松先生和他的夫人牟坚女士。他们夫妻俩或许是我见过的最友好的一对夫妻。

2002 年 12 月 3 日

# 修订版后记

2012年初，北京大学出版社王泽伟先生来信询问可否再版《新乡土中国》。2003年广西师范大学出版社出版的《新乡土中国》，虽然印刷两次，印了9 000册，但市面上早已无售。大约2006年，出版社方面计划重印，我以为农村形势已经发生很大变化，且自己对农村认识也有很大深化，希望修订再版，结果一拖再拖，一直未能抽出时间进行修订。

2012年底，终于下决心修订《新乡土中国》。曾健先生建议保留原版文字，再以"修订关键词"进行增补续写。这是一个好主意。这次修订，除极个别校对错误，原文均予保留。这样做的好处是可以原汁原味地保留2002年前我对农村的观察，包括我观察到的农村样貌和我的观察角度及水平。

自2003年出版《新乡土中国》以来，中国农村发生了巨大变化，其中之一是2006年取消了延续数千年的农业税。取消农业税不仅极大地改变了国家与农民的关系，而且引发了农村社会其他方面的变化。几乎与取消农业税同时发生的还有农村社会其他方面的巨大变化，比如农民大规模进城务工经商。最近10年的农村变化，唯有用"巨变"来形容才比较贴切。

最近10年，我一直勤奋地行走在全国，也在勤奋地思考关于中国农村和中国社会科学的各种问题,对之前思考过的很多问题,包括收入《新乡土中国》的大多数问题,都有了更新的认识。尤为幸运的是,最近10年,我不是一个人在战斗,而是与大批华中科技大学中国乡村治理研究中心研究学人一起在全国农村调研。仅我所主持的华中科技大学中国乡村治理研究中心累计驻村调研时间就有3万多个工作日。几乎每个时间段,我们都同时有10个人住在全国不同地区农民家中调研。应该说,我们做到了真正地深入农村。

因此,力图在修订版中包括三方面的内容:一是反映农村社会的巨变;二是我最近10年对农村认识的深化;三是华中村治研究学人相关研究的索引。

2004年,我与吴毅、董磊明等人一起到华中科技大学创办中国乡村治理研究中心,弹指10年即过去。这10个年头,我将主要精力用于培养学生,最高兴也最欣慰的事情是看到学生的成长。当学生一批批走上教学、科研岗位,逐步在学界崭露头角,作为老师,心中就会洋溢起温暖的感受。我相信,再过10年,用"两经"(经典、经验)培养出来的华中科技大学中国乡村治理研究中心研究学人,一定可以为中国农村研究,为中国社会科学贡献更大力量。

2013年1月26日晚<br>
于麻城清远山庄